乡村振兴战略视野的
新型职业农民培育

A Study on Cultivation of New Vocational Farmers with a View of Rural Revitalization

杨璐璐 著

中国社会科学出版社

图书在版编目（CIP）数据

乡村振兴战略视野的新型职业农民培育／杨璐璐著 .—北京：中国社会科学出版社，2018.7

ISBN 978-7-5203-1759-7

Ⅰ.①乡… Ⅱ.①杨… Ⅲ.①农民教育—职业教育—研究—中国 Ⅳ.①G725

中国版本图书馆CIP数据核字（2017）第314128号

出 版 人	赵剑英
责任编辑	赵 丽
责任校对	王秀珍
责任印制	王 超
出 版	中国社会科学出版社
社 址	北京鼓楼西大街甲158号
邮 编	100720
网 址	http://www.csspw.cn
发 行 部	010-84083685
门 市 部	010-84029450
经 销	新华书店及其他书店
印 刷	北京明恒达印务有限公司
装 订	廊坊市广阳区广增装订厂
版 次	2018年7月第1版
印 次	2018年7月第1次印刷
开 本	710×1000 1/16
印 张	16.25
插 页	2
字 数	254千字
定 价	68.00元

凡购买中国社会科学出版社图书，如有质量问题请与本社营销中心联系调换
电话：010-84083683
版权所有 侵权必究

目　　录

第一章　导论 …………………………………………………… (1)
　第一节　问题的提出 ………………………………………… (1)
　第二节　新型职业农民培育的研究综述 …………………… (11)
　第三节　研究思路和主要内容 ……………………………… (24)
　第四节　研究方法 …………………………………………… (29)
　第五节　创新之处与不足 …………………………………… (30)

第二章　新型职业农民培育的理论分析 ……………………… (32)
　第一节　"新型职业农民"的来源 …………………………… (32)
　第二节　新型职业农民的内涵 ……………………………… (36)
　第三节　新型职业农民培育的理论基础 …………………… (41)

第三章　新型职业农民培育的政策与实践分析 ……………… (48)
　第一节　新型职业农民培育政策的演进 …………………… (48)
　第二节　农村劳动力培训的相关政策区分 ………………… (54)
　第三节　新型职业农民培育的地方实践及模式 …………… (60)

第四章　农民学院参与新型职业农民培育的探索 …………… (67)
　第一节　农业院校的发展轨迹及形态 ……………………… (67)
　第二节　农民学院参与新型职业农民培育的意义 ………… (73)
　第三节　农民学院参与新型职业农民培育的实践：湖州
　　　　　农民学院 ………………………………………… (77)

第五章　新型职业农民培育院校模式的实践比较 (88)
第一节　院校模式的典型做法 (88)
第二节　院校模式的比较分析 (101)

第六章　农民学院参与新型职业农民培育的驱动力 (118)
第一节　各投资主体投资行为的理论分析 (119)
第二节　投资主体的实证分析 (124)
第三节　地方政府在新型职业农民培育中的角色 (132)
第四节　湖州实证分析：基于投资主体的视角 (137)

第七章　农民学院参与新型职业农民培育的运行机制 (144)
第一节　农民学习的需求分析 (144)
第二节　农民学院参与新型职业农民培育的需求导向 (149)
第三节　湖州实证分析：基于农民需求的视角 (156)

第八章　农民学院参与新型职业农民培育的影响因素 (184)
第一节　对新型职业农民培育影响因素的理论解释 (184)
第二节　农民学院参与新型职业农民培育的影响因素分析：基于农户满意度视角的解释 (188)
第三节　湖州实证分析：基于农民满意度的视角 (192)

第九章　农民学院参与新型职业农民培育的绩效评价 (204)
第一节　湖州市新型职业农民培育的规模 (204)
第二节　农民学院参与新型职业农民培育绩效的总体评价 (206)
第三节　农民学院参与新型职业农民培育绩效的个案分析 (213)

第十章　农民学院参与新型职业农民培育的发展展望 (221)
第一节　农民学院参与新型职业农民培育的经验 (221)

第二节 农民学院参与新型职业农民培育面临的发展
　　　机遇及挑战 …………………………………………（229）
第三节 农民学院参与新型职业农民培育的对策建议 …………（240）

参考文献 ………………………………………………………（246）

后　记 …………………………………………………………（252）

第一章

导　论

第一节　问题的提出

一　研究背景

（一）人才是我国经济社会发展的第一资源

在人类社会发展进程中，人才是社会文明进步、人民富裕幸福、国家繁荣昌盛的重要推动力量。我国正处在改革发展的关键阶段，推动工业化、信息化、城镇化、市场化、国际化深入发展，全面建成小康社会，实现中华民族伟大复兴，必须大力提高国民素质，在继续发挥我国人力资源优势的同时，加快形成我国人才竞争比较优势，最大限度激发人才创新创造创业活力，逐步实现由人力资源大国向人才强国的转变。党和国家历来高度重视人才工作，中华人民共和国成立以来特别是改革开放以来，提出了一系列加强人才工作的政策措施，培养造就了各个领域的大批人才。进入21世纪以后，中共中央、国务院作出了实施人才强国战略的重大决策，把人才强国战略作为我国经济社会发展的一项基本战略。2003年12月，中共中央、国务院印发了《中共中央　国务院关于进一步加强人才工作的决定》，针对人才的总量、结构和素质还不能适应经济社会发展的需要，特别是现代化建设急需的高层次、高技能和复合型人才短缺，提出了科学人才观。以高层次人才、高技能人才为重点的各类人才队伍不断壮大，有利于人才发展的政策体系进一步完善，市场配置人才资源的基础性作用初步发挥，人才效能明显提高，党管人才工作新格局基本形成。2010年6月，中共中央、国务院印发《国家中长期人才发展规划纲要（2010—2020年）》，提出"培养和造就规模宏大、结构优化、布局合理、素质优良的人才队伍，确立国家人才竞争比较优势，进入世界人才强国行列"。2016年3月，中共中央印发了《关于深化人才发展体制机制改革的意见》，提出"人才发展体制机制改革是全面深化改革的重要组成部分，是党的建设制度改革的重要内容"，深化人才发展体制机制改革的目标是"通过深化改革，到2020年，在人才发展体制机制的重要领域和关键环节上取得突破性进展，人才管理体制更加科学高效，人才评价、流动、激励机制更加完善，全社会识才爱才、敬才用才氛围更加浓厚，形成与社会主义市场经济体制相适应、人人皆可成才、人人尽展其才的政策法律体系和社会环境"。

（二）农村人才是乡村振兴的主体，是解决"三农"问题的关键

农村人才是中国人才队伍建设中的一个具体对象，也是中国农村发展落后这一特殊国情下特有的人才概念。改革开放以后，伴随国家城市倚重发展战略，农村经济体逐渐在经济增长大潮中落后，在工业化和城镇化快速推进的进程中，从计划经济体制保存下来的"二元结构"将农村禁锢在资本积累的初级阶段，在社会转型过程中，农业不再是国民经济的支柱产业，从事农业的经济收入远低于进入第二、第三产业的收入。由此，农村成为经济建设的洼地，农民成为低收入弱势群体，农业发展动力不足。对此，"三农"问题成为党和政府工作的重中之重，从2004年起，中央每年下发涉农一号文件，重新锁定"三农"问题。解决"三农"问题，除了从体制上进行改革，最重要的还是要从培育农村人才着手，人才是一切制度和政策的制定者和实施者。党的十九大报告指出："培养造就一支懂农业、爱农村、爱农民的三农工作队伍"，农村经济社会发展得怎么样，关键在人，实施乡村振兴战略着力点是加快建设"人的新农村"。

农民是农业的主体，是乡村振兴的主力军。农民强，农业强；农民富，农村富。习近平总书记指出："农村经济社会法制，说到底，关键在人；要通过富裕农民、提高农民、扶持农民，让农业经营有效益，让农业成为有奔头的产业，让农民成为体面的职业。"农村人才作为乡村振兴的生产力因素，是推进乡村振兴最具活力、最能发挥作用的力量。从这个意义上讲，农村人才是乡村振兴的最重要主体部分，加强农村人才培育是解决"三农"问题的关键。没有农村人才，先进的农业技术不可能

落地，就没有农业现代化；新型农民不能形成，就没有农村现代化；农民的素质和能力不能提升，就没有农民增收。从2004年起，每年的中央"一号文件"都会关注农村人才培养。2004年"一号文件"提出"支持农业大中专院校参与农业技术的研究、推广"；2005年"一号文件"提出"加快建设国家农业科研高级人才培养基地"；2006年"一号文件"提出"加快发展农村义务教育，大规模开展农村劳动力技能培训"；2007年"一号文件"提出"培养新型农民，造就建设现代农业的人才队伍"；2008年"一号文件"提出"大力培养农村实用人才"；2009年"一号文件"提出"开展农业科技培训，培养新型农民"；2010年"一号文件"提出"鼓励农民创业就业，提高农村教育发展水平"；2011年"一号文件"提出"加强水利队伍建设"；2012年"一号文件"提出"加强教育科技培训，全面造就新型农业农村人才队伍"；2013年"一号文件"提出"完善农村中小学校舍建设改造长效机制，设立专项资金，对在连片特困地区乡、村学校和教学点工作的教师给予生活补助"；2014年"一号文件"提出"扶持发展新型农业经营主体，加大对新型职业农民和新型农业经营主体领办人的教育培训力度"；2016年"一号文件"明确指出"加快培育新型职业农民"；2017年"一号文件"在"积极发展适度规模经营"中提到"大力培育新型农业经营主体和服务主体"。2018年"一号文件"提出"强化乡村振兴人才支撑"，"大力培育新型职业农民"是重要内容，并首次提出"开展职业农民职称评定试点"。

（三）新型职业农民是新时代推进农业农村现代化的主体

任何时段的农村发展都与人才的建设始终保持着高度的一致性，培养大批职业化新型农民对现代化农业建设将有着极其特殊的意义，这也是发展现代农业、改善农村环境、全面推进社会主义新农村建设的迫切需求。进入21世纪，中国的农业、农村、农民站在了新的历史起点上，中国正经历工业化、城镇化、市场化、国际化和信息化的洗礼。在这种形势下，农业现代化、新农村建设、创新农业经营方式以及增加农民收入，成为中国"三农"的主要工作。而这些对中国农民提出了全新的要求、全新的考验和全新的挑战，因为，农民作为最大的社会群体，既是我国农业现代化的根基，也是社会主义新农村的未来。如何在工业化、城镇化、市场化、国际化和信息化进程中发展现代农业、建设新农村、构建农业新型经营体系并增加收入和改善生活，成为现代中国农民必须面对和思考的问题。现实情况是，农村劳动力大量向二、三产业转移，从农业生产转移出的农民工数量达 2.77 亿人，目前每年以数百万的速度在增长，留守在农村的农民，以老年、妇女居多，浙江、江苏务农农民平均年龄已达 57 岁，务农农民中，小学、初中文化程度占 79% 以上，农民具备基本科学素质的比例近为 1.7%，远低于全国 6.2% 的平均水平，农村新生代劳动力绝大部分选择"跳农门"，对土地"陌生"，留守农业人群呈现出总量相对不足、整体素质偏低、结构不尽合理等问题，农业劳动者素质难以适应现代农业中利用高效率农业设置装备的需要，高水平农业科技成果难以转化，成为制约"四化同步"的瓶颈，"谁来种地"的问题现实地摆在我们面前。因此，培养造就一大批有文化、懂技术、会经营的新型职业农民，是推动现代农业发展的必然选择。培育新型职业农民不仅解决了"谁来种地"的现实难题，更能解决"怎样种地"的深层问题。

首先，新型职业农民是农业现代化建设的重要推动者。农业现代化是社会主义现代化建设的重要内容，根据当今世界农业发展的一般规律和中国农业经济相对落后的国情，发展现代农业是促进农业生产发展，增加农民收入的根本途径。党的十八届五中全会和"十三五"规划纲要都明确提出，到 2020 年农业现代化要取得明显进展。"十三五"是全面建成小康社会的决胜期，也是加快推进农业现代化的关键时期，但是"谁来种地"的问题现实地摆在我们面前。农民作为发展现代农业的主体，农民职业化是农业现代化的重要指标，因为建设现代农业最终要靠有文化、懂技术、会经营的新型农民，没有高素质的农民，任何物质技术装备都难以发挥作用，任何现代化方式都无法落实。"新型职业农民 + 新型农业经营主体 + 规模化经营"是我国现代农业发展的基本方向。现阶段，提高农民科学素质，培育新型职业农民，是推动现代农业发展的必然选择，是解决"谁来种地"问题的关键举措。要求农民从靠天吃饭的传统农民向现代职业农民转变，只有加快培育新型职业农民，尽快形成一支高素质农业生产者队伍，才能担当起现代农业建设的历史重任。这就要发挥农村的人力资源优势，大幅度增加人力资源开发投入，加快培养现代职业农民，全面加快构建一支高素质现代农业生产经营者队伍，为农业现代化建设提供强大的人才智力支持和坚实的人力资源基础和保障。在2013年年底召开的中央农村工作会议上，习近平总书记深刻阐述了"谁来种地"的问题，强调要吸引年轻人务农、培育职业农民为重点，建立专门政策机制，构建职业农民队伍。2016年4月，在安徽小岗村召开的农村改革座谈会上，习近平总书记再次强调要加快构建职业农民队伍，形成一支高素质农业生产经营者队伍。自2012年以来，连续7个中央一号文件都对培育新型职业农民做出了重大部署，2016年中央一号文件明确提出要把职业农民培养成为建设现代农业的主要力量。2017年中央一号文件在"强化科技创新驱动，引领现代农业加快发展中"提到"开发农村人力资源"，"培养适应现代农业发展的新农民"。习近平总书记的重要论述和中央一号文件的部署安排，充分表明了培育新型职业农民在"三农"发展中的战略地位。

其次，现代职业农民是构建新型农业经营体系的主体。党的十八届三中全会通过的《关于全面深化改革若干重大问题的决定》提出，"要加快构建新型农业经营体系，坚持家庭经营在农业中的基础性地位，推进家庭经营、集体经营、合作经营、企业经营等共同发展的农业经营方式创新"，"鼓励承包经营权在公开市场上向专业大户、家庭农场、农民合作社、农业企业流转，发展多种形式规模经营"，"鼓励农村发展合作经济……鼓励和引导工商资本到农村发展适合企业化经营的现代种养业"。党的十九大报告指出，"构建现代农业产业体系、生产体系、经营体系，完善农业支持保护制度，发展多种形式适度规模经营，培育新型农业经营主体"。落实中央关于构建新型农业经营体系，创新农业经营方式，一、二、三产业融合发展的农业发展思路，不仅需要政府的鼓励、扶持和投入，而且需要亿万农民的广泛参与，他们是农村农业的主体。中国农民长期生活在农村，最熟悉最了解农业的基本情况，对农业经营有切身的体会，但是其文化思想相对保守落后的特点也会使他们成为构建新型农业经营体系的障碍。因此，对中国农民也提出了新的要求，广大农民要提高自己的文化水平，建立现代意识，使自己成为适应时代发展需要的懂政策、有文化、会经营、敢创新的新型农民。在这一转变过程中，各级政府鼓励培养现代职业农民的责任不可推卸。努力把广大农户培养成有较强市场意识、有较高生产技能、有一定管理能力的现代农业经营者，积极发展种养专业户、农民专业合作组织、龙头企业和集体经济组织等适应现代农业发展要求的经营体系。

最后，培育新型职业农民事关全面建成小康社会的战略性问题。虽然这几年我国农民收入持续增长，呈现收入相对差距有所缩小，但是绝对差距不断扩大。2015年城镇居民人居可支配收入为31195元，农村居民仅为11422元，两者相差近两万元，很大程度上农民还是一种"身份"称谓，没有成为一种体面的职业。并且随着人口的流动，农民向城市转移，城乡之间的二元结构逐渐表现为城市内部的户籍与非户籍居民的二元结构，空间的拉近使这种矛盾更加尖锐。提高农民收入是缩小城乡差距，切实解决农民问题的根本途径，而提高农民收入不仅需要政府政策扶持和财政投入，更需要从源头提高农民增收的能力。农民素质提高了，不断提高经营现代农业的水平，才能全方位拓展增收渠道，加快农民转移就业，加快农村富余劳动力转移，缩小城乡收入差距。这就需要加快培育新型职业农民，将越来越多的农民打造成为专业大户、家庭农场主、合作社领办人和农业企业骨干，并通过大力推进多种形式的适度规模经营，促进一、二、三产业融合发展，提高农业经营效益，使农业成为有奔头的产业，使农民成为体面的职业。①

总之，目前，中国面对的农业是新型的现代农业，农村是已经变化了的新农村，在深化农村体制改革的大背景下，农民也应当是摆脱身份束缚的现代职业农民。教育和培训现代职业农民是农业农村现代化的重要基础。没有现代职业农民这支主力军，不可能推进农业生产力发展；没有农民素质的提高，不可能形成乡风文明、治理有效的现代农村。培养和造就现代职业农民是城乡经济社会发展融合的必然要求，培养和造就现代职业农民是增加农民收入的重要途径，因此，现代职业农民教育培训研究是一个重大课题。

（四）培育新型职业农民是中央和地方深化农村改革推动农业发展的重要战略部署

中央作出培育新型职业农民的战略部署。2006年，中央一号文件《中共中央 国务院关于推进社会主义新农村建设的若干意见》首次正式提出培养"有文化、懂技术、会经营"的新型农民。2012年，中共中央、

---

① 张桃林：《解决好"谁来种地"的问题》，《求是》2016年第23期。

国务院印发的一号文件《关于加快推进农业科技创新持续增强农产品供给保障能力的若干意见》聚焦农业科技，着力解决农业生产力发展问题，提出"大力培育新型职业农民"。2012年8月1日，农业部办公厅印发《新型职业农民培育试点工作方案》，决定在全国开展新型职业农民培育试点，探索新型职业农民培育的方法和路径，总结经验，要求"积极探索构建新型职业农民教育培训制度、加强新型职业农民的认定管理、制定和落实新型职业农民扶持政策"。2013年中央一号文件突出农业经营体制机制创新，着力完善农业生产关系，进一步强调加强农业职业教育和职业培训。2014年中央一号文件《关于全面深化农村改革加快推进农业现代化的若干意见》提出"加大对新型职业农民和新型农业经营主体领办人的教育培训力度"。2014年中央经济工作会议提出"要完善职业培训政策，提高培训质量，造就一支适应现代农业发展的高素质职业农民队伍"。2017年农业部颁布《"十三五"全国新型职业农民培育发展规划》，总结和肯定了2012年以来新型职业农民培育制度基本确立和"一主多元"培育体系初步形成的发展成效，并明确指出当前面临的内外挑战。提出到2020年的发展目标：新型职业农民队伍不断壮大，总量超过2000万人，务农农民职业化程度明显提高；新型职业农民队伍总体文化素质、技能水平和经营能力显著改善；农业职业培训普遍开展，线上线下培训融合发展，基本实现新型农业经营主体带头人轮训一遍。新型职业农民培育工作覆盖所有的农业县市区，培育制度健全完善，培育机制灵活有效，培育能力适应需要，以公益性教育培训机构为主体、多种资源和市场主体有序参与的"一主多元"新型职业农民教育培训体系全面建立。从提高新型职业农民培育的针对性、有效性、规范性、发展能力、保障能力五个方面提出主要任务安排。将新型职业农民培育工程、新型职业农民学历提升工程、新型职业农民培育信息化建设工程列为重点工程。其中，"十三五"期间，新型职业农民培育工程重点实施新型农业经营主体带头人轮训计划、现代青年农场主培养计划和农村实用人才带头人培训计划。2018年中央"一号文件"提出"强化乡村振兴人才支撑"。

各地农民培训工作已经启动，形成了培育新型职业农民的热潮。如河南省农业厅、河南省财政厅关于印发《河南省2014年新型职业农民培育工程实施方案的通知》，2014年河南省将投入1.16亿元补助资金，在全省培育 6 万名左右新型职业农民，具体以三门峡市和兰考县、夏邑县等 13 个国家级示范市（县），正阳县、民权县等 14 个省级示范县作为新型职业农民培育重点示范区，以专业大户、家庭农场主、农民合作社骨干为重点培育对象，培养一支有文化、懂技术、会经营的新型职业农民队伍，有效破解"谁来种地""如何种好地"的难题。《通知》同时提出，新型职业农民培育，包括新型职业农民成长的全过程，即教育培训、认定管理和政策扶持。湖南省政府 2014 年出台《关于加快新型职业农民培育的意见》，确定了"2014 年试点，2015 年全面展开，2017 年全省培育新型职业农民 10 万人"的目标，将常德市整市和宁乡县、醴陵市等 12 个县市纳入全国试点市县范围实施重点推进，试点县从 2013 年的 4 个增加到 2014 年的 19 个。2014 年 9 月 12 日，安徽省在合肥举办全省新型职业农民培育管理培训班。

二 选题目的和意义

选择新型职业农民培育作为研究主题正是基于上述背景因素的思考。实践已经证明，将农民学员纳入新型职业农民培育体系中，可以充分发挥教育资源的优势力量，保障培训教育的专业化、科学化、体系化，形成可持续发展的长效机制，提高新型职业农民培育的实效性。在各地的培育实践中已经形成了具有地方特色的院校模式，因此，以农民学院为切入点，以新型职业农民培育为出发点和落脚点，以湖州农民学院为例证，对新型职业农民培育中的院校模式进行理论与实证相结合的具体研究，实现以下目的。

（1）总结农民学院参与新型职业农民培育的实践经验

农民学院参与对新型职业农民培育有何意义，其功用是什么？实践中新型职业农民培育院校模式的典型做法有哪些？通过对已有地方试点模式的比较分析，总结经验的基础上，从实证层面锁定农民学院参与新型职业农民培育这一模式是否顺畅推行、取得效果的关键性因素是什么？以此揭示农民学院参与新型职业农民培育的制度激励机制，进而指出该项研究的切入点和重点。

（2）探讨农民学院参与新型职业农民培育的关键性问题

影响农民学院参与新型职业农民培育的关键性因素是什么？分别

对这些影响因素进行深入分析，并以湖州进行实证印证，研究农民学院参与新型职业农民培育的驱动力是什么？运行机制是什么？环境影响因素是什么？以此形成农民学院参与新型职业农民培育的理论框架。

(3) 分析农民学院参与新型职业农民培育的绩效评价

农民学院参与这一新型职业农民培育模式为社会经济发展带来了哪些促进作用？这一培育模式与社会经济发展之间的关系是什么？以此论证这一模式的合理性及其内在作用机制。

(4) 农民学院参与新型职业农民培育的发展展望

农民学院参与新型职业农民培育作为职业农民培育的实践模式之一，较之其他模式的成功经验是什么？在各地推进过程中遇到了哪些亟待解决的问题或者犯了哪些错误？基于前文对农民学院参与新型职业农民培育各关键性因素的理论和实证分析，应该如何发挥好农民学院的作用？这一模式应该如何优化？如何推广？

新型职业农民的出现是历史发展的必然结果，是中国迈向现代化的建造主体。新型职业农民群体固然需要历史机遇、历史选择、历史肯定才能合理存在，然而历史的发展离不开积极地推动，新型职业农民群体在其符合历史发展规律下的发展壮大则需要政府的积极培育、管理和扶持。如何进行制度创新、优化政策环境、构建激励机制、探索培育模式是中央和地方在推动过程中亟须解决的问题。对新型职业农民培育的相关学术研究，将致力于上述问题的解决，为加快新型职业农民培育和实现农业现代提供理论指导。

为促进农业现代化提供理论支撑。农业发展离不开农民的生产，职业农民是建设现代农业的主导力量。加快新型职业农民培育有助于为强化物质装备和技术支撑提供人才支持，为构建现代农业产业体系、生产体系、经营体系提供开发人才和使用人才，从而夯实现代农业基础，提高农业质量效益和竞争力。

系统总结评估新型职业农民培育的实践模式。自2012年农业部在全国进行新型职业农民培育试点探索以来，各地涌现出多种新型职业农民培训模式。这些模式具有较强的地域性和地方特色。通过对典型地区新型职业农民培育做法的分析，提炼模式特征、进行科学分类比较、分析适用因素，对全面了解评价当前全国新型职业农民培育工作的展开有全局性和科学性的意义。

丰富农民职业教育理论和实证研究成果。新型职业农民培育院校模式是地方自发探索出的模式之一，该模式不仅与中央一号文件提出的"职业教育""全日制学历教育"的精神相一致，而且在实践中表现出较强的开拓性和培育效益。通过对农民学院参与新型职业农民培育的实践模式比较，以及对投资主体、培育内容、培育方式、环境等影响因素的分析，有助于掌握改革成效、发现现实问题、总结成功经验、提炼模式选择规律、寻找制度绩效的作用机制、发现农民学院参与的规律及探讨政策建议，可以收到管中窥豹、以小见大之功。基于微观体系的系统化研究，形成新的研究热点，推动研究向纵深发展，推动研究领域的拓展，从而丰富理论和实证研究。

新型职业农民培育虽然需要考虑到地方特点，但是更需要国家的全盘指导，形成全国性的制度框架是必然趋势。在已有研究成果的基础上，立足整体向纵深推进，深入到微观体系重点关注新型职业农民培育中的典型成功模式——院校模式，通过研究农民学院参与新型职业农民培育模式的关键性因素、适用情况，回答和解释"农民学院参与新型职业农民培育模式有效的原因是什么"这一科学问题。这一问题的解决，不仅对湖州市开展的农民学院培育新型职业农民具有指导意义，而且对全国新型职业农民的职业化教育具有重要的启示意义。

优化和推广新型职业农民培育院校模式。湖州市作为第一批整市推进的新型职业农民试点单位，以农民学院为平台，探索建立了湖州特色的培育模式。虽取得了显著成效，但也存在亟待完善之处。其经验和问题均集中在影响农民学院参与新型职业农民培育的因素，如投资主体的角色如何定位、运行机制如何有效、影响培育效果的环境因素如何优化。对这些问题的研究不仅有助于解决地方利用农民学院培育新型职业农民培育中遇到的问题，优化发展路径，而且有助于总结农民学院参与新型职业农民培育的经验和规律，推动模式适用地域的拓展，为其他地方培育模式选择提供科学指导。

为湖州乃至全国的农民学院参与新型职业农民培育提供指导和启示。分析农民学院参与新型职业农民培育的典型做法、模式比较，能够把握新型职业农民培育院校模式的特质和影响因素，为当前新型职业农民培育提供历史经验和科学依据。分析农民学院参与新型职业农民培育的投资主体、运行机制、环境影响和绩效，有利于锁定影响和制约农民学院参与新型职业农民培育的关键因素、改革的方向和有效性状态，有利于提高制度设计的精准性，为推动农民学院参与新型职业农民培育，形成职业农民教育培训体系，提供符合国情民意的制度方案。对湖州乃至全国的农民学院参与新型职业农民培育具有重要的指导和启示意义。

第二节 新型职业农民培育的研究综述

由于农业发展路径和阶段不同，截至目前国外尚无新型职业农民的提法，取而代之的概念为农业人力资源，其研究分为两方面。一是关于农民发展道路的研究。一条道路是农民被作为现代化阻力而消灭，转而变成非农产业的劳动者；另一条道路即为"福利"农业中对农民的保护和转化，见之于发达国家利用对外殖民完成资本原始积累后对促进农业发展的政策。二是关于农民职业标准、就业培育、保障机制的研究。典型的有加拿大按不同产品对农业生产技能进行职业标准设定，以及专门机构对农民就业、技能培训、人力资本变动、培训机构和经费等情况的统计和分析，以此形成职业农民发展的长效机制。

自2012年中央一号文件聚焦农业科技，着力解决农业生产力发展问题，明确提出"大力培育新型职业农民"，并在全国进行试点探索以来，新型职业农民培育问题越来越受到国内学界的重视。这项以中央政策为指导，以地方试点为探索的人才培育工作，其对于农业现代化发展的重要意义不乏深刻认识。多数学者认为新型职业农民培育对现代农业发展、新农村建设、粮食安全保障、"四化"同步发展、农民增收具有重要推动作用。培育新型职业农民是建设中国特色农业现代化、解决我国粮食安全、提高农村劳动力素质的迫切要求。[1] 农业的现代化离不开农民的职业化，培养一批适应农业现代化发展的新型职业农民已经成为农业发展的

---

[1] 胡林招：《新型职业农民培育问题研究》，《广东农业科学》2014年第7期。

当务之急。① 新型职业农民培育是提升农村人力资本的必然要求，是破解现代农业发展"难题"的有效途径，是应对现代农业发展特点的迫切需求。② 在此必要性认识的基础上，已有的研究内容主要侧重于新型职业农民内涵现状认知、地方实践探索、问题发现、国际经验总结、培育路径研究、环境支持体系构建六个方面。

一 新型职业农民的认识

新型职业农民的内涵与特征。新型职业农民有别于传统意义上的"世袭身份"的农民概念，其在主体身份、观念意识、综合素质、专业技能、职业分类等方面具有"新型性"和"职业性"。李文学认为，全职务农、高素质、高收入、社会尊重，是新型职业农民的基本特征和条件。③ 但除此之外，它还应是市场主体，并具有高度稳定性和社会责任感。④ 不仅具有新型农民的"有文化、懂技术、会经营"，还应当知晓国家强农、惠农、富农政策，建立自己的农民组织及缔造文明乡风，大力开展精神文明建设。新型职业农民与传统农民相比具有显著的差别。传统农民是社会学意义上的身份农民，强调的是一种社会结构，职业农民是经济学意义上的理性人，强调的是产业结构。新型职业农民是把农业生产经营作为自身职业的人员，他们素质高、专业技能强，具有职业道德素养、自我发展能力和市场竞争意识。主要包括农业产业化组织发展带头人、农村技能服务型人才和农村生产经营型人才。⑤ 传统农民的主要追求在于维持生计，而职业农民主要追求在于创业与发展。⑥ 新型职业农民具体可分为生产型职业农民、服务型职业农民和经营型职业农民三种类型。⑦

---

① 周一波、储健：《培养新兴职业农民的途径及政策保障》，《江苏农业科学》2012年第12期。
② 沈红梅、霍有光、张国献：《新型职业农民培育机制研究——基于农业现代化视阈》，《现代经济探讨》2014年第1期。
③ 李文学：《新型职业农民须具有四大特质》，《农村工作通讯》2012年第7期。
④ 朱起臻、文静超：《论新型职业农民及其培育》，《农业工程》2012年第3期。
⑤ 郭智奇、齐国、杨慧等：《培育新型职业农民问题的研究》，《中国职业技术教育》2012年第15期。
⑥ 王国庆：《加快培育新型职业农民 努力提高营农收入》，《新农村》2011年第5期。
⑦ 蒋平：《新型职业农民培育的几点思考》，《农民科技培训》2012年第4期。

新型职业农民现状。学者们把农业劳动力的现状问题作为新型职业农民培育的人力资本困境，并对其有较客观的认识。吕佳认为农民综合素质较低，农业劳动力结构和年龄失衡。[①] 杨敬雅等认为当前农业劳动者的问题主要存在数量萎缩、结构失衡、素质堪忧、后继乏人等问题。[②] 常佳佳、王伟引用大量数据指出，我国林牧渔从业人员受教育水平是 16 个行业中人力资本水平最低的，文化和身体素质较高的劳动力大量外流，留守在家的只有老弱病残，人才严重缺乏；传统观念和封建思想的存在以及对于市场意识和政府政策缺乏理性认识等问题，都制约着新型职业农民培育对象的选择、农业科技的推广以及农业现代化的发展。[③]

新型职业农民的培育对象。学者们普遍认为新型职业农民的来源主要是专业大户、城市回流农民、农村留守劳动力、农业院校学生四类。[④]

二 新型职业农民培育的地方探索

国内学者更多地从地区经验入手，分析新型职业农民培育的地方做法、成效、问题及路径探索。赵远远等认为嘉兴"四化"同步发展和现代农业生产经营主体不断发展壮大，为新型职业农民培育提供了基础条件，但是又受到农民队伍素质、农业产业化程度、农业职业教育问题、体制机制的制约，建议改革农业职业教育模式，建立健全新型职业农民培育体系；注重"五个结合"，构建新型职业农民培育质量提升机制；完善认定标准，建立健全新型职业农民认定管理体系；完善推进机制，建立健全新型职业农民政策扶持体系；加强组织领导，建立健全新型职业

[①] 吕佳：《基于现代农业视角的新型职业农民培育问题研究》，《湖北农业科学》2015 年第 2 期。

[②] 杨敬雅、刘福军：《借鉴国外经验促进云南新型职业农民培训》，《农业教育研究》2014 年第 1 期。

[③] 常佳佳、王伟：《论职业化新型农民的培育》，《青岛农业大学学报》（社会科学版）2010 年第 8 期。

[④] 胡小平、李伟：《农村人口老龄化背景下新型职业农民培育问题研究》，《四川师范大学学报》（社会科学版）2014 年第 5 期。

农民组织保障体系。① 杨敬雅、刘福军提出促进云南省新型职业农民培育的对策，包括加强农民培训力度，发展农村职业教育，完善惠农和促进人才回流政策。② 张洪霞、吴宝华对天津市三个新型职业农民试点区县就新型职业农民的生产经营现状、培训过程以及扶持现状进行调查，发现存在新型职业农民素质堪忧、培训体系不健全、扶持激励体系不完善等问题，试图基于观念体系、教育培训体系、扶持激励体系和认定管理体系尝试构建合理的新型职业农民培育机制。③ 张玉军、马嫒嫒、朱庆锋分析了江苏省整省推进的新型职业农民培育的探索，提出要从推进制度体系的顶层设计、机制模式的协同创新以及资源环境的优化配置等方面探索新型职业农民培育的创新路径。④ 杜巍对湖北省新型职业农民培育进行调研，发现存在教育培训机制不健全，资源条件分布不均；教育培训经费投入不足，缺乏金融支持；教育培训师资不足，培训模式有待创新；法制保障缺位，监管评价机制亟待建立等问题。⑤

三 新型职业农民培育所面临的问题

研究主要涉及教育培训本身的问题和政府管理体制两大方面。

关于教育培训的问题认识。新型农民职业教育资源分布不合理，师资力量薄弱，严重缺乏既懂理论又有技术的"双师型"教师；培育机制不健全，培训内容单一，培训形式落后，脱离了当地农村区域经济和农民的需要⑥。黎家远在对四川各地新型职业农民培育调研中发现由于缺乏有效的瞄准机制，许多地区在培育过程中出现了培训对象偏差的问题，

---

① 赵远远、袁姝：《"四化"同步视阈下新型职业农民培育研究——基于嘉兴市的探索与实践》，《中国农业信息》2014年第11期。

② 杨敬雅、刘福军：《借鉴国外经验促进云南新型职业农民培训》，《农业教育研究》2014年第1期。

③ 张洪霞、吴宝华：《新型职业农民培育问题及机制建构——以天津市三个新型职业农民试点区县为例》，《职教论坛》2015年第11期。

④ 张玉军、马嫒嫒、朱庆锋：《农业现代化进程中的新型职业农民培育：他国经验与路径选择》，《世界农业》2016年第2期。

⑤ 杜巍：《湖北省新兴职业农民培育调研分析及对策》，《湖北农业科学》2014年第9期。

⑥ 郝志瑞：《基于国际经验的新型职业农民培育创新路径研究》，《世界农业》2015年第12期。

同时培训对象和机构参与积极性不高、培训内容适用性较差。① 沈红梅等认为培育机制的困境集中在缺乏科学设置与规范：培育内容陈旧，培育模式单一，培育机制滞后，培育经费短缺。②

关于政府管理扶持的问题认知。政府各级部门在被动式、应付式地实施新型职业农民培育工程，且各系统相互分离，各行其是。③ 黎家远认为四川各地对农民培训的财政资金投入存在资金总量不足和资金投入分散的问题。管理制度不健全，多头领导，导致培训资源分散，长期有效的监督和反馈机制尚未形成。④ 金绍荣、肖前玲认为我国目前新型职业农民培育的体系尚不完善，地方政府在新型职业农民培育过程中出现了政策、经费、人员、机制等多方面的问题。⑤ 李俏、李辉认为典型问题有培训规划不符合地方农村发展实际、培训方式不符合农民生产习惯、培训内容与农民需求脱节。⑥

此外，还有学者关注相关外部社会环境的制度机制约束。土地流转、城镇化发展质量、城乡二元结构、农村社会化服务体系共同构成新型职业农民培育的主要外部社会环境，它们是职业农民涌现的重要条件，其不合理对新型职业农民培育的形成约束机理。⑦

四 国外职业农民教育和培训的经验总结

早在21世纪初，一些学者就介绍了国外农民培训的经验，姜长云介

---

① 黎家远：《新型职业农民培育中的财政支持问题研究——以四川省为例》，《农村经济》2015年第5期。

② 沈红梅、霍有光、张国献：《新型职业农民培育机制研究——基于农业现代化视阈》，《现代经济探讨》2014年第1期。

③ 郝志瑞：《基于国际经验的新型职业农民培育创新路径研究》，《世界农业》2015年第12期。

④ 黎家远：《新型职业农民培育中的财政支持问题研究——以四川省为例》，《农村经济》2015年第5期。

⑤ 金绍荣、肖前玲：《新型职业农民培育：地方政府的角色、困境及出路》，《探索》2015年第3期。

⑥ 李俏、李辉：《新型职业农民培育：理念、机制与路径》，《理论导刊》2013年第9期。

⑦ 沈红梅、霍有光、张国献：《新型职业农民培育机制研究——基于农业现代化视阈》，《现代经济探讨》2014年第1期。

绍了发达国家农民培训的特点。李红介绍了日本培养职业农民的经验。从 20 世纪 60 年代开始，由于人口和产业过度向大都市集中，日本面临着村落凋敝、农业生产停滞和后继者匮乏等问题。日本将大力培养职业农民作为振兴农业和农村的根本措施，建立起了包括农业高校、农林水产省农民学院、农业短期大学、道府县农业职业学校和就农准备校等在内的比较完备的农业教育体系。① 李水山介绍了韩国培养职业农民的主要做法与经验。随着农村青年不断离开农村和农业，韩国也经历着农业劳动力老龄化、农业生产后继者匮乏等问题。为了有效应对这些问题，韩国开展了农渔民后继者和专业农户的培养工作。韩国的后继者培养和专业农户的培养过程分为四个阶段。第一个阶段是选拔农渔民后继者的培养对象；第二阶段是由农业院校和培训机构对农渔民后继者进行针对性的培训；第三阶段是对于培训合格的农渔民后继者的创业活动给予资助；第四阶段是从农渔民后继者中培植专业农户。② "农民的培训需求及培训模式"课题组介绍了美国的农民教育培训方式。美国的农民教育培训主要是政府机构和民间组织提供的，如综合性大学、社区大学、技术学院、合作推广组织和农场协会等。全国和各州的教育部门都有专人对农业培训项目进行指导和宏观调控。1984 年，美国还成立了负责农民培训的协调和指导的全国性的农业教育培训组织。③

2010 年以后，国际化研究和国外经验逐渐丰富。美国、英国和德国在职业农民培育过程中的立法、资格准入和职业教育等方面的经验较多被关注，而日本和韩国由于农业资源禀赋与我国大体相当，其职业农民的培养制度、机制体制和扶持政策也很值得借鉴。④ 倪慧、万宝方、龚春明总结美国、英国的经验是国家立法保障；法国、日本的经验是完善农业教育体系；德国、韩国的经验是政府与非政府部门合作。⑤ 李国祥等介

---

① 李红：《日本农民职业化教育对策分析及启示》，《中国农业教育》2008 年第 2 期。
② 李水山：《新时期韩国农民教育的特征和发展趋势》，《职教论坛》2005 年第 6 期。
③ "农民的培训需求及培训模式"课题组：《农民的培训需求及培训模式研究（总报告）》，《经济研究参考》2005 年第 35 期。
④ 叶俊焘、米松华：《新型职业农民培育的理论阐述、他国经验与创新路径》，《江西社会科学》2014 年第 4 期。
⑤ 倪慧、万宝方、龚春明：《新型职业农民培育国际经验及中国实践研究》，《世界农业》2013 年第 3 期。

绍了美国的新型职业农民培养政策。① 美国重视政府引导和立法保障,在美国选拔的新型职业农民中,大约有 3/4 的人不是来自农民家庭或者没有农业生产背景。为此,2012 年的农业法草案提出了培养新型职业农民的多种措施,以提高新型职业农民的现代生产技能、经营管理能力以及市场风险的控制能力。根据 2012 年的新农业法草案,在 2013—2017 年,政府将每年提供 5000 万美元资金用于培训新型职业农民。② 法国对农业后继者的学历具有较高的要求,必须取得相应的合格证书后,才能从事农业生产经营,也才能从政府的支持政策中受益。法国在农业现代化发展的过程中自上而下形成了农业高等院校教育、中等农民职业教育以及短期农民职业培训多元化的农民职业教育管理体系;德国的农民职业教育体系专业化水平很高,培育体制实行"双元制",培育内容以农民职业能力提升为导向,具体学习现代机械技术和设备操作;欧盟国家构建了沿革农民职业准入制度和认证标准。③

五 新型职业农民培育路径的研究

主要是从教育培训、资金支持和法律保障等视角提出新型职业农民的培育路径。

很多学者提出构建科学规范的新型职业农民教育培训机制。完善农村人力资本提升的教育机制与人才流动机制,健全人力资本成长的教育机制,优化农村劳动力结构并提高素质,确立农村人才回流的动力机制。因势利导,科学设置培训内容,整合资源,创新培育模式。加快建立多元办学的教育机制,形成农业科研院校、涉农技术推广中心、农业培训机构和农民合作组织等多主体协同参与的培训体系和机制。④ 明确新型职业农民培育的目标群体,形成培训对象分类瞄准机制。建立开放的培训机构选择机制,

---

① 李国祥、杨正周:《美国培养新型职业农民政策及启示》,《农业经济问题》2013 年第 5 期。

② 李红、王静:《日本农民职业教育》,《中国农业教育》2012 年第 2 期。

③ 郝志瑞:《基于国际经验的新型职业农民培育创新路径研究》,《世界农业》2015 年第 12 期。

④ 沈红梅、霍有光、张国献:《新型职业农民培育机制研究——基于农业现代化视阈》,《现代经济探讨》2014 年第 1 期。

改革培训管理体制，整合新型职业农民培育资源，形成高效的农民培训网络，形成制度化的培训流程和体系，设立新型职业农民培育效果评价指标体系和独立的第三方专业考核机构。① 构建多元化的培育体系是很多学者的建议。许浩提出构建"政府主导、行业指导、企业参与"的新型职业农民培育机制，引入"参与式"的培育理念，实现新型职业农民的自我发展。② 王辉等提出构建"政府宏观指导、农业部门具体负责、其他部门协力配合、社会培训机构积极参与"的新型职业农民培育管理模式，充分发挥高校、科研院所、行业企业在职业农民培育过程中的重要作用，形成层次分明、结构合理、布局科学、开放有序的职业农民培育体系。③ 朱俊、杨慷慨提出构建联动教育机制，以县域兴办开放教育为契机，充分整合县域内各级各类职业教育资源，积极搭建协同育人平台，促使县域内"普教、职教、成教、技教、电教"五教融合，壮大区域职业教育力量，形成职业农民培育合力，推动新型职业农民职教工作在县域内全面开花，达成县内县外职教资源高效联动，实现职业农民培训的多元化发展。④ 吕佳提出完善培育内容、创新培育方式。围绕现代农业技术教育、农业政策法规教育、农业环保教育制定培育内容；以因地制宜、满足农民需求、现代手段作为创新培育方式的原则。⑤ 童举希等把新型职业农民培育路径划分为"规划配置、招募培训、绩效管理、收入福利、准入竞争、职业保障"的"六模块"管理，创新我国新型职业农民培育体系。⑥

长期以来，经费问题是农村特别是落后地区职业农民培育的主要瓶颈，很多学者指出需要不断拓宽职业农民培育投融资渠道，并提议构建政府主

---

① 黎家远：《新型职业农民培育中的财政支持问题研究——以四川省为例》，《农村经济》2015年第5期。

② 许浩：《培育新型职业农民：路径与举措》，《中国远程教育》2012年第11期。

③ 王辉、刘冬：《美国农业职业教育与培训的经验与启示》，《人力资源开发》2014年第1期。

④ 朱俊、杨慷慨：《职业教育生态位构建与产业空间选择》，《重庆高教研究》2015年第1期。

⑤ 吕佳：《基于现代农业视角的新型职业农民培育问题研究》，《湖北农业科学》2015年第2期。

⑥ 童举希、陈蓓蕾、章霞：《基于模块化的新型职业农民培育体系创新研究》，《江苏农业科学》2015年第12期。

导的多渠道、多形式、多层次的融资体系。加大各级政府财政投入力度，建立资金使用管理的保障机制，确保培育资金专项使用；发挥政府宣传引导作用，多方筹措培育经费，促成各种社会资本、专项基金、企业、个人及农村合作组织共同参与投资农民培训，形成政府主导的多渠道、多形式、多层次融资来源；整合资源，充分利用农村闲置的校舍和教学资源开展培训，节流不必要的培训支出，实现培训资金的最优化使用。[1] 黎家远提出创新财政资金投入机制：推动新型职业农民培育资金由直接补贴农民向购买服务转变；搭建农民培训资金整合平台，适度放宽县级政府对农民培训资金的使用权力，逐步将各类财政预算安排的农民培训资金、社会组织提高农民技能的帮扶资金等整合起来，捆绑使用，通过采取项目备案制和审查备案制等手段，逐步把项目选择权和资金安排权下放到县级政府；建立以财政资金撬动社会资金的多元资金投入机制。[2] 胡小平、李伟借鉴这些国家的成功经验，建立新型职业农民培育基金，为参加培训、取得职业资格证书的农民的创业活动提供贷款或贷款利息补贴。[3]

尽管现行的涉农法律法规已经为保障我国的农业发展、农村建设、农民权益发挥了重大作用，但新型职业农民的培育和发展是一项长期的工程，因而学者们不同程度地提出不断完善现有的涉农法律法规。针对培育职业农民出台一些新的法律法规，确保新型职业农民的培育工作长期稳步推进，也为新型职业农民从事农业职业提供相应的法律保障。[4] 制定农民培训工作的法规和政策实施细则，促使职业农民的培育工作制度化；建立相关考核评价、激励、监督和协调的长效机制，使农民培训工作常规化、科学化；建立职业农民准入制度，为职业农民培育提供从业准则保障[5]。加强培育机构和师资人员的监督和管理，建立信息反馈系

---

[1] 沈红梅、霍有光、张国献：《新型职业农民培育机制研究——基于农业现代化视阈》，《现代经济探讨》2014年第1期。

[2] 黎家远：《新型职业农民培育中的财政支持问题研究——以四川省为例》，《农村经济》2015年第5期。

[3] 胡小平、李伟：《农村人口老龄化背景下新型职业农民培育问题研究》，《四川师范大学学报》（社会科学版）2014年第5期。

[4] 王辉、刘冬：《美国农业职业教育与培训的经验与启示》，《人力资源开发》2014年第1期。

[5] 沈红梅、霍有光、张国献：《新型职业农民培育机制研究——基于农业现代化视阈》，《现代经济探讨》2014年第1期。

统,提高监管效率。① 胡小平、李伟提出我国可借鉴这些国家的做法,适时出台关于新型职业农民培育的法律法规,明确新型职业农民培养的地位、培养程序、经费保障、各级政府或相关机构的责任和义务等,使新型职业农民的培养制度化、法制化。② 胡林招提出完善政府对新型职业农民培育的制度供给,一方面制定对新型职业农民给予重点扶持的各种优惠政策,另一方面制定和修改各项涉农法规,完善激励机制。③

六 新型职业农民培育的环境支持体系构建

新型职业农民培育不单单是政府扶持下的农民职业教育,而且是一项长期而艰巨的系统工程,问题复杂,涉及面广,不仅需要构建新型职业农民教育培训体系,而且需要各级政府资金和政策支持,还需要营造有利于新型职业农民产生发展的社会环境。不少学者的发展建议中,关注到了与新型职业农民培育相关的政策环境。新型职业农民培育还应包括稳定的土地产权和流转制度、充分的社会尊重、良好的学习氛围,以及城乡一体的要素流动机制等。④

童洁、李宏伟、屈锡华提出为了契合新型职业农民"有文化、懂技术、会经营、成组织"四个基本特征,新型职业农民培育应该从专业化、产业化和组织化三个方向展开。需要建立和完善相应的现代农业产业支持体系、城乡一体化制度支持体系、农业社会化服务支持体系、农业经济组织支持体系和农民教育培训支持体系。⑤ 王辉等提出建立新型职业农民准入制度,将职业农民准入制度与农业技术培训、土地流转、调整农产品补贴政策结合起来。营造新型职业农民产生和发展的环境:加快推进土地适度规模经营,加快推进土地适度规模经营,加大对新型职业农民的财政、金融支持力度,着力提高农村基础设施建设和公共服

---

① 吕佳:《基于现代农业视角的新型职业农民培育问题研究》,《湖北农业科学》2015年第2期。
② 胡小平、李伟:《农村人口老龄化背景下新型职业农民培育问题研究》,《四川师范大学学报》(社会科学版)2014年第5期。
③ 胡林招:《新型职业农民培育问题研究》,《广东农业科学》2014年第7期。
④ 朱起臻、文静超:《论新型职业农民及其培育》,《农业工程》2012年第3期。
⑤ 童洁、李宏伟、屈锡华:《我国新型职业农民培育的方向与支持体系构建》,《财经问题研究》2015年第4期。

务水平。① 胡林招认为营造新型职业农民产生发展的社会环境是当务之急，具体包括营造良好的社会舆论氛围，树立平等的农民职业观念；营造要素双向流动的环境，稳定和壮大新型职业农民队伍；建立健全社会保障体系，促进传统农民向职业农民转化。② 李小红主张鼓励农民专业合作社参与新型职业农民培育，并提出通过政府、农业教学科研单位的支持，农民专业合作社自身规范化建设等方面的努力来推动农民专业合作社参与新型职业农民培育工作。③ 胡小平、李伟认为需要通过提高农业生产的效益、推进土地适度规模经营、大力发展农业机械化、提高农村基础设施建设公共服务水平等措施，优化新型职业农民的成长环境。④ 黎家远提出建立新型职业农民培育与其他惠农政策的关联机制，把农民参加培训与产业发展扶持政策紧密挂钩，推动部分支农惠农政策由"普惠制"向"特惠制"转变，将新型职业农民培育与土地流转、信贷发放、技术服务等扶持政策相挂钩，保证参加新型职业农民培育的群体能够优先获得政策扶持。给予职业农民完善的社会保障，解决职业农民的后顾之忧，使其能够真正将农业作为职业选择。⑤ 此外，一些学者关注到政府在新型职业农民培育中的角色和功能。培育新型职业农民是当前"三农"工作的重中之重，应充分发挥地方政府的作用。⑥ 地方政府应在新型职业农民培育过程中扮演好服务供给者、资源整合者、质量监督者的角色，助推各项培育工作有序运行。⑦ 政府要承担起新型职业农民培育的投资责任，加大对农村基础教育、农业职业教育和农民短

---

① 王辉、刘冬：《美国农业职业教育与培训的经验与启示》，《人力资源开发》2014年第1期。

② 胡林招：《新型职业农民培育问题研究》，《广东农业科学》2014年第7期。

③ 李小红：《农民专业合作社参与新型职业农民培育研究》，《山西农业大学学报》（社会科学版）2014年第9期。

④ 胡小平、李伟：《农村人口老龄化背景下新型职业农民培育问题研究》，《四川师范大学学报》（社会科学版）2014年第5期。

⑤ 黎家远：《新型职业农民培育中的财政支持问题研究——以四川省为例》，《农村经济》2015年第5期。

⑥ 陈蓓蕾、童举希：《地方政府促进新型职业农民培育的思路与对策》，《贵州农业科学》2013年第6期。

⑦ 金绍荣、肖前玲：《新型职业农民培育：地方政府的角色、困境及出路》，《探索》2015年第3期。

期培训的投入力度。①

综观以上研究可以看出,在中央政策部署的统一推动下,学术界对新型职业农民培育的必要性和内涵特征有较统一、深入的认识,对新型职业农民培育所面临的问题有一定的研究。关于新型职业农民现状,学者们认为目前我国农业劳动力整体素质偏低,特别是文化水平和农业技能与农业现代化发展的需要脱节;许多农民还存在陈旧、封建和保守的观念,缺乏主观能动性;农村劳动力结构老龄化、兼业化、质弱化现象严重;尽管新型职业农民已见雏形,但从整个农业领域来看,新型职业农民数量分布不均、综合素质参差不齐,供求矛盾突出。② 关于培训本身的问题,学者们的观点主要聚焦在教育培训体系与农民、农业实际需求不一致,农民培训缺乏广泛认可和支持,教育培训基础设施落后,师资队伍知识结构老化,资金投入不足、不均或落实不到位等问题上,新型职业农民培育体系和模式需要进一步完善和创新。关于管理和制度问题,学者们的观点主要聚焦在缺乏政策支持和立法保障、监管机制不健全、评价体系不完善等问题上;并且从国外经验借鉴、教育培训体系完善、资金支持机制创新、法律制度保障、关联政策环境支持等视角提出了新型职业农民的培育路径发展建议。

已有的研究主要采取宏观的分析视角,虽然准确地抓住了新型职业农民培育这一时代主题,探讨了新型职业农民培育中的关键性问题,关注到了实际推行中存在的问题,但是指向性和聚焦不够,导致研究宽泛化、缺乏深度。(1) 聚焦不够。新型职业农民培育是一项复杂的系统工程,其中包括教育培训、认证管理、政策扶持等内容,每一方面又包含有很多内容。只有把每一个小问题出现的原因和机理研究透彻,找到理论依据,才能解决瓶颈问题,才能在制度创新上有所突破,而已有的成果恰恰"贪大不专"。(2) 理论认识不够。解决问题的前提是寻找理论上的可行性方案,而已有的研究更多的是"报告式"研究,缺乏对该问题全面地理论阐释,问题研究起点、理论框架和发展方向均不明确,学理

---

① 胡小平、李伟:《农村人口老龄化背景下新型职业农民培育问题研究》,《四川师范大学学报》(社会科学版) 2014 年第 5 期。

② 韩娜、杨宏:《我国新型职业农民培育问题研究综述》,《辽宁经济》2012 年第 11 期。

性不足,创新性自然不够。(3)国外经验介绍笼统。在为数不多的借鉴国外经验的论文中,雷同较多,信息量较少,很少对国外职业农民教育进行包括背景、做法、效应、问题在内的全面、系统地介绍和分析,很少提出有借鉴价值的经验。(4)没有形成完整的政策体系。新型职业农民培育路径的研究未进行系统的分析,而是提出了一些较为空洞和泛化的对策建议,不具有针对性和可操作性,较少在新型职业农民培育路径上有所突破和创新。

七 研究空间

新型职业农民培育实践模式的研究。自 2012 年农业部在全国进行新型职业农民培育试点试验以来,各地积极探索,涌现出多种新型职业农民培训模式。这些模式具有较强的地域性,有的适应面较窄,对环境和经济条件依赖性强,有的需要的载体多且途径单一。对于一些具有典型代表性、效益好的培训模式进行归纳分析,进行科学分类,比较其特征,研究这些新型职业农民培训模式的影响因素、适用条件、作用机制、效果评估、总结经验和规律。从实践上升到理论,进行评估,再用理论指导实践,解决遇到的问题,对准确把握新型职业农民培育发展情况和地方诉求,构建理论框架,明确发展方向,均具有重要的意义。

新型职业农民培育经验的总结。尽管存在依托地方情况的新型职业农民培育研究,但是以调研报告和普遍性介绍居多,内容上主要是重要性阐述、做法介绍、问题提出和对策建议。尽管结合地区发展、农业现代化现实需要对新型职业农民培育的重要性有深刻的认识,但是在问题导向的研究上显得不足,要么是介绍地方做法的报告性文章,要么是缺乏针对性、泛泛而谈的问题对策文章。实际上,各地在新型职业农民培育探索中,创新出了很多好的做法,并且形成一整套体制机制和政策内容。通过对新型职业农民培育地方策略和措施的研究,经验的总结,可以寻找新型职业农民培育的规律和适合中国国情的培育方式,对地区做法推广、形成全国性的培育制度具有重要支撑作用。

单一模式的运行机制研究。地方涌现出的每一种新型职业农民培训模式,都有相对独立的运行机理和管理体制。即使是同一类培育模式,在培训目标、培训主体、培训客体、培训层次、培训内容、培训规则、培训评价、培训效果、资金支持、法律保障、政策环境等方面都不尽相同。因此，对新型职业农民培育的研究应该立足整体向纵深推进，深入到微观体系，探究单一模式的基本做法、动力机制、运行机制、影响因素、政策效应等方面的问题，同时，必须与地方的实际运行情况、经济社会发展情况、农民需求相结合，才能发现每种模式的优缺点、适用条件、运行机理、潜在和显性问题的原因、模式的效应空间、进一步发展空间，才能搞懂、分析透彻新型职业农民培育的问题症结和推进发力点。这些学理问题的解读是学术研究应回答和解释的问题，从而有助于拓展研究领域，推动学术创新。学术创新又服务于解决实际问题、改进培育管理，不仅为地方新型职业农民培育提供指导和启示，而且为全国新型职业农民培育制度的出台提供策略选择、方向选择和模式路径选择。

新型职业农民培育的理论阐释。新型职业农民培育虽然是针对特定群体的教育培训工作，并且由于投入巨大资金，需要地方政府承担投资责任、发挥引导激励扶持作用，但是其本质属于人力资源管理范畴，借鉴人力资源管理与开发的相关理论，与农业职业特征相融合，还包括劳动力流动、社会学等相关理论，通过理论框架构建，评估现有的新型职业农民培育方式，发现问题的原因，选择可行性的培育路径，才能在新型职业农民培育路径上有所突破和创新。

新型职业农民培育影响因素评价指标体系。目前学界对影响新型职业农民培育的因素有哪些？培育体系应该包括哪些内容？尚无深入的研究，也没有达成共识，导致实际培育工作缺乏系统性和规划性。只有采用科学的方法，厘清影响新型职业农民培育的因素，构建影响因素评价指标体系，并且对每个因素进行权重和形态的理论研究，同时与地方实证调查相结合，才能使研究取得突破性进展，才能提出可行的培育优化对策，进而提高培育的有效性和针对性。

第三节　研究思路和主要内容

一　研究思路

新型职业农民培育作为现代农业发展中人才培育战略部署和时代要求，国家政策层面非常重视出台相关政策刺激和规范，不同于过往其他农村劳动力培训工程，试点地区也在结合地方实际积极探索培育模式，新型职业农民培育研究所包含的内容非常多，大到国家人才规划的宏观设计，小到地方具体培育方案的研究，内容涉及教育培训、认定管理、扶持政策，微观上包含组织体制、培育对象、课程设计、地方模式、经济收益等很多方面。

本书以当前各地在探索新型职业农民培育中涌现的模式为依据，选择院校模式进行研究。在研究思路上采取"政策起源、理论推理、实证检验"的逻辑，以湖州市农民学院和新型职业农民培育为案例，对农民学院参与新型职业农民培育这一现实模式进行解析，通过理论分析和实证论证，论证农民学院培育新型职业农民这一模式的可行性和优化方案。首先，从宏观角度梳理了政策层面和地方实践层面对新型职业农民培育的探索和现状，聚焦农民学院参与新型职业农民培育这一院校模式，将湖州农民学院作为典型案例。其次，将湖州的"农民学院模式"与同为院校模式类型的陕西"农广校模式"进行比较，进一步阐释农民学院模式的内涵。再次，以湖州农民学院参与新型职业农民培育的实证为案例，分别分析农民学院参与新型职业农民培育的驱动力、运行机制、影响因素、绩效评价。最后，结合湖州经验和面临的挑战，提出完善和优化农民学院参与新型职业农民培育的对策建议。本书具体的技术路线如图1-1所示：

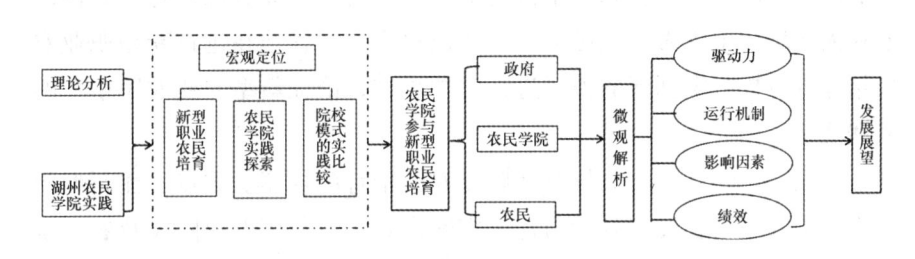

图1-1 研究思路

二 主要内容

农民学院参与新型职业农民培育是湖州市在进行新型职业农民培育整市推进的探索中总结出来的一种模式，属于新型职业农民培育中的院校模式一类，但是又不同于陕西的农广校模式。农民学院的建立及其在

以农民学院为依托的新型职业农民培育模式不仅具有地方创新性，而且对新型职业农民培育的全国性推进研究具有示范和探索作用。对农民学院参与新型职业农民培育的研究不能脱离湖州这一鲜活的样本，也要在理论研究上寻找突破和支撑，才能对其进行全面深入地分析，发现农民学院在培育中的价值，论证农民学院参与模式的可行性，探明农民学院参与新型职业农民培育的运行机理和科学规律，总结湖州模式的经验、指出存在的问题，对这一地方创新模式进行科学定位，为其未来的发展提供科学指导。

本书一共分为十个部分：

第一章　导论。论述选题背景和意义，提出研究问题，拟定研究目的。对当前学术界关于新型职业农民培育、农民学院、农民教育培训等国内外文献进行梳理，发现研究空间。概述全书的研究思路和逻辑框架。

第二章　新型职业农民培育的理论分析。从国家政策提法和现代农业发展的现实需要的角度，论述"新型职业农民"的来源。解析新型职业农民的内涵及其与传统农民的区别，以明确研究对象。新型职业农民培育涉及人力资源管理、教育经济学、公共管理学等相关理论，分析新型职业农民培育的理论基础。

第三章　新型职业农民培育的政策与实践分析。与第二章对应，从实证的角度分析我国新型职业农民培育的发展与现状。具体分析新型职业农民培育的国家立场和政策推进情况，将新型职业农民培育与其他的农村人才培育工程做比较区分。从实证角度，对各地在进行新型职业农民培育试点探索中创新的模式进行归纳总结，论证新型职业农民培育的实践现状。

第四章　农民学院参与新型职业农民培育的探索。重点关注新型职业农民培育中的农民学院参与这一实践模式。在分析农业院校及农民学院形态的基础上，明确搭建农民学院平台培养现代农业人才的意义和重要价值。介绍农民学院参与新型职业农民培育的典型实践——湖州农民学院的办学历程、管理体制、组织体系、培训体系、培育特色、保障机制。

第五章　新型职业农民培育院校模式的实践比较。湖州的新型职业农民培育与陕西的农广校模式都是院校培育模式，本章主要对两种实践模式进行比较研究，分析相同点和不同点，从而更立体地认识农民学院参与的培育模式。

第六章　农民学院参与新型职业农民培育的驱动力。从理论层面论述地方政府在新型职业农民培育中的角色和职能，本章主要从理论和实践角度分析个人（或家庭）、农民专业合作社（或农业企业）和地方政府对农民学院参与新型职业农民培育的投资驱动力；明确地方政府的推动主体角色及其在推动新型职业农民培育中应该承担的职能；运用规范分析的结论，从投资主体的角度解析湖州地方政府在引导和扶持新型职业农民培育方面发挥的作用。

第七章　农民学院参与新型职业农民培育的运行机制。以农民需求为切入点，分析农民学习需求的内容及其影响因素，论证以农民需求为导向的农民培育的理论内容。运用规范分析的结论，从农民需求的角度解析湖州农民学院在培育运行机制设计上与农民需求的对接。

第八章　农民学院参与新型职业农民培育的影响因素。对新型职业农民培育影响因素进行理论解释，基于农户满意度视角，构建农民学院参与新型职业农民培育的影响因素的理论假说，对湖州实践情况进行调研和样本采集，通过构建定量模型和数据分析，验证理论假说，形成相关因素结论。

第九章　农民学院参与新型职业农民培育的绩效评价。一方面从宏观层面，提出三个验证假说：（1）新型职业农民培育与区域农业经济增长显著正相关；（2）新型职业农民培育与农民收入增长正相关；（3）新型职业农民培育与农业现代化水平正相关。利用农业局统计数据，从区域经济发展、农民增收和现代农业发展三个方面对湖州农民学院培育新型职业农民的绩效进行验证。另一方面从微观层面，以个体农户为样本，分析其培育绩效。

第十章　农民学院参与新型职业农民培育的发展展望。总结农民学院参与新型职业农民培育的经验，找准农民学院参与新型职业农民培育面临的发展机遇及挑战，对湖州市培育新型职业农民提出对策建议。

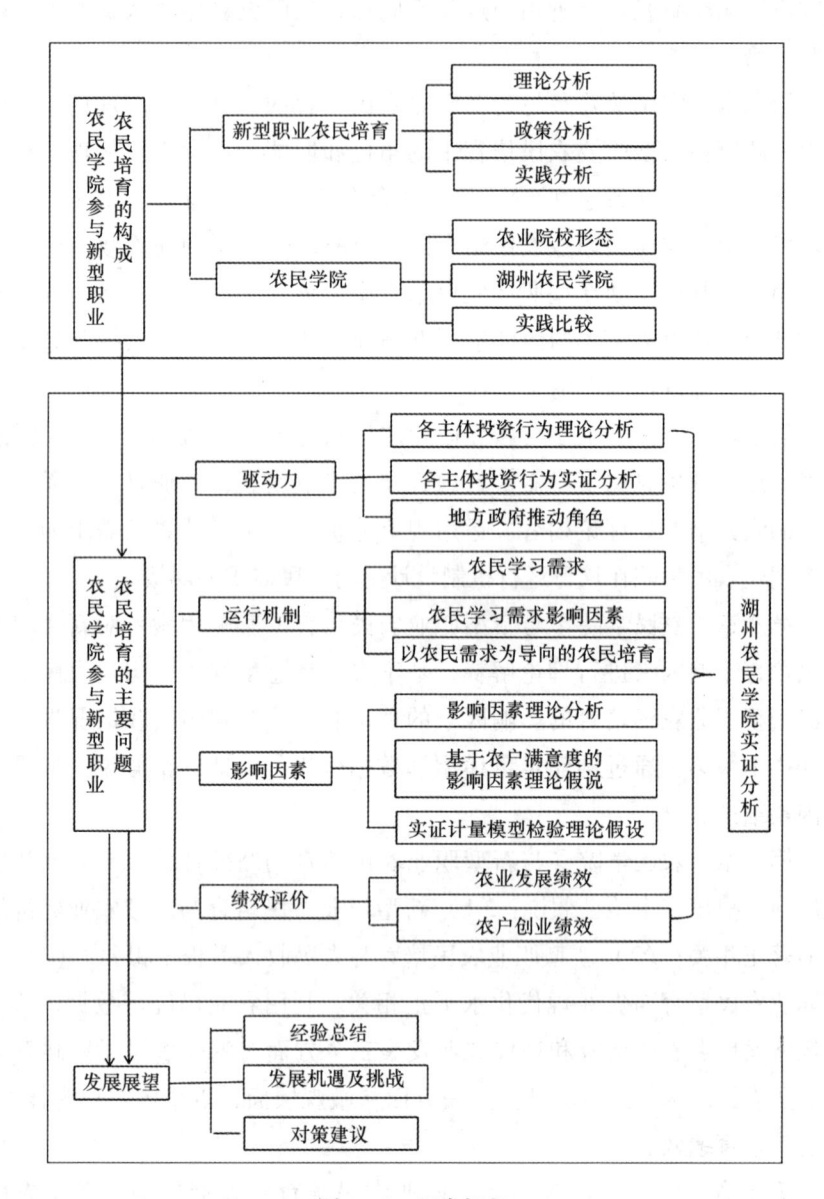

图 1-2　研究框架

第四节 研究方法

本书主要采取以下研究方法：

1. 文献研究法。对职业农民培育的政策与实践内容的分析，主要采用了文献研究法。对历年中央一号文件、部委有关新型职业农民培育的通知、农村人才规划、其他农村劳动力培训的各类工程的规定进行了梳理和研究。对湖州农民学院及新型职业农民培育模式和陕西农广校模式实践分析的内容，一部分来自于文献支撑。

2. 比较研究法。在对新型职业农民培育院校模式典型做法进行研究的时候，主要将湖州农民学院模式与陕西农广校模式就培育环境、培育对象、培育体系、教育培训内容、师资队伍建设、教育培训方式、认定管理办法、扶持政策等方面进行比较，总结两种模式的异同。

3. 案例分析法。将湖州市新型职业农民实践模式作为实证案例，结合研究思路，分别从实践做法、驱动力、运行机制、影响因素、绩效等方面进行解析，与理论分析呼应，并将湖州案例作为各部分理论分析的实证验证。

4. 社会调查法。对湖州实践做法、农民需求分析和农户绩效分析，均采取田野调查法。先后三次前往湖州市，与农民学院领导、湖州市农业局、农办等领导、农民大学生、乡镇成校校长等进行座谈和交流。根据产业特点，选择 11 个乡镇对新型职业农民进行问卷调查，了解农民需求和评价。

5. 计量经济分析法。对农民学院参与新型职业农民培育影响因素的分析，从农户的满意度出发，构建了农民学院参与新型职业农民培育影响因素的理论假说。根据湖州调查问卷数据，选取评价指标，构建新型职业农民教育培训农户满意度评价模型，采用多元 Logistic 回归模型对评价模型进行计量分析，对计量结果进行解释，并结合实践做进一步规范分析，形成研究结论。

第五节 创新之处与不足

本书在以下三个方面可能有所创新。

1. 研究内容创新

（1）对新型职业农民培育进行了系统研究。对新型职业农民培育体制机制中的投资主体、农民需求、影响因素、培育绩效进行全面系统地理论分析。形成"实践—理论—实践"的研究逻辑，基于理论分析和科学论证，获得规范性结论，用"湖州农民学院模式"检验和修正理论，最后用理论研究成果指导实践。由此，不仅对新型职业农民培育问题进行了全面分析，而且在此框架下，对湖州新型职业农民培育模式的分析较为深刻。

（2）对新型职业农民培育的院校模式进行了比较分析。目前农业部总结了全国十大职业农民培育典型模式，一些学者也对培育模式进行了归纳，随着国家对农民职业教育的重视，新型职业农民培育中的院校模式越来越具有典型意义，但是将农民学院和农广校两种院校模式进行比较研究的并没有。本书从培育环境、培育对象、培育体系、教育培训内容、师资队伍建设、教育培训方式、认定管理办法、扶持政策等方面进行比较，总结两种模式的异同。

2. 研究方法创新

（1）许多学者对新型职业农民培育的一般性问题进行了研究，但是由于缺乏研究的立足点且聚焦不够，研究成果多是泛泛而谈。本书运用人力资本理论、计量经济学方法、行政管理理论等多学科理论和方法，从农民学院参与新型职业农民培育的视角，对培育的过程和效果进行了分析。

（2）问题分解，搭建理论框架。首先确定研究视角和出发点，然后将所研究的问题进行系统设计和内容分解，每个问题的研究都先搭建理论框架。研究结论更具科学性。

3. 观点创新

（1）相对于对湖州农民学院的一些时代意义和报道肯定，本书对农民学院参与模式的肯定来自全面的理论和实证分析。

（2）提出在农民学院参与模式中，地方政府发挥主导作用的观点。农民学院仅作为教学主体，实际的推动还是需要地方政府在组织领导、教育资源整合、培育监督、政策扶持、宣传引导等方面发挥主导作用。

（3）在"教育培训要结合农民学习需求"这一普遍认知下，用科学理论回答了"如何结合需求？"的具体问题。对农民学习需求进行研究，提出了有关"农民学习需求及其影响因素"的理论模型。在此基础上，提出培训区分素质进行分阶段教育培训、区分产业进行分专业教育培训、区分时节进行分时段教育培训、区分规模进行分方式教育培训的具体结合农民学习需求的培训建议。

（4）基于农民满意度，构建新型职业农民培育影响因素的模型。

（5）基于实践调研，指出湖州农民学院培育新型职业农民面临的"六个如何"的挑战。

本书的不足体现在以下两个方面：

1. 对农民学院参与新型职业农民绩效分析时，从湖州农业局获得的农业发展数据，可以看到农业经济的发展，但是导致农业经济发展的因素很多，新型职业农民培育的贡献程度难以测量。

2. 在对新型职业农民的问卷调查中，由于农民素质不高，问卷填写有效性不高，导致可利用的有效样本有限。对农民培育绩效的调查，存在由于新型职业农民认定颁证时间不长、绩效没有凸显的现实难题。

第 二 章

新型职业农民培育的理论分析

第一节 "新型职业农民"的来源

一 "农民"的概念探源

在探讨农民职业化问题之前,有必要先认清农民的含义。在我国春秋战国时期,随着奴隶制的瓦解,封建制开始形成,"农民"作为一个社会重要的阶级出现在历史舞台上。在封建社会,农民阶级虽然处于被统治地位,但从社会地位上看,农民阶级从一开始所处的社会地位是比较高的,在"士、农、工、商"中排在第二位。无论是过去的历史演变与朝代更替还是近代的战争变革与当代的社会建设,农民阶级是社会变迁的主力军,发挥着中流砥柱的作用。但长期以来,学界对农民的界定并不统一,主要有三种观点:其一,是职业身份上的农民。这种界定立足于农民的群体特征和农业生产的基本属性,认为农民是从事着农业生产的人。其二,是阶级形态上的农民。这种界定主要是从意识形态的角度对农民阶级进行深入研究。其三,是户籍制度上的农民,是对1958年户籍制度确立以后持农村户口的人的称谓。本书所指的农民主要是从职业身份和户籍制度层面上讲的农民。

从古至今,外国"农民"和我国"农民"的概念、演变过程等各方面一直是不同的。今天,英语中有两个词汇指农民,一个是 farmer,另一个是 peasant。在探讨第一个词汇 farmer 的含义之前,有必要回顾西欧农业劳动者的演变过程。在罗马帝国晚期,罗马帝国与周边的日耳曼人和斯拉夫人长期征战,导致许多战俘成为奴隶,但由于奴隶生产效率的低下、奴隶来源的不稳定以及地主对奴隶的残酷剥削,奴隶制趋于瓦解,隶农（又译作"科洛尼"，古拉丁文 colonus）出现。在公元 1 世纪中叶，它指那些在法律上自由，但却依附于大地主的佃户。西罗马帝国灭亡后，日耳曼人建立起诸多王国，贵族等大地产者将其领地分封给受其保护者，土地被层层分封，在从事耕作的人中，除了奴隶，其余大部分被称作农奴（serf），或被称为"依附佃农""不自由佃农"。他们依附于租给其土地的领主，以实物货币的形式向领主缴纳地租，其身份是不自由的。实际上，"农奴"只是一个较为普遍的非自由农耕者的统称，其在各地有不同的称谓。如在加洛林时代的法国被称为"萨赛"（chasés），在 12 世纪的英格兰被称为"维兰"（来源于法文 villani）。中世纪末至近代早期（14—16 世纪）是大规模农场的雏形——租地农场出现和兴起的阶段。这一时期，将领主或地主的土地租来用作农业畜牧业生产的租地农场主和其雇佣的雇工（现代农业工人的雏形）成为农业人口的主要组成部分。在这一时期的英国，租地农场主一般是富裕佃农，被称为"约曼"（yeoman），其与现代意义上的 farmer 比较接近了。18 世纪，资本主义农场出现后，西方现代意义的"农民"（farmer）一词才有了现实基础。此后，farmer 是指农场主，与其他行业有相同的社会地位，他们同属公民（citizen），他们之间并无高低贵贱之分。

　　peasant 一词与"农业""种田"等本无直接关系。该词源于古法语，系由古拉丁语 pagus 派生，意为"异教徒、未开化者、堕落者"，带有强烈的贬义，因而 peasant 在古代的本义是对卑贱者的贬称。在古英语中 peasant 可作动词用，意为"附庸""奴役"，而作名词时还兼有"流氓""坏蛋"之意。因而它与其说是一种职业，不如说是一种低下的身份或出身。只是由于那时卑贱者大多种田，这个词后来才与农业有了关系。不仅英语、法语、拉丁语如此，俄语、波兰语等其他欧洲语言中表示农民的词汇也有类似特点，即原无农业或农民的含义，只是泛指卑贱者或依附者。

　　可以看出，farmer 强调的是职业含义，与作为传统身份等级的 peasant 是有区别的。farmer 与"工商业者""手工业者"的性质相同，都是指一种职业。

　　我国的"农民"仍然主要是一个身份概念而不是一个职业概念。从农民到农业者的演进在我国远未完成，我国存在着大量的农民身份者，这一事实比我国有大量人口实际上在田间劳作一事更深刻地体现了我国目前的不发达状态。更确切地说，如果后一事实意味着产业的不发达，那么前一事实则意味着社会的不发达。而身份性"农民"比重之庞大远远超过实际务农者的比重，则说明我国社会的发展已经明显滞后于产业的发展。其次，"农民"这一身份概念的长期存在也证明我国经济中的城乡二元结构仍然没有被打破。城乡对立的格局不但显示出经济结构的不合理，也显示出城市的工业、服务业和农村、农业之间的不协调关系，这样容易造成社会结构的不合理和社会阶层之间的不协调。最后，"农民"身份的长期存在不利于我国区域经济的协调发展和各地经济发展不平衡局面的转变。推动区域经济发展和转变经济发展不平衡的局面主要依赖于解决城乡二元经济的对立问题，推动城乡统筹发展。"农民身份"问题是农民职业化和农业现代化的主要障碍，而解决城乡经济对立问题的主要手段之一就是实现农业现代化。

二 政策提出：从"职业农民"到"新型农民"再到"新型职业农民"

2005年11月，农业部在《关于实施农村实用人才培养"百万中专生计划"的意见》中便首次提出要培养职业农民。随后，随着新农村建设战略的实施，国家层面的政策文件更多地使用"新型农民"这一表述。2005年党的十六届五中全会通过的《中共中央关于制定国民经济和社会发展第十一个五年规划的建议》指出，要"培育有文化、懂技术、会经营的新型农民"。2006年中央一号文件、2007年中央一号文件和党的十七大报告都沿用了"新型农民"这一术语。2006年中央一号文件《关于推进社会主义新农村建设的若干意见》指出"加快发展农村社会事业，培养推进社会主义新农村建设的新型农民，要大规模开展农村劳动力技能培训，培养造就有文化、懂技术、会经营的新型农民，是建设社会主义新农村的迫切需要"。2007年中央一号文件《关于积极发展现代农业扎实推进社会主义新农村建设的若干意见》指出"要培养新型农民，造就建设现代农业的人才队伍""建设现代农业，最终要靠有文化、懂技术、会经营的新型农民"。2007年10月，党的十七大报告提出要"发展农民专业合作组织，支持农业产业化经营和龙头企业发展"。专业合作组织的建设需要培育有文化、懂技术、会经营的新型农民。在建设现代农业和新农村建设的历史时期，传统农民转向职业农民已是不可扭转的趋势，"新型农民"不仅被纳入新农村建设和建设现代农业的范畴，而且还被作为一种专门的人才并得到充分肯定，但是这一时期还没有把新型农民培育作为一项人才工程系统提出。

之后，随着城镇化发展和农民大量进城务工，国家层面对农民素质的要求不仅强调农业生产技术，还强调创业和务工技能，农村人才培养工作的内容是提高农民素质和创业能力。2008年中央一号文件提出要"大力培养农村实用人才""加快提高农民素质和创业能力，以创业带动就业，实现创业富民、创新强农。继续加大外出务工农民职业技能培训力度"。2010年中央一号文件仅提出要"努力促进农民就业创业""积极开展农业生产技术和农民务工技能培训"。2011年中央一号文件重视水利改革，提出"全面提升水利系统干部职工队伍素质"。尽管2008年、2010年和2011年的中央一号文件出现了反复，没有提"新型农民"，但是国家对农村人才培养的重视没有改变。

2012年"新型农民"被"新型职业农民"的表述替代。2012年中央一号文件《关于加快推进农业科技创新持续增强农产品供给保障能力的若干意见》明确提出要"大力培育新型职业农民"。为落实这一指示，2012年8月，农业部办公厅印发《新型职业农民培育试点工作方案》，决定在全国开展新型职业农民培育试点，探索新型职业农民培育的方法和路径，总结经验。

三 时代召唤："谁来种地"与新型农业经营方式

我国农业人口众多、土地分散经营，改革开放30多年来，关于家庭经营的地位、统与分的关系，一直存在巨大争议。在快速工业化、城镇化的背景下，农业劳动力比重越来越低，目前我国农业劳动力供求关系已进入总量过剩与结构性、区域性短缺并存的新阶段，关键农时缺人手、现代农业缺人才、新农村建设缺人力问题日显普遍，"谁来种地"成为农业发展的难题，农业发展方式正在经历重大历史转型。构建新型的农业经营体系，推动农业经营方式创新，是中国农业现代化道路选择中的核心问题。党的十六大以来，中央大力鼓励农村土地流转，发展适度规模经营。2008年党的十七届三中全会提出"有条件的地方可以发展专业大户、家庭农场、农民专业合作社等规模经营主体"。2013年中央一号文件指出,"鼓励和支持承包土地向专业大户、家庭农场、农民合作社流转,发展多种形式的适度规模经营。结合农田基本建设,鼓励农民采取互利互换方式,解决承包地块细碎化问题。""努力提高农户集约经营水平。按照规模化、专业化、标准化发展要求,引导农户采用先进适用技术和现代生产要素,加快转变农业生产经营方式。""大力支持发展多种形式的新型农民合作组织,培育壮大龙头企业。"

新型职业农民是构建新型农业经营主体的重要组成部分。2012年中央一号文件聚焦农业科技,着力解决农业生产力发展问题,明确提出大力培育新型职业农民;2013年中央一号文件突出农业经营体制机制创新,着力完善农业生产关系,进一步强调要加强农业职业教育和职业培训。新型职业农民是构建新型农业经营主体的重要组成部分,是发展现代农业、推动城乡一体化发展的重要力量,进一步增强农业、农村发展活力的关键在于激发农民自身活力。大力培育新型职业农民,有利于农民逐渐淡出身份属性,加快农业发展方式转变,促进传统农业向现代农业转型,加快发展现代农业必须同步推进农民职业化进程。

第二节 新型职业农民的内涵

2013年6月农业部办公厅下发《关于新型职业农民培育试点工作的指导意见》,对新型职业农民的内涵进行了阐述,"从我国农村基本经营制度和农业生产经营现状及发展趋势看,新型职业农民是指以农业为职业、具有一定的专业技能、收入主要来自农业的现代农业从业者。主要包括生产经营型、专业技能型和社会服务型职业农民。生产经营型职业农民,是指以农业为职业、占有一定的资源、具有一定的专业技能、有一定的资金投入能力、收入主要来自农业的农业劳动力,主要是专业大户、家庭农场主、农民合作社带头人等。专业技能型职业农民,是指在农民合作社、家庭农场、专业大户、农业企业等新型生产经营主体中较为稳定地从事农业劳动作业,并以此为主要收入来源,具有一定专业技能的农业劳动力,主要是农业工人、农业雇员等。社会服务型职业农民,是指在社会化服务组织中或个体直接从事农业产前、产中、产后服务,并以此为主要收入来源,具有相应服务能力的农业社会化服务人员,主要是农村信息员、农村经纪人、农机服务人员、统防统治植保员、村级动物防疫员等农业社会化服务人员。"2015 年农业部下发《关于统筹开展新型职业农民和农村实用人才认定工作的通知》,将新型职业农民的分类调整为生产经营型、专业技能型和专业服务型三类,把"社会服务型"调整为"专业服务型",在名称上突出围绕农业生产的专业服务,内涵没有明显变化。

(一)新型职业农民是"职业农民"和"新型农民"的有机结合

在人们的生活中,农民实际上更多的是一种身份、社会等级,是一种生存状态,甚至是带有贬义色彩的一个词汇。往往一提到"农民",人们想到的就是居住在农村、以种地为主要收入来源的群体,他们日出而作、日落而息;其特点就是封闭、落后、贫穷、愚昧等。这也是西方学术界一直以"peasant"(传统农民)而不是以"farmer"(职业农民、农场主)称呼中国农民的原因。①"职业农民"则突出农业生产的生产力意义和专业化要求,2005 年 11 月,农业部在《关于实施农村实用人才培养"百万中专生计划"的意见》中首次提出要培养职业农民,将职业农民作为农村实用人才培养"百万中专生计划"的培养对象。根据培养农村实用人才的要求,职业农民是指从事种植、养殖、加工等农业生产活动,以及农村经营管理、服务等农村经济社会发展领域的农民。关于新型农民的内涵,2006 年一号文件首次提出"新型农民"的概念,并做了三个方面的界定,即有文化、懂技术、会经营。2012 年一号文件首次提出"要大力培育新型职业农民",虽然没有明确新型职业农民的具体含义,但强调要"以提高科技素质、职业技能、经营能力为核心,大规模开展农村实用人才培训"。重点培养"农村发展带头人、农村技能服务型人才、农村生产经营型人才"。可见,新型职业农民是"职业农民"和"新型农民"的有机结合。新型职业农民是指掌握现代农业生产经营的专业知识和技能,以自主选择为前提、以市场为导向,在农业产业化各环节

---

① 孙书光、翟印礼:《近年来中央一号文件关于新型职业农民培育政策演进》,《农业经济》2015 年第 11 期。

中从事生产、经营、服务等专业工作,并获得相应报酬的职业群体。[①]"有文化、懂技术、会经营"是新型职业农民的首要特质。"有文化"是指职业农民应达到一定的文化程度,具备一定的科普知识和农业生产基础知识;"懂技术"是指职业农民应掌握一定的农业科学技术知识、劳动经验和生产技能,并且具备一定的学习能力,善于学习先进的科学文化知识和技能;"会经营"是指职业农民生产经营活动是市场导向的,因而应具备较强的市场经营意识,主动适应市场变化,根据市场需求和信息来选择、决策、发展、经营农业产品和项目。主要包括专业大户、家庭农场、农民合作社、农业企业、社会化服务组织等多种经营主体负责人及其部分家庭成员,主要来自未升学的农村初高中毕业生、农民工回流人员或者极少部分的城市居民、军队待安置人员等。2017 年习近平总书记参加十二届全国人大五次会议四川代表团审议时提出"就地培养爱农业、懂技术、善经营的新型职业农民"。增加了"爱农业"的特质,并将其作为新型职业农民的首要特质。"爱农业"是指新型职业农民要具有深厚的农业情怀、农村情结,必须对农民有认同感、对农业有亲近感、对农村有归属感,从事农业应该是完全出于自愿,心中有农、甘愿为农,以农为乐、以农为荣。新型职业农民要主动抛弃一切歧视农民的偏见和行为,在成为新型职业农民的道路上不怕艰难、勇于挑战,增强成为职业农民的自豪感和使命感。爱农业,要把务农作为终生职业,保持稳定性;要承担更多的社会责任,对消费者负责,对环境负责,对后代负责。

(二) 新型职业农民是区别于传统农民的职业化认定

在农业现代化进程中,"农民"的内涵和特征在发生变化,出现了不同的形态(见表 2-1),"新型"是与"旧型"相对的概念,"旧型"农民就是人们传统意义上定位的农民,在传统农业社会条件下形成的主要依靠经验和土地、天气等自然资源而结成的劳动者群体,他们长期居住在农村社区,并以土地等农业生产资料,依靠传统农耕技术长期从事农业生产,其特点就是纯手工劳作、发展落后、知识缺乏。"新型"职业农民是农民由传统向职业化发展,指以农业为职业、具有一定的专业技能、

[①] 董洁、李宏伟、屈锡华:《我国新型职业农民培育的方向与支持体系构建》,《财经问题研究》2015 年第 4 期。

收入主要来自农业的现代农业从业者,农民职业化是现代农民发展的重要趋势。

表 2-1　　　　　　　　　农民的分类及类型

	农民分类	名称演进	基本特点	具体类型
1	传统农民	农民	传统性——仅凭传统技术和经验进行生产;歧视性——农民身份受歧视(基于"只有没出息的人才留在农村"的社会心理)	
2	新型农民	新型职业农民	职业性——有文化、懂技术、会经营,爱农业	生产经营型 专业技能型 社会服务型

何为农民职业化?学界对此已经有所论及,如田园在《我国农民职业化问题制约因素分析》一文中提出,所谓农民职业化是指长期从事农业生产经营的职业农民,经过集约化、专业化、规模化生产使产品参与市场竞争,并成为市场的经营主体。① 孙迪亮、邹慧认为农民职业化是指农民由一种身份标识向特定职业转化的过程,此过程以农民务农热情的提高为前提,以农业生产规模的扩大为基础,以农民职业素质的增强为动力,以农业现代化的实现为目标。② 张红宇认为农民职业化就是农民利用市场机制和规则获取报酬,并追求实现自己的利润最大化,进而实现农业产业化、农业生产者专业化分工和职业化发展。③

实质上,农民职业化就是农民自身的转型,即从传统体力型农民转向新型的技能型农民的过程。在这个过程中,农民的职业发展方式、职业发展理念、职业发展目标、职业发展通道有别于传统农民。(1)务农的主体是将务农作为一种长期稳定的职业、具有一定的专业技能、收入

---

① 田园:《我国农民职业化问题制约因素分析》,《宝鸡文理学院学报》(社会科学版) 2013 年第 4 期。
② 孙迪亮、邹慧:《农民职业化与新农村建设的契合性分析》,《内蒙古财经学院学报》 2009 年第 9 期。
③ 张红宇:《我国现代农业发展面临的制度障碍》,《思想教育》 2008 年第 11 期。

主要来自农业的职业农民。(2) 务农是一种自愿的职业原则,从事农业不是子承父业式的自然而然的活动,也不是别人强制的,而是农民从事农业这种职业是自愿选择的。(3) 职业农民需要具备特定的资质,职业农民具有成熟的耕作经验、先进的经营管理技术和较强的市场经营能力。(4) 农业生产方式与其他产业的生产方式是同质的,能够获取社会平均收益,得到公正的社会待遇,像从事其他职业的市民一样享有国家统一提供的就业、养老和医疗保障,不再是弱势群体,被人同情或歧视,农民生活优质化。(5) 农业生产方式由传统向现代转型,通过集约化、专业化、规模化生产,进而实现农业产业化、现代化。(6) 农民职业的进入和退出自由,即市民可选择农民职业,农民亦可选择非农职业。(7) 农民职业化不同于农民非农化和农民市民化,其实质在于由传统农民向职业农民的转化。周雪松等在《传统农民向职业农民转化问题研究》一文中指出,农民由传统农民向职业化农民转变需经历三个阶段:一是经过传统农民向新型农民转化,即知识化;二是新型农民向新型职业农民转化,即去身份化;三是新型职业农民转化,即专业化。[1]

同时,在广大农村,还存在这样一个群体:他们有时在农村扮演着农民或者"新型农民"的角色,有时又像候鸟一样要到城市打工,充当着"农民工"的角色,或者逐渐转化为市民;这些农民工还时常返回农村(即农民工回流),继续从事着农民或者"新型农民"的任务(当然,也有从事其他行业或者职业的)。本书将这一群体称为"兼业农民"。兼业农民在新农村建设中也起到了积极的作用。也有专家将此类农民称为新型职业农民的第四种类型,具体包括具有知识和专业技能的农科大中专毕业生、返乡青年农民工、复转军人等新型职业农民。[2]

(三)新型职业农民必须同时具备"五个要素"

根据国家统计局2016年的官方数据,截至2016年我国乡村常住人口

---

[1] 周雪松、刘颖:《传统农民向职业农民转化问题研究》,《第一资源》2013年第4期。
[2] 郝蕾:《陕西认证高级职业农民有人24岁已年收入百万》,《华商报》2015年4月19日第A2版。

为5.89亿人,其中农民工人数为2.45亿人,有3.4亿人生活在农村,但是这些并不都是经营农民或职业农民。根据新型职业农民的内涵,即作为新型职业农民是指以农业为职业、具有一定的专业技能、收入主要来自农业的现代农业从业者。新型职业农民必须同时具备"五个要素":第一,不仅生活在农村地区,并且户籍为农业户口居民。到农村包地的非农业户口居民、企业家不能算作职业农民。第二,从事农业生产,并且拥有承包经营权。第三,以农业收入为主,收入主要来自农业。从事种植、养殖、加工等农业生产活动,以及农村经营管理、服务等农村经济社会发展领域。第四,属于现代农业从业者的范畴,"职业"突出农业生产的生产力意义和专业化要求。也就说具有一定生产规模,在农业产业化各环节中从事生产、经营、服务等专业工作,是农业现代化的推动者。第五,经历专业教育,具备专业素质,包括科技素质、职业技能、经营能力等。

第三节 新型职业农民培育的理论基础

一 人力资本投资理论

人力资本的概念。自现代人力资本理论开创以来,人力资本的概念已逐渐清晰。舒尔茨指出,人力资本是"人民作为生产者和消费者的能力","人力资本是由通过对自身的投资所获得的有用能力的组成部分"。"我们之所以称这种资本为人力的,是因为它已经成为人的一部分,又因为它可以带来未来的满足或收入,所以将其称为资本。"贝克尔认为人力资本就是人的才能,这种才能将对其未来的货币收入和心理收入产生重要影响,并且相对于其他资本,人力资本是一种非常不能流动的资产。[①]

人力资本投资。由于人力资本不能独立于人体之外,并且人的主观意志对人力资本的形成和使用具有能动性,因此人力资本投资与物质资本投资又存在明显的不同。对于人力资本投资的形式,一些古典经济学家曾有过论述。亚当·斯密指出了通过学习进行人力资本投资的途径。

---

① [美]贝克尔:《人力资本》,梁小民译,北京大学出版社1987年版,第64页。

穆勒提出了人力资本投资的形式包括家庭抚育、学校教育与培训以及医疗保健。马克思在论述劳动力的价值的时候指出"要改变一般人的本性，使它获得一定劳动部门所需的技能和技巧，成为发达的和专门的劳动，就要有一定的教育和训练"。[①] 由此可见，教育与职业培训在人力资本投资中占据重要地位。

舒尔茨最早对人力资本投资的内容和范围进行了系统分析，认为人力资本投资的形式主要包括保健投资、教育投资、职业培训、迁移投资四个方面，其中教育投资是人力资本投资最核心的部分。教育投资是指通过支付一定的成本使个人在学校接受系统的、正规的初等、中等和高等教育。教育作为一种人力资本投资形式，其功能主要表现在以下几个方面：首先，教育通过向教育者传授人类积累的知识与技术，可以提高他们的科学文化知识和技术水平，增加他们的知识含量，从而提高他们的工作效率；其次，教育还有利于培养认知能力和创造性思维能力；最后，教育通过对伦理道德的辩证思考，有利于提高受教育者的道德水平。现代社会生产方式对忠诚、责任感、守纪、勤勉和进取心具有较高的要求，而学校教育对这些品格的形成具有重要的作用。

人力资本投资与个人收入增长。舒尔茨认为教育是使个人收入增加，社会分配趋于平等的因素。因为通过教育可以提高人的知识和技能，提高生产的能力，从而增加个人收入，使个人工资和薪金结构发生变化。个人收入的增长和个人收入差别缩小的根本原因是人们受教育水平的普遍提高，是人力资本投资的结果。

人力资本与经济增长。舒尔茨认为对增长余值的困惑是因为没有看到人力资源质量改进是经济增长的重要源泉。20世纪80年代以来，一些著名经济学家将人力资本纳入增长模型，以更加正规化和程式化的经济增长模型揭示了人力资本与经济增长的关系，其中最典型的是卢卡斯构造的增长模型。卢卡斯认为，人力资本可以通过两种途径形成，一种是舒尔茨式的学校正规教育，另一种是阿罗式的"边干边学"或在职培训。前者可以提高劳动者本人的生产技能和收入水平，产生内在效应。后者可以为他人提供生产经验积累，从而产生外在效应。基于此，卢卡斯分

---

① 马克思：《资本论》（第一卷），人民出版社2008年版，第20页。

别构建了单一部门和两部门的增长模型来说明人力资本对经济增长的作用。① 虽然卢卡斯模型过于抽象和简化,但是该模型把知识和人力资本作为内生变量正式引入增长模型中,强调知识和人力资本是经济增长的主要源泉和决定性因素。同时该模型还突破了传统经济增长理论中要素收益递减和规模收益不变的假定,认为专业化的知识和人力资本的积累可以产生递增收益并使其他投入要素的收益及总的规模收益递增。② 这就从理论上说明了经济长期增长的根本性动因,使人们认识到人力资本在现代经济增长中的重要作用。这种理论解释了开展新型职业农民培育的原因和效应原理。

二 劳动力流动理论

1. 刘易斯劳动力流动模式

刘易斯认为发展中国家一般存在着二元经济结构。一端是大量劳动力边际生产率接近于零的传统农业,另一端是能实现充分就业的现代城市工业。随着工业资本的扩张,对劳动力需求的不断上升,劳动力不断从农业向工业转移,当两部门的边际生产率相同时,劳动力迁移完成,农业剩余劳动力消失,经济发展进入更高阶段。该理论从产业分工和劳动力流动角度,为劳动力长期向城市和发达地区单向转移以及农村劳动力双向流动与双向就业现象,提供了学理解释。随着农业和工业部门中工资(收入)的均等化,农村劳动力将长期呈现双向流动的局面,这决定了农业将逐渐成为具有吸引力的职业,农民将不再是具有歧视性的身份象征,身份农民和职业农民共同构成农民群体。这种理论解释了职业农民问题的起点。

2. 劳动力迁移的推拉理论

推拉理论是由英国经济学家拉文斯坦(E. G. Ravenstein)等人最早提出来的。该理论认为,推力和拉力的相互作用是人口迁移的主要原因。如果原住地农作物收成不好、缺少就业机会或居住环境恶劣,这些因素

---

① Lucas, Robert, "On the Mechanics of Economic Development", *Journal of Monetary Economics*, No. 22, 1988.

② 李伟:《新型职业农民培育问题研究》,博士学位论文,西南财经大学,2014年,第29页。

就会形成推力。如果一个地方收入高、公共设施好、文化氛围好以及气候适宜、环境优美,这些因素就会形成拉力。在大多数发展中国家,农业生产经营的比较效益低、公共设施落后,这些因素对农村劳动力形成推力。而城市一般具有较高的收入水平,公共设施比较完善,并且有更多的就业机会,这些因素就会对农村劳动力形成拉力。培育新型职业农民的关键是要吸引一大批高素质的劳动力在农村从事现代农业生产经营,因此必须着力提高农业的比较效益、提高农村的基础设施和公共服务水平,努力实现城乡一体化发展,使农民成为一种体面的职业,才会提高农业和农村的拉力,才会有更多的高素质劳动力献身于我国农业和农村的发展,从而使我国早日实现农业的现代化。

3. 内部迁移与教育

在往城市迁移的复杂的决策过程中,教育因素已经显示出了它的重要意义。由于在城市里在校所学技能受重视,所以在内部迁移中存在教育的选择性。托达罗(Todaro)考察到在许多发展水平不同的国家中农村人口向城市迁移的倾向与其受教育水平之间存在着正相关的联系。[1] 阿瑟(Arthur)发现在加纳农村家庭受教育水平是确定其家庭成员向城市迁移的重要标准之一。因为人们相信家庭中具有较高技能的成员,更可能在城市的劳动力市场找到工作,那些接受了更高层次教育的家庭成员无疑是最早从农村向城市迁移的人。[2] 萨亨和阿德曼(Sahn and Alderman)也指出在斯里兰卡,那些接受了更高层次教育的农村居民最可能向城市迁移。[3]

然而,教育和内部迁移趋势之间的关系超出了教育的选择性的趋势,一些研究表明愿意往城市迁移的个人和家庭旨在追求城市中更多和更高质量的教育机会。莱迈尔(Lemel)在土耳其的研究表明,农村居民相信高水平的教育通常会使人受益终生并可找到较好的工作。因为获得高水平教育的机会往往仅在城市,所以个人或家庭往城市迁移首先是为了获

---

[1] Todaro M., *Internet Migration in Developing Countries: A Review of Theory, Evidence, Methodology, and Research Priorities*, International Labor Organization, Geneva., 1976.

[2] Arthur J. A., "Interregional Migration of labor in Ghana, West Africa: Determinants, consequences and policy intervention", *Review of Black Political Economy Fall*, 1991, pp. 89 – 103.

[3] Sahn D. E., Alderman H., *The Effects of Human Capital on Wages, and the Determinations of Labor Supply in a Developing Country*, North-Holland, Amsterdam, 1998.

得接受教育的机会,最终目的是提高收入的潜力,尽管这些潜力在城市中很可能或不可能实现。① 登·托依特(Du Toi)检验过的关于内部迁移的理论模型和他在墨西哥、古巴进行的案例研究都发现从农村往城市的迁移是一种深思熟虑的决策制定过程,即在城市教育和经济的机会是互相联系的,并且是很重要的"拉动"因素。最后,古格勒(Gugler)认为家庭往城市迁移给其家庭成员提供了更多的接受教育的机会,目的在于这些教育机会会带来更高的地位和高报酬的工作。② 根据这一理论,加强农村的农民教育,提升教育水平,会增加农民从事农业生产获得较高收入的预期,拉动优质劳动力向农业迁移。

三 社会阶层理论

包含了社会分层和社会流动两部分。社会分层及由此带来的不平等是社会发展的基本特征,社会流动的动因在于社会分层,体现为人在不同社会阶级和地位间的变动。农民作为我国人数最多的社会阶层群体,在统筹城乡发展进程中,呈现出三种发展趋势。第一种为向非农产业转移,即放弃农业生产,转而进入收入稳定的工业和第三产业;第二种为内部分化,即由分散、细碎化经营转变为规模化与合作经营共存,农民现代化进程加速;第三种为受统筹城乡发展战略及所催生的资源配置效率和社会服务水平变化的影响,农民阶层被动产生职业变动。基于这些变化趋势,务农农民素质显著提高,农业生产专业化、职业化特征开始显现,农民社会地位显著提升。这种理论解释了职业农民问题的演化。

四 公共产品理论

由于公共产品具有非排他性和非竞争性的特征,公共产品最容易导致"搭便车"问题。可以用一个简单的"囚徒困境"博弈来阐述该问题。假如两个人要决定是否生产一种公共品,这种公共品生产后,将会提供18元的利润,总的生产成本为22元。这两个人可以选择合作也可以选择

---

① H. Lemel, "Urban skill acquisition strategies: The case of two Turkish villages," *Human Organization*, Vol. 48, No. 3, 1989.

② Michael Pacione, *Population Geography: Progress and Prospect*, London: Routledge, 2012.

不合作。支付矩阵见表2-2。

表2-2　　　　　　　　　提供公共物品的"搭便车"博弈

参与人A		参与人B	
		合作	不合作
	合作	7，7	-4，，18
	不合作	18，-4	0，0

在支付矩阵中，表格内的第一个数字表示参与人A的支付，第二个数字表示参与人B的支付。由于是公共物品，它的使用会使两个人都受益。如果两个人合作的话，他们将平均支付成本，则每人的收益为18-22/2=7（见支付矩阵的左上角）；如果一个人合作另一个不合作，前者的支付为18-22=-4，后者的支付为18（见支付矩阵的右上角和左下角）。如果两人都不合作，则支付都为零（见支付矩阵的右下角）。现在来看一下，参与人A与参与人B是如何选择他们的策略的。如果参与人A选择合作，参与人B的最优策略是不合作；如果参与人A选择不合作，参与人B的最优策略仍然是不合作，即参与人B具有不合作的占优策略。同样可以观察到参与人A的占优策略也是不合作。因此，博弈的结果就是两人都不提供公共产品。在现实社会中，私人完全不提供公共产品的情况比较少，但是由于公共产品所具有的"非排他性"和"非竞争性"特征，容易产生"搭便车"现象，私人提供的公共产品总是会低于社会的最优需求数量。

在实际生活中，完全具有"非排他性"和"非竞争性"的纯公共产品并不多见，因此可以按"非排他性"与"非竞争性"的标准对公共产品进行分类（见表2-3）。

表2-3　　　　　　　　　　　公共产品的分类

	非竞争性	竞争性
非排他性	纯公共品，如国防、天气预报	如在高峰期开车通过闹市区
排他性	如上网、看电影、进公园等（未拥挤时）	私人物品

资料来源：平新乔：《微观经济学十八讲》，北京大学出版社2001年版。

在表2-3中，左上角的为纯公共产品，右下角的为私人品，其他的为非纯公共产品，或者可称为"准公共产品"。对于纯公共产品，一般由公共部门提供，对于准公共产品，可由政府和受益人共同提供。

这种理论解释了新型职业农民培育的驱动力。在完全竞争的条件下，市场机制可以实现帕累托最优。但是对于一些不具有排他性和竞争性的公共产品，市场机制往往会失灵。如果完全通过市场机制来提供公共产品，就会出现公共产品供给不足的问题。因此政府必须在公共产品的供给上承担起责任。农业是国民经济的基础，是"安天下、稳民心"的战略产业。虽然改革开放以来，我国的农业发展取得了巨大的成就，但是随着工业化、城镇化的发展和人口的持续增长，我国对农产品的刚性需求仍在不断增加，保障我国粮食安全和重要农产品有效供给仍面临着巨大的挑战。受到耕地资源和淡水资源的约束，发展我国农业的根本出路将是加快发展现代农业，而发展现代农业的关键是培育一支高素质的适应现代农业发展需要的新型职业农民。培育新型职业农民对保障我国的粮食安全和重要农产品的有效供给具有十分重要的意义。从这个角度来看，对新型职业农民的培育从某种意义上说就是一种对公共产品的投资行为。如果仅靠私人对新型职业农民的培育进行投资，可能会存在投资不足的问题，因此需要政府承担更多的投资责任。

第三章

新型职业农民培育的政策与实践分析

第一节 新型职业农民培育政策的演进

一 中央一号文件关于新型职业农民培育的政策

关于新型职业农民的培育，在历年中央一号文件中都占据着重要的地位。2004年一号文件强调要"加强对农村劳动力的职业技能培训。这是提高农民就业能力、增强我国产业竞争力的一项重要的基础性工作"。2006年一号文件还明确提出，要"继续支持新型农民科技培训，提高农民务农技能"，"发展农村职业教育和成人教育"。2008年一号文件指出，要大力培养农村实用人才。2010年一号文件指出，要"整合培训资源，规范培训工作，增强农民科学种田和就业创业能力"。从而为促进城乡经济发展提供了强有力的智力支撑，加快了农村经济发展的步伐。2012年一号文件更是明确指出，"以提高科技素质、职业技能、经营能力为核心，大规模开展农村实用人才培训"。进一步强化了科技、职业、技能、经营等元素。进而强调，要"大力培育新型职业农民，对未升学的农村初高中毕业生免费提供农业技能培训"。2013年一号文件继续强调"大力培育新型农民和农村实用人才，着力加强农业职业教育和职业培训"。2014年一号文件除了强调"加大农业先进适用技术推广应用和农民技术培训力度"，还强调"加大对新型职业农民和新型农业经营主体领办人的教育培训力度"。2015年一号文件强调，"积极发展农业职业教育，大力培养新型职业农民"。2016年一号文件强调,加快培育新型职业农民。基本形成职业农民教育培训体系,把职业农民培养成建设现代农业的主导力量。办好农业职业教育。依托高等教育、中等职业教育资源,鼓励农民通过"半农半读"等方式就地就近接受职业教育。开展新型农业经营主体带头人培育行动。加强涉农专业全日制学历教育。关于新型职业农民培育政策的演进,还可以从下面的列表中进一步把握:

表3-1　　　　历年中央一号文件关于新型职业农民政策的演进与发展

年份	政策主题	相关内容
2004	增加农民收入,实现农民收入较快增长	加强对农村劳动力的职业技能培训
2005	进一步加强农村工作提高农业综合生产能力	全面开展农民职业技能培训工作
2006	推进社会主义新农村建设	首次提出培养推进社会主义新农村建设的有文化、懂技术、会经营的新型农民,同时继续支持新型农民科技培训
2007	积极发展现代农业扎实推进社会主义新农村建设	培养新型农民,造就建设现代农业的人才队伍,组织实施新农村实用人才培训工程,培育现代农业经营主体
2008	加强农村基础建设进一步促进农业发展农民增收	大力培养农村实用人才,组织实施新农村实用人才培训工程
2009	增进农业稳定发展农民持续增收	加强合作社人员培训,开展农业科技培训,培养新型农民,大规模开展针对性、实用性强的农民工技能培训
2010	统筹城乡发展夯实农业农村发展基础	努力促进农民就业创业,农业生产技术和农民务工技能培训,增强农民科学种田和就业创业能力
2011	加快水利改革发展	全面提升水利系统干部职工队伍素质。加大基层水利职工在职教育和继续培训力度
2012	推进农业科技创新增强农产品供给保障能力	大规模开展农村实用人才培训,大力培育新型职业农民

续表

年份	政策主题	相关内容
2013	加快发展现代农业增强农村发展活力	大力支持发展多种形式的新型农民合作组织，大力培育新型农民和农村实用人才，着力加强农业职业教育和职业培训
2014	全面深化农村改革加快推进农业现代化	加大对新型职业农民和新型农业经营主体领办人的教育培训力度
2015	加大改革创新力度加快农业现代化建设	积极发展农业职业教育，大力培养新型职业农民，加强农村思想道德建设，提高农民综合素质
2016	落实发展新理念加快农业现代化实现全面小康目标	加快培育新型职业农民，办好农业职业教育，加强涉农专业全日制学历教育，开展新型农业经营主体带头人培育行动

二 新型职业农民培育工作的开展

党的十八大以来，党中央、国务院针对农业现代化需要，将加快培育新型职业农民作为战略性任务来抓，在推动现代农业建设中成效初显。

1. 设立试点。2012 年农业部办公厅印发关于《新型职业农民培育试点工作方案》的通知，决定在全国 100 个县（市、区）开展新型职业农民培育试点，探索新型职业农民培育的方法和路径，总结经验，形成制度，推动新型职业农民培育工作健康有序发展。试点工作自 2012 年 8 月至 2014 年 12 月。2014 年试点范围进一步扩大，提出整市推进和整省推进，"在全国遴选 2 个示范省（覆盖不少于 1/2 的农业县）、14 个示范市（覆盖不少于 2/3 的农业县）和 300 个示范县，作为新型职业农民培育重点示范区"。2015 年继续扩大示范规模，扩大到全国 4 个示范省、21 个示范市和 487 个示范县。

2. 明确内涵和培育要求。2013 年 6 月农业部办公厅下发《关于新型职业农民培育试点工作的指导意见》，进一步加强对试点工作的指导，提出"各级农业部门要把培育新型职业农民作为重要职责，积极争取当地政府和有关部门的重视支持，将其放在'三农'工作的突出位置，坚持

'政府主导、农民主体、需求导向、综合配套'的原则，采取更加有力的措施加以推动落实，培养和稳定现代农业生产经营者队伍，壮大新型生产经营主体"。对新型职业农民的内涵进行了阐述，新型职业农民是指以农业为职业、具有一定的专业技能、收入主要来自农业的现代农业从业者。主要包括生产经营型、专业技能型和社会服务型职业农民。进一步明确新型职业农民培育试点工作的目标任务，即"探索构建一套制度体系""培养认定一批新型职业农民""建立一套信息管理系统"。要求"积极探索构建新型职业农民教育培训制度。加强新型职业农民的认定管理。制定和落实新型职业农民扶持政策"。

3. 探索建立培育制度框架。2014年8月农业部办公厅、财政部办公厅下发《关于做好2014年农民培训工作的通知》，确立2014年新型职业农民培育任务是探索建立培育制度、开展示范培育和建立健全培训体系。实行教育培训、认定管理和政策扶持"三位一体"培育，强化生产经营型、专业技能型和社会服务型"三类协同"培训，对符合条件者颁发新型职业农民证书，并配套创设相关政策予以扶持。中央财政安排农民培训补助资金，支持开展新型职业农民培育工作。培育对象主要是生产经营型农民，"中央财政补助资金重点培育生产经营型职业农民，适当兼顾专业技能型和社会服务型职业农民，其中用于生产经营型职业农民培育的资金比例不得低于70%"。要求确定培训机构和实训基地。合理分配资金，"中央财政补助资金直接切块到省，各省（区、市）要根据产业规模、农业人口规模、新型职业农民培育需求等因素细化补助资金，并向示范县倾斜"。通知还提出"强化机制创新"，"创新培育机制，创新培育模式，创新培育内容，创新培育手段"。

2015年农业部下发《关于做好2015年新型职业农民培育工作的通知》，2015年中央财政继续安排农民培训补助资金，专项用于新型职业农民培育工作。《通知》提出加快建立"三位一体、三类协同、三级贯通"的新型职业农民培育制度体系。

2015年农业部下发《关于统筹开展新型职业农民和农村实用人才认定工作的通知》，根据统筹开展认定工作需要，"将农村实用人才调整为新型职业农民、技能带动型和社会服务型三类，同时将新型职业农民调整为生产经营型、专业技能型和专业服务型三类"。农业部规定了

"制定认定办法、明确认定标准、规范认定程序、做好专业技能型和专业服务型职业农民统计工作、做好证书发放、加强管理服务"等方面的认定工作。

4. 培育体系日渐成熟。2016年农业部办公厅、财政部办公厅下发的《关于做好2016年新型职业农民培育工作的通知》,较以往的历年培育工作部署内容,新型职业农民培育的体系框架已经明晰,发展方向已经清楚,标志着新型职业农民培育工作从"试点探索"走向"精准培育"。该政策对新型职业农民培育的原则、任务、内容作了清楚的定位。新型职业农民培育原则是"坚持政府主导、尊重农民意愿、立足产业培育、突出培育重点"。新型职业农民培育管理创新的方向体现在完善制度体系;建立农业行政主管部门负责、"各类市场主体多方参与、适度竞争的多元培育机制";重点培育新型农业经营主体带头人和现代青年农场主。新型职业农民培育实施内容的创新标准体现在三个方面:(1)锁定培育对象为"专业大户、家庭农场、农民合作社、农业企业、返乡涉农创业者等新型农业经营主体带头人";(2)明确培育主体为各级农业行政主管部门牵头,具体培训机构和实训基地(农民田间学校)实施,按层级实行阶梯培训,"采取政府购买服务等形式,吸收市场主体充分参与";(3)实行"一点两线、全程分段"的培训方式,即以产业发展为立足点,以生产技能和经营管理水平提升为两条主线,分段集中培训、实训实习、参观考察和生产实践相结合,按照不少于一个产业周期全程进行培育。利用信息化手段,发挥中国现代农业校企联盟暨五大职教集团的作用,推进职业教育与职业培训相衔接。

5. "十三五"时期新型职业农民工作部署。2017年农业部颁布了《"十三五"全国新型职业农民培育发展规划》,提出到2020年的发展目标:新型职业农民队伍不断壮大,总量超过2000万人,务农农民职业化程度明显提高;新型职业农民队伍总体文化素质、技能水平和经营能力显著改善;农业职业培训普遍开展,线上线下培训融合发展,基本实现新型农业经营主体带头人轮训一遍。新型职业农民培育工作覆盖所有的农业县市区,培育制度健全完善,培育机制灵活有效,培育能力适应需要,以公益性教育培训机构为主体、多种资源和市场主体有序参与的"一主多元"新型职业农民教育培训体系全面建立。主要任务:(1)选准对象、分类施策,提高新型职业农民培育的针对性;(2)创新机制、多措并举,增强新型职业农民培育的有效性;(3)规范认定、科学管理,加强新型职业农民培育的规范性;(4)跟踪服务、定向扶持,提升新型职业农民的发展能力;(5)巩固基础,改善条件,提升新型职业农民培育的保障能力。重点工程:新型职业农民培育工程(中央和地方财政支持实施新型职业农民培育工程、新型农业经营主体带头人轮训计划、现代青年农场主培养计划、农村实用人才带头人培训计划),新型职业农民学历提升工程,新型职业农民培育信息化建设工程。

表3-2　　"十三五"新型职业农民培育发展主要指标

指标	2015年	2020年	年均增长	指标属性
新型职业农民队伍数量(人)	1272万	2000万	145.6万	预期性
高中及以上文化程度占比	30%	≥35%	1个百分点	预期性
现代青年农场主培养数量(人)	1.3万	≥6.3万	≥1万	约束性
农村实用人才带头人培训数量(人)	6.7万	16.7万	≥2万	约束性
农机大户和农机合作社带头人培训数量(人)	示范性培训为主	≥5万	1万	约束性
新型农业经营主体带头人培训数量(人)	示范性培训为主	新型农业经营主体带头人基本接受一次培训	≥60万	预期性
线上教育培训开展情况	试点性开展	完善在线教育平台,开展线上培训的课程不少于总培训课程的30%;开展线上跟踪服务	≥6%	预期性

资料来源:农业部关于印发《"十三五"全国新型职业农民培育发展规划》的通知。

第二节 农村劳动力培训的相关政策区分

1.《农村实用人才和农业科技人才队伍建设中长期规划（2010—2020年）》

2011年3月中共中央组织部、农业部、人力资源和社会保障部、教育部、科学技术部联合印发的《农村实用人才和农业科技人才队伍建设中长期规划（2010—2020年）》的通知指出，"当前和今后一个时期，农村实用人才和农业科技人才队伍建设必须紧紧围绕走中国特色农业现代化道路的总体要求"。农业科技人才是指受过专门教育和职业培训，掌握农业行业的某一专业知识和技能，专门从事农业科研、教育、推广服务等专业性工作的人员。由于统计数据缺乏，表3-3中农业科技人才不包含教育系统和农业企业中的农业科技人才。农村实用人才是指具有一定知识和技能，为农村经济和科技、教育、文化、卫生等各项事业发展提供服务，做出贡献，起到示范和带动作用的农村劳动者。按照从业领域的不同，一般划分为5种类型：生产型人才、经营型人才、技能服务型人才、社会服务型人才和技能带动型人才。在实际工作中，农村实用人才带头人也作为一支重要力量受到关注和培养。人才队伍建设的主要目标是（见表3-3）：（1）扩大人才规模。到2015年，农业科技人才增加到68万人，农村实用人才达到1300万人。到2020年，农业科技人才增加到70万人，农村实用人才达到1800万人。（2）改善人才结构。到2020年，农业科技人才中，科研人才学历结构显著改善，高层次创新型人才显著增加，重点领域人才紧缺状况得到有效缓解；推广人才专业素养明显提升，基层推广人才比重稳步提高。农村实用人才素质全面提高，生产型人才、经营型人才、技能服务型人才大幅增加，复合型人才大量涌现。中西部地区人才加速成长。人才队伍建设的主要任务是突出培养农业科研领军人才、农业技术推广骨干人才、农村实用人才带头人、农村生产型人才、农村经营型人才、农村技能服务型人才，带动农业农村人才队伍全面发展。

表 3-3　　　　农村实用人才和农业科技人才主要发展目标

人才类别	2008 年	2015 年	2020 年
农业科技人才（万人）	62.6	68	70
其中：科研人才（万人）	6.3	8	10
急需紧缺人才（万人）	0.06	0.7	1.3
研究生学历比例（%）	17.8	23	30
推广人才（万人）	56.3	60	60
大专以上学历比例（%）	59.4	65	80
农村实用人才（万人）	820	1300	1800
其中：生产型（万人）	409	510	630
经营型（万人）	177	250	320
技能服务型（万人）	120	240	360
其中：中专以上学历比例（%）	3.9	7.0	>10.0

2. 农业部：农村实用人才培养"百万中专生计划"

2005 年 11 月农业部下发了《关于实施农村实用人才培养"百万中专生计划"的意见》，要求用 10 年时间，为农村培养 100 万名具有中专学历的从事种植、养殖、加工等生产活动的人才，以及农村经营管理能人、能工巧匠、乡村科技人员等实用型人才，提高他们带头致富和带领农民群众共同致富的能力，使他们成为建设社会主义新农村的带头人和发展现代农业的骨干力量。农村实用人才培养"百万中专生计划"的培养对象是：农村劳动力中具有初中（或相当于初中）及以上文化程度，从事农业生产、经营、服务以及农村经济社会发展等领域的职业农民。重点培养村组干部、专业农户、农民合作经济组织骨干、农村经纪人、远程教育接收站点管理员、复转军人以及农村应届初高中毕业生等。"百万中专生计划"由农业部牵头，农业部将通过制定相关政策，组织开展经验交流、研讨和督导检查等工作，切实加强宏观管理。依托单位是农业广播电视学校系统和农业中等职业学校，通过现代职业教育教学方式完成。各级农业部门要及时研究解决工作中遇到的困难和问题，明确目标，落实责任，稳步推进"百万中专生计划"的实施。要建立督导检查评估制度，定期对实施"百万中专生计划"的教育培训机构进行检查评估，对做出显著成绩的单位和个人给予表彰奖励。

3. 中组部和农业部：农村实用人才带头人和大学生村官示范培训

2013年以来中组部和农业部两部委携手开展"农村实用人才带头人和大学生村官示范培训"计划开办农村实用人才带头人示范培训班和大学生村官示范培训班。2014年5月10—16日在山东西霞口村培训基地举办2014年度培训示范班，其中举办117期示范培训班，培训学员11600名，其中农村实用人才带头人示范培训班87期，大学生村官示范培训班30期。培训主题主要是粮食生产大户主题培训、家庭农场主题培训、农民合作社主题培训、大学生村官创业主题培训、农村信息化主题培训、美丽乡村主题培训，专门为西藏自治区举办一期带头人培训班。根据不同主题安排相应的经验传授、专题讲座、研讨交流和现场观摩等培训内容，每期培训班均安排农产品质量安全课程和以农耕文化为核心的精神养成课程。培训对象主要是村"两委"班子成员、农村各类致富、科技、经营带头人、大学生村官等服务农村基层人员。2015年，中央组织部、农业部联合举办183期农村实用人才带头人和大学生村官示范培训班，培训学员18300名，其中农村实用人才带头人示范培训班133期，大学生村官示范培训班50期。培训主题包括家庭农场（种植大户）主题培训、家庭农场（养殖大户）主题培训、农民合作社主题培训、美丽乡村主题培训、信息进村入户主题培训、大学生村官创业主题培训。培训对象主要是村"两委"班子成员、农民合作社负责人、家庭农场经营者（种植养殖大户）、大学生村官等服务农村基层人员。培训内容还是经验传授、专题讲座、研讨交流和现场观摩4个板块。2016年，中共中央组织部、农业部在农业部农村实用人才培训基地和有关省农村实用人才培训基地联合举办177期农村实用人才带头人和大学生村官示范培训班。培训主题包括家庭农场（种养大户）主题培训、农民合作社主题培训、美丽乡村主题培训和大学生村官创业主题培训。培训对象聚焦贫困地区村"两委"成员、农民合作社负责人、家庭农场经营者（种养大户）、大学生村官等带领农民群众发展产业、脱贫致富的带头人。培训内容还是经验传授、专题讲座、研讨交流和现场观摩4个板块。

4. 农业部牵头：积极实施农村劳动力培训阳光工程

阳光工程主要经历了劳动力转移培训和新型农业生产经营主体、新型职业农民培训两个发展阶段。在第一个阶段，阳光工程培训的内容是劳动力转移的职业技能培训。党中央、国务院高度重视农村劳动力转移培训工作，中央农村工作会议、中央人才工作会议和《中共中央 国务院关于促进农民增加收入若干政策的意见》（中发〔2004〕1号）对做好该工作提出了明确要求，国务院办公厅下发的《2003—2010年全国农民工培训规划》对培训工作做出了具体部署。为贯彻落实党中央、国务院的要求和部署，加强农村劳动力转移培训工作，农业部、财政部、劳动和社会保障部、教育部、科技部、建设部从2004年起，共同组织实施农村劳动力转移培训阳光工程（简称为"阳光工程"）。这一阶段阳光工程是由政府公共财政支持，主要在粮食主产区、劳动力主要输出地区、贫困地区和革命老区开展的农村劳动力转移到非农领域就业前的职业技能培训示范项目。按照"政府推动、学校主办、部门监管、农民受益"的原则组织实施，旨在提高农村劳动力素质和就业技能，促进农村劳动力向非农产业和城镇转移，实现稳定就业和增加农民收入，推动城乡经济社会协调发展，加快全面建设小康社会的步伐。2012年以后阳光工程进入转型。培训任务转向培养现代农业劳动者队伍，主要是提升广大务农农民的从业技能和综合素质，为现代农业发展和新农村建设提供强有力的人才支撑。并且与新型农业生产经营主体和新型职业农民培育相结合，提高务农农民生产技能和经营管理水平，充分激发农业生产要素潜能。培训对象主要是种养大户、家庭农场、农民专业合作组织、农业社会化服务体系的骨干农民。

5. 新型职业农民培育

（1）从试点到示范工程，培育工作格局基本形成。2012年8月，农业部启动新型职业农民培育试点，在全国遴选100个县，围绕主导产业和优势产业，选择种养大户、家庭农场主、农民合作社骨干等作为培育对象，进行为期3年的新型职业农民培育试点，探索建立教育培养、认定管理和政策扶持互相衔接的新型职业农民培育制度。2014年试点工作进入收官阶段。2014年中央财政安排11亿元，启动实施新型职业农民培育工程，在全国遴选2个示范省（覆盖不少于1/2的农业县）、14个示范市（覆盖不少于2/3的农业县）和300个示范县，作为新型职业农民培育重点示范区。将阳光工程全面转型，将农业农村人才队伍建设重心由劳动力转移培训向农业耕种者与后继者转移，全力保障新型职业农民队伍的建设与发展。2015年继续扩大示范规模，扩大到全国4个示范省、21个示范市和487个示范县。各级党委政府高度重视新型职业农民培育工作，将新型职业农民培育列为农业农村重点工作，不断加大财政投入，落实扶持政策，细化工作要求，推动试点示范深入开展。目前，全国已经有4个省、21个市和487个县建立了较为完善的新型职业农民示范培训体系，初步形成了政府推动、部门联动、产业带动、农民主动的新型职业农民培育工作格局。

（2）构建新型职业农民培训体系。在国家层面，成立中国现代农业、现代畜牧业、现代渔业、现代农业装备和都市农业五大职教集体，通过产教融合探索培养农业高技能人才、现代青年农场主等各类新型职业农民的有效路径。

（3）构建新型职业农民培育三项制度框架。经过近4年探索，初步明确了符合我国国情的"三位一体、三类协同、三级贯通"新型职业农民制度体系。"三位一体"是就培育环节而言，改变以往单纯对农民开展培训的形式，综合运用教育培养、认定管理和政策扶持三种手段培育农民，坚持把教育培训作为重点，把规范管理作为重要手段，把政策扶持作为重要保障，大力支持职业农民创业兴业，培养一批保障粮食安全和农产品供给的稳定生产经营者队伍。

首先，构建教育培训制度是培育基础。重点在于解决好培育对象、培育模式以及培育主体的问题。新型职业农民具体可分为生产经营型、专业技能型及社会服务型三类，包括种养大户、合作组织带头人，农业工人和农业雇员，农村经纪人、农村信息员、农技服务人员、村级动物防疫员、统防统治植保员等农业社会化服务人员。现阶段培育对象重点集中在专业大户、家庭农场主、合作社带头人、农业企业骨干等生产经营型职业农民。鼓励各地根据当地产业与劳动力需求特征遴选培养对象。在培育模式上，实行"两点一线、全程分段"培训，即以产业发展为立足点，以生产技能和经营管理水平提升为两条主线，按农业生产重点环节、分阶段安排集中培训，实现产业周期全程覆盖。在培育主体上，充分发挥涉农职业院校、各级农业广播电视学校、农民职业教育培训中心在培育工作中的主体作用，面向新型职业农民开展中职、高职教育，系统设计教育培训机制、教育培训方式、教育培训内容和师资团队建设，形成师资、技术、条件和能力相配套的新型职业农民教育培训格局，整合、优化各类资源，组织、协同各方主体联合开展职业农民教育培训工作。其次，加强认定管理是根本方法。各级政府按照政府引导、农民自愿、严格标准、动态管理的原则，根据当地情况，综合农民年龄、农业年限、能力素质、经营规模、产出效益等指标，分区域、分产业、分级别构建新型职业农民认定指标体系，明确认定条件、认定标准、认定程序、认定主体、承办机构、相关责任等内容，在尊重农民意愿的基础上，采取先认定、再培训、后跟踪、再发证等系列举措，组织开展新型职业农民认定培训和认证管理工作，保证认定管理的权威性和连续性[①]。对认定颁证后的新型职业农民要建立信息档案，组建农业人才数据库，搭建农业人才信息应用管理平台，公开认证信息，调节促进新型职业农民供需平衡，实现平台在市场对接、信息管理、考核评价、社会监督等多方面的职能，建立可进可出的动态管理机制。最后，制定扶持政策是保障措施。在将现有的、特别是新增的强农惠农富农政策向新型职业农民倾斜的同时，继续探索研究扶持新型职业农民的指向性政策，包括土地流转、农业基础设施建设、金融信贷、农业补贴、农业保险、社会保障等内容，形成清晰顺畅、完整系统的扶持政策体系，切实满足农民的职业化需求，提升职业农民的含金量。

"三类协同"是就培育对象而言，按照农业社会化分工，将新型职业农民分为生产经营型、专业技能型和社会服务型三个类型，实行差别化培育。"三级贯通"是就培育成果运用而言，根据教育培训经历和生产经营规模等，对新型职业农民进行认定，颁发证书，并分为初、中、高三个级别，探索建立标准化、制度化的新型职业农民资格证书制度，引导农民不断提高文化素质和执业技能。

6. 农业部：新型农业经营主体带头人培训计划

从新型职业农民中专门选择新型农业经营主体带头人进行培训。2015 年启动实施现代青年农场主培养计划。2016 年农业部下发《关于开

[①] 陈蓓蕾、童举希：《地方政府促进新型职业农民培育的思路与对策》，《贵州农业科学》2013 年第 6 期。

展全国新型农业经营主体带头人轮训计划的通知》，提出自 2016 年起依托新型职业农民培育工程，组织实施全国新型农业经营主体带头人轮训计划。计划用 5 年时间，将新型农业经营主体带头人轮训一遍，提高综合素质和职业能力，充分发挥示范带动作用，促进新型农业经营主体和新型职业农民"两新"并行、"两新"融合、一体化发展，加快构建现代农业生产经营者队伍。

第三节　新型职业农民培育的地方实践及模式

新型职业农民培育模式是在一定历史条件下形成的理论总结和范式归纳，是某地区社会、经济、资源、文化等特点在新型职业农民培育过程中的综合反映，是培训过程、培训制度以及培训方法的固有化和规范化。构建符合时代特点的新型职业农民培育模式，可使新型职业农民培育工作有章可循，提升培育质量和工作效果。

我国新型农民培训的实践中，各地从实际出发，积极发挥农业广播电视学校、涉农院校、科研推广机构、企业社会组织的社会作用，形成了以农广校为主体、多方力量参与的"一主多元"的新型职业农民教育培训体系，探索出了很多特色鲜明、成效显著、代表性强的经验做法和培训模式。有的地方依托涉农院校，建立职业农民学院，创建"学历+技能+创业"的新型职业农民培养模式；有的地方依托农民合作社、农业企业、建立农民田间学校，让新型职业农民培育走进产业、服务产业；还有的地方依托农业龙头企业，直接在田间地头开展农民教育培训。这些模式具有较强的地域性，有的适应面较窄，对环境和经济条件依赖性强，有的需要的载体多且途径单一。因此，通过对我国新型职业农民培育模式的分析，对现有模式进行科学分类，比较其特征，对培育我国新型职业农民具有重要的意义。本书根据现有实际案例归纳出了政府扶持型、园区依附型、院校培育型、产业依托型四种模式，并对其进行了如下具体分析。

一 政府扶持型模式

1. 政府扶持型模式内涵

新型职业农民培育的政府扶持型模式是指由各级政府部门作为实施主体对新型职业农民展开培训的一种模式。该模式的操作主体是政府部门，政府在制定相关培训政策，提供配套资金支持，组织人力、物力，确定培训机构，建立培训基地等方面发挥主导作用，提供保障措施，旨在提高农民整体素质，培养科技型、技能型、创业型农民或实用性人才。

2. 政府扶持型模式案例

姜堰市是位于江苏省中部的农业大市，全市有优质稻米、专用小麦、双低油菜、无公害蔬菜、优质家禽、瘦肉型猪、特种水产、经济林木八大主导产业和食用菌、早杂粮、蚕桑、特色水果、特禽、奶业、观赏鱼、旅游观光农业八大特色产业。

姜堰模式具有以下几个突出特点：（1）培训内容全。紧紧围绕国家、省开展的工程项目，既注重农民的农业技术培训，强化职业技能培训，又注意抓好农民的创业意识、法律维权意识和公民道德文明、科学文化知识、安全知识等方面的综合素质培训。（2）培训目标广。2006 年，姜堰市委提出实施农民培训工程，决定利用 3 年时间将全市 35 周岁以下的农村劳动力、利用 5 年时间将全市 45 周岁以下的农村劳动力普遍进行一次技能培训和素质教育。（3）推进力度大。姜堰市将"农民大培训"列为民办的 10 件实事之一，并发展上升为新型农民培训工程。为加快推进培训力度，姜堰市建立健全了全市统领、分责、合力的高效运作的组织协调和监督机制。（4）资金投入多。建立省、市、县三级培训资金筹集机制。仅 2007 年，就筹集农村劳动力转移培训基金 165 万元，新型农民科技工程经费 33 万元，"致富工程"实施经费 8.8 万元，农业科技入户经费 53 万元，中央农业推广项目实施经费 100 万元，为"农民培训工程"提供了有力的资金保障。（5）基地建设强。2005 年，姜堰市在经济开发区划拨 5.3 公顷土地，投资 5500 万元，将原始劳动职业技校、商业职工中专、供销干部学校的资源进行了整合，建设了农村劳动力培训中心（技工学校），集技工教育、技能培训、鉴定考核为一体，覆盖全市数控、电焊、电工电子、计算机、机械加工等主要工种。在全市开展了

"创建技能培训示范实习基地"的活动。(6) 培训质量高。在培训内容上重点抓专业设置项目确定，增强培训专业设置的针对性和实用性。市劳动保障局及时了解农村劳动力的培训需求和用人单位的岗位需求，建立了岗位需求和培训需求两本台账，发布给各培训定点单位。市农业局根据农民对培训内容的需求，编出四大类68项农业实用技术的培训菜单，供全市农民选择学习。在培训手段上重点抓培训过程管理，保证培训质量。(7) 服务体系全。强化鉴定发证服务，保证农民转移就业前及时取得"一本证"。强化充分就业服务，开展村级劳动保障服务站试点，建立了村级劳动保障服务站，农民在家门口就能得到就业信息服务。强化创业指导服务，保证农民返乡创业时享受"一条龙"服务。

江苏省姜堰市在政府扶持下开展的新型职业农民培训工程，使原本在农村劳动力大转移中尚处于困境的农民，提升了素质，振奋了精神，学到了技能，变成了就业、创业的生力军。目前，全市58家技能培训实习基地中26家达到了示范实习基地的标准。至2009年，全市共培训农村劳动力10.8万人，极大地提高了全市农民的科学文化素质、农业技术和职业技能水平。

二 园区依附型模式

1. 园区依附型模式内涵

新型职业农民培育的园区依附型模式是指以农业园区为依托，对农民进行培训或吸纳农民在园区工作的一种模式。其培训主体是农业产业园区或科技园区。该模式下的新型职业农民培育以农业科技示范基地为依托，通过培训与园区密切相关的各学科农业科技知识，职业技能水平和经营管理能力，培养出服务于农业产业园区的"生产经营型"及"技术服务型"农民。具体保障工作由政府及农业园区相互配合，共同提供。

2. 园区依附型模式案例

湖北省宜都市自2014年实施新型职业农民培育工程以来，结合农民需求调研结果及已有产业园区，主要依附橘园和茶叶园开展新型职业农民培育，已累计开班15个，在培训中坚持以学员为中心，尊重学员意愿，按照学员生产的实际需求，制定产业园区学校培训内容。在培训过程中，结合园区学校，采取启发式、参与式、互动式的教学方法，与学员面对面、手把手地交流,让技术与园区零距离,由学员发现生产中的问题,教师来帮助解决问题,充分调动农民学员的学习积极性。

每个培训班都事先到实地考察,踏勘选点,不仅要保证学员学到东西,还要保证学员安全、舒适。在柑橘生产经营培训开班仪式和拓展训练之前,组织53名学员到宜昌市夷陵区官庄村习家岗柑橘场参观考察。在官庄,夷陵区柑橘专家详细地讲解了柑橘树冠管理,适逢习家岗柑橘场清园,学员们就实地与技术人员现场问答、操作。实地考察让学员纷纷感慨"百闻不如一见"。

开办帐篷学校,把课堂设在产业园区,教师现场解难释疑。实践性强,互动性好,学员接受快、效果好,极大地方便教师授课和学员学习技能。帐篷课堂和田间课堂连在一起,使理论学习、小组讨论和田间实习操作交互进行,学员们和教师一边在帐篷里就当前柑橘冬季管理技术要点开展讨论分析,提出解决方案,一边在帐篷旁的橘园动手实施,深受橘农的欢迎。培训现场气氛十分热烈,学员总在抢话筒。在首届新型职业农民培育试点时,农业局就开始探索参与式、互动式的教学方式并取得了初步的成效。2014年培训,每个班都采取了参与式、互动式的教学,从教学设计、模块安排、教室设置等方面都做了具体要求和部署,这一系列的完善措施使学员的参与度和主动性大大增强。

从2014年年初至2016年1月底,湖北省宜都市共培育新型职业农民700余人,已累计开班15个,宜都市农业部门在全市开展了以农民为中心、以田间为课堂,多层次、多形式的参与式、互动式培训活动,在全市范围内引起很大反响。

该区域依附业已发展成熟的橘园和茶叶园,发展现代种植产业,最宜选择园区依附型新型职业农民培育模式。

三 院校培育型模式

1. 院校培育型模式内涵

新型职业农民培育的院校培育型模式是指以各地已有院校为实施主体,对新型职业农民进行正规学历教育或非学历培训的一种模式。其培训主体是各类院校,以规范化、制度化的培训,对新型职业农民的农林科技技术和知识、文化水平、职业素质、就业技能、创业能力及管理能力等进行全面提升，旨在培养起"拔尖型"新型职业农民。

2. 院校培育型模式案例

作为全国25个农业改革与建设试点示范区，陕西省富平县农业广播电视学校（以下简称农广校）主动介入、积极参与、紧抓机遇，先行先试，把培育新型职业农民作为推进现代农业发展的核心力量，积极探索新型职业农民培育的新机制新模式，在组织全县实施职业农民教育培训中有效地彰显了职能作用。

体系办学是农广校最大的优势和特色，体系完整健全是衡量农广校办学水平、办学能力的重要指标。农广校近几年把稳定体系机构、强化农广校职能作为体系建设的头等大事来抓，尤其是在启动新型职业农民培育工程以来，紧紧依托项目拉动农广校机构建设，加大资金投入，完善人员编制，建设基础设施，更新培训手段，以适应项目实施工作要求。

在新型职业农民培育的师资方面，农广校经过多次专题研究，制定专门的工作方案，并采取调查摸底、择优遴选、逐级审核、登记管理、轮训提高等措施，组建培训师资队伍。近几年来每年都多频次、长时间、封闭式地开展了农广校校长、管理人员及专兼职教师培训，逐步达到开阔管理决策视野、提升管理能力水平、更新专业技能知识的队伍建设目标。同时，他们坚持在新型职业农民培育工程项目管理和职业农民教育培训中锻炼队伍。

此外，陕西省农广校主导制定了《陕西省新型职业农民教育培训大纲》，将培训分为种植、养殖、农业工程和经济管理4个门类50个专业，设置了公共基础课、专业技能课、能力拓展课和实训操作课4大模块560门课程，规范了培训内容。制定《教学管理办法》《考试考核办法》《学分管理办法》等教学制度，建立了完整的教育培训制度。

陕西省农广校组织市县农广校按照《陕西省新型职业农民教育培训大纲》要求，合理安排教育培训工作。按照内容系统性、全面性、过程长效性、持久性的要求，制定培训实施方案，确定培训内容，扎实落实理论授课、网络辅导和基地实训三个环节，采取自学与辅导结合、理论与实践结合、农闲与农忙结合的原则，开展教育培训工作。

富平县依托原有的陕西省农广校的成熟发展，最宜选择院校培育型新型职业农民培育模式。

四 产业依托型模式

1. 产业依托型模式内涵

新型职业农民培育的产业依托型模式是指依托区域优势产业，采用市场化运作，培训适合当地农业产业化发展或企业生产需要的农业产业工人为目标，而对新型职业农民进行培训的一种模式。其培训主体是各地农业企业或各类农民合作组织，一般适用于具有明显优势产业的区域，并依托优势产业，培训适应当地农业产业化发展的新型职业农民，以满足该区域优势产业的持续发展的需求。培训主要内容是与主导产业相关的农业科技知识、农业标准化生产、农产品加工和流通、产品营销、经营管理等方面的知识和技能。

2. 产业依托型模式案例

浙江省富阳市辖 24 个乡镇（街道），287 个行政村（农村社区），总人口 65.86 万人，其中农业人口 51.44 万人，农业劳动力 11.06 万人。从事农（牧、渔）业生产的人数为 9.8 万人（含半务农人员），其中 50 岁以上人 7.8 万余人，50 岁以下 1.96 万人，男性 6.9 万余人，女性 2.9 万余人。2013 年年底，富阳市粮食播种面积 34.6 万亩，总产量 14.8 万吨；生猪存栏 23.6 万头，出栏 33.4 万头；家禽存栏 180 万只，出栏 265 万只；水产养殖面积 3.7 万亩，产量 1.1 万吨，产值 2.9 亿元。全年实现农业总产值 50.76 亿元，农村居民人均收入 17397 元。

浙江省富阳市农业部门根据实际，确定以粮油和畜禽养殖、水产养殖 3 个主导产业为试点，紧紧围绕三大产业发展，以构建新型农业经营体系、增强农村发展活力为目标，以种养殖大户和农业社会化服务人员为培育对象，在教育培训、资格认定、政策扶持方面积极开展试点工作。

在交流探讨、调研座谈的过程中，粮油生产种植大户即合作社负责人，畜禽和水产养殖大户即公司、场、合作社负责人，富阳市粮油、畜禽、水产农技推广服务机构负责人，部分乡镇街道农业公共服务站站长，合作社负责人，公司、场、合作社负责人，是主要的参会代表。

在富阳市新型职业农民培育对象，应具备以下五个条件：（1）本市范围内的种养大户、农民专业合作经济组织和农产品行业协会负责人、家庭农场主、农业企业法定代表人或相关技术骨干；（2）年龄在 18—60

周岁;(3)具有一定的资金投入能力,有一定数量的稳定或者长期使用的耕地或养殖基地;(4)具有一定专业技能和规模化经营管理能力;(5)家庭经济收入主要来源于农业生产和经营。同时明确规定培育对象从事农业生产规模的三个标准,(1)粮油生产:种植面积20亩;(2)畜禽养殖:年出栏肉猪100头,或年出栏肉禽2000只,或年存栏蛋禽1000只,或其他规模养殖年产值10万元以上(含奶牛、肉牛、羊、兔等);(3)水产养殖:常规鱼养殖面积30亩,或名优水产品养殖年产值15万元以上。

在编制培训教材的过程中,富阳市根据粮油生产和畜禽、水产养殖产业要求,由市农业教育培训中心牵头,请富阳市农业局和富阳市农业教育培训中心的相关专家,立足富阳实际,组织编写培训教材。全市4个培训基地根据自身承担培训任务,积极开展教育培训工作。2013年共培训新型职业农民培育对象293人,其中粮油生产新型职业农民培育对象123人,水产养殖新型职业农民培育对象76人,畜禽养殖新型职业农民培育对象94人。

在这个过程中,浙江省富阳市依托本地的粮油生产和畜禽、水产养殖产业三大优势产业,在新型职业农民的培育工作中只选择了其优势产业发展,依托优势产业展开培育,具有鲜明的产业特色和地域特色。

第 四 章

农民学院参与新型职业农民培育的探索

第一节 农业院校的发展轨迹及形态

在全国新型职业培育的地方试点和实践探索中，依托于农业院校开展培育工作的做法形成了一类培育模式。农业院校作为农业教育体系中的核心力量，具有农业特色明显、学科门类齐全、师资力量雄厚的优势，承担了培养师资、培养高层次职业农民、传播高科技农业知识的重任，逐渐成为我国新型职业农民培育工作的生力军。[①] 在新型职业农民培育院校的实践模式中，农业院校主要包括农广校（农民科技教育培训中心）、农业高校、农业职业院校、农民学院、乡镇成校五类。农业高校本身作为培养学历教育的高等农业院校，入学门槛高、在新型职业农民培育中主要承担技术支持、资源支持、专家支持的功能，较少作为农民职业教育、成人教育的直接平台。因此，此处所说的农业院校主要指农广校（农民科技教育培训中心）、农业职业院校、农民学院、乡镇成校这四类新型职业农民培育实践中普遍存在的、直接提供农民教育的院校。

一 农广校的发展

20世纪80年代初，为了推进农民教育事业的发展，创造性地提出了利用广播电视教育手段发展农民教育的设想，并成立了中央农业广播电

---

① 廖恒：《高等农业院校服务社会主义新农村建设研究》，博士学位论文，湖南农业大学，2008年，第21—24页。

视学校（简称"农广校"）。农广校创办于1980年12月，是为适应当时农村经济社会发展对大批高素质实用人才的需要而成立的，现在由农业部、教育部、财政部、国家发展和改革委员会、国家广播电影电视总局等22个部委（或部门）联合举办，由农业部主管。农广校是一所专门面对农业、农村、农民，综合运用广播、电视、录像录音、计算机互联网络和卫星网络等现代教育手段，多形式、多层次、多渠道进行农民教育培训、技术推广、科学普及和信息传播等的综合性学校，是综合性农民教育培训机构，是覆盖广大农村的远程教育培训体系。农业广播电视学校，主要承担中等学历教育、中专后继续教育、大专自考助学与合作高等教育以及绿色证书教育培训、新型农民科技培训、农村劳动力转移培训、创业培训、职业技能鉴定、各种实用技术培训和新闻宣传、信息服务、技术推广等任务。

目前，全国农广校系统已经形成从中央到省（自治区、直辖市）、地（市）、县、乡的五级办学体系。经过近30年的建设，有省级农业广播电视学校39所，地（市）级校336所，县级校2184所，乡、镇教学班7323个，村级教学班4606个，农民科技教育培训中心2065个（省级中心33个、地市级中心264个、县级中心1768个）。农广校已成为我国重要的农业职业教育、农民科技培训、农村实用人才培养基地。据统计，近30年来，农广校累计开展实用技术培训达2.4亿人次；专业农民培训2335万人，其中获得绿色证书688万人；农村劳动力转移引导性培训2154万人、职业技能培训1186万人；开展中专学历教育414万人，中专后继续教育15万人，联合办学60万人；通过职业技能鉴定并获得职业资格证书140万人。实践证明，农广校是发展农民教育、推动农村经济社会发展的十分有效的途径。

1999年成立了农业部农民科技教育培训中心，2003年经中编办批复正式加挂在中央农业广播电视学校，与学校一套班子、两块牌子，旨在加强农民教育培训的组织和管理，统筹协调农民科技教育培训资源，有序、有效地开展农民教育培训。

农民科技教育培训中心、农业广播电视学校成为新型职业农民培育的主要载体。比如2014年《关于做好2014年农民培训工作的通知》提出"建立健全培训体系。充分发挥各级农业广播电视学校（农民科技教育培训中心）的作用"。2016 年《关于做好 2016 年新型职业农民培育工作的通知》中再次提出农民科技教育培训中心、农业广播电视学校的培育主体地位。

二 地方职业院校

"地市高职院校"是指除设置在直辖市、省会城市和计划单列市以外的地级市及以下地区的高职高专院校。这类院校大部分由地方政府主办，与地方政府紧密结合，与区域经济息息相关，具有服务区域人才培养，服务地方产业发展，服务农业现代化等特定的地域优势。教育部网站发布的《2014 年具有普通高等学历教育招生资格的高等学校名单》显示，全国有 1266 所高职院校具有招生资格。据不完全统计，我国地市高职院校占全国高职院校总数的 46.21%，办学规模达到 435 万人。[①]高职院校作为我国现代职业教育中的重要组成部分，开展社会培训成为学校的重要工作。在培养现代农业人才的历史大背景下，地市高职院校开始逐渐融入并承担农民教育培训、现代农业发展、新农村建设等任务，成为新型职业农民培训的主要载体。主要有三个方面的原因：一是地市高职院校作为一个教学单位，具有学科设置、师资配备等培训需要的先天硬件优势。二是地市高职院校大部分由政府主办，与地方政府紧密结合，与区域发展息息相关，学科特色明显、实践应用性强，具有服务区域人才培养、服务地方产业发展、服务农业现代化等特定的地域优势。三是职业教育进入门槛低，与我国农村人口学历层次普遍偏低的现实相适应。

三 农民学院的建立

在培育新型职业农民工作中，地市高职院校逐渐转向搭建农民学院平台培养农业人才。一方面，将职业技术教育与农民教育融为一体，有力地促进了农民职业技术教育；另一方面，这个创新平台可以使农民教育相对独立于职业技术学院，这大大提升了职业技术学院服务"三农"

[①] 金雁：《服务新型城镇化，地方高职如何作为》，《中国教育报》2013 年第 5 期。

的灵活性和效率性。①

农民学院主要是指由地方政府主管、地方财政资助、地方电大开办的主要负责涉农教育培训的公办、公益性质农民教育、培训管理机构。比如湖州农民学院是由市农办、浙江大学农生环学部和湖州职业技术学院（电大）联合办学，以湖州职业技术学院（电大）为主体，整合浙江大学农生环学部和市级涉农教育培训资源，属公办、公益性质农民教育、培训管理机构。

农民学院的建立要早于培育"新型职业农民"的理念，其初衷是在新农村建设、发展现代农业的历史大背景下，培养现代农业人才、服务农业现代化的人才支撑途径。最早的农民学院出现在县域：2006年5月至2009年3月江西境内先后成立了近10所县域农民学院，比如江西省南康市（县级市）农民学院、万载县农民学院、广丰县农民学院等。

2012年中央一号文件明确提出，要大力培育"有文化、懂技术、会经营"的新型职业农民。职业农民是农民中的优秀代表，只有他们才能解决"谁来种地"等问题。因此，顺应培养新型职业农民这一时代要求，农民学院在全国各地纷纷建立起来。浙江湖州在2010年，以高职教育为依托，在整合政府涉农资源、浙江大学农生环学部、湖州电大的基础上，成立了全国首家地市级农民学院。2012年以后，浙江省其他高职院校如丽水职业技术学院、温州科技职业学院、衢州职业技术学院等也纷纷通过搭建农民学院平台培养农业人才。2013年12月，浙江农林学院挂牌成立省级农民大学。由此，浙江省形成了在省会城市建立农民大学、地市级城市建立农民学院、县级城市建立农民学院分院的农民教育、培训的基本组织架构，农民学院模式在浙江全省范围内得到推广。

在新型职业农民培育的院校模式中，创办农民学院平台培育现代农业人才的做法，得到了广泛的认可和推广。农民学院模式成为院校模式的主要典型做法之一。广西区农业厅、玉林市人民政府联合共建广西玉林职业农民学院。广西玉林职业农民学院以玉林农业学校为依托，吸纳校外优秀培训资源，开展职业农民及其他涉农教育培训，建立新型职业

---

① 沈琪芳、王凯成：《地市高职院校服务农业现代化建设的实践探索》，《湖州职业技术学院学报》2016年第2期。

农民培育教学培训基地。2015年,广西整体推进新型职业农民培育工程,在原有示范[①]基础上增加河池市整市推进,全区示范县(市、区)达到68个。预计2015—2020年,学院将采取集中培训、流动教学和远程培训等形式开展新型职业农民教育培训工作,培育一批生产经营型、专业技能型和社会服务型新型职业农民,将有2000名以上新型职业农民获得学历认证。

四 乡镇成校的发展——以湖州乡镇成校为例

在省、地、县建立农民学院的同时,广大乡镇地区的乡镇成人文化技术学校也在扮演新型职业农民培育的角色。乡镇成人文化技术学校是我国农村教育事业的重要组成部分,是由乡镇政府举办和管理的,由教育局领导的,以文化技术教育为主体的综合性、多功能的农村成人教育基地[②]。在现代农业人才培养和新型职业农民培育中,扎根基层,是电大开放教育、社区大学和农民学院的重要教学点。比如湖州地区的地方乡镇成校的任务是对接从农业局、教育局、林业局等单位开展的农民培训工作,新型职业农民培训就是其重要的职能之一。依托电大开放教育和农民学院开展乡镇成人学历教育,依托社区大学对广大乡镇居民广泛开展实用技术、经营管理知识的培训;对乡镇干部、技术人员、乡镇企业职工进行岗位培训;对农村青中年进行初中等文化教育;对农民进行法治、生态文明等教育。[③] 乡镇成校基于与农民较近的区位优势和基层特性,肩负着乡镇人才培训与农科教综合服务的重任,是农民学院、农广校、职业院校无法取代的教育主体,并且在具体的人才培训中与农民学院、农广校、职业院校相对接,是其深入基层的窗口。比如在湖州的新型职业农民培育中,湖州市农民学院充分依托本市各中心乡镇的成人文化技术学校设立直属教学点,开设专业课程,方便农民就近入学。

---

① 2014年广西安排柳州、钦州、贺州3个市和35个示范县(市、区)试点实施新型职业农民培育工程。

② 张昭文:《关于乡镇成人学校的历史现状和发展的思考》,《中国农村教育》2014年第9期。

③ 张彩雅:《创新驱动改革提升乡镇成校核心竞争力》,《湖州职业技术学院学报》2016年第1期。

湖州的乡镇成校不仅机构尚存，而且在农民教育培训中发挥着重要的作用。乡镇成校在湖州市各个区县乡起着一种黏合剂的作用，乡镇政府提供资金支持，成校负责培训、技能比武、督促农民考证书等，人力资源部门则是负责证书认定。通过对湖州两个市本级乡镇成校的调研，对乡镇成校的发展和运行情况有了更深刻的了解和认识。以下是湖州市乡镇成校的两个个案。

（一）妙西成校

湖州市妙西镇成人技术学校是开设较久的学校，1993年成立至今已经有20多年历史，在我们的调研中发现，妙西是一个比较富裕的村镇，在成校20多年的发展中，当地校长及主任为当地农民带来了许多机会。

在成校建立之初便开始初步扫盲工作，其效果显著，截至2016年妙西镇文盲率已经降到1%以下；在2001年开始高中教育，妙西镇的农民在这一阶段主要完成专业农业知识以及文化知识的学习，具体课程设置包括语文、数学、科学、公民道德与法律基础四门文化课以及老师自己编著的本土教材；2004年妙西镇开始对农民的技能培训，主要包括三个方面：农民基本素质培训、预备劳动力培训以及学历教育。

妙西成校不仅是湖州农民学院的直属教学点，直接与农民学院对接工作，而且与教育局、农林局、新农办（新农村建设办公室）、人力资源局（主要是技能培训鉴定）进行工作对接。这样的职能设计一方面使得成校在工作方面接触面扩大，有利于成校的自身发展；另一方面却也导致了成校日常开支的增加。

妙西镇以茶产业为主，陆羽的《茶经》就是在这里编著完成，这里除了茶叶之外，还种植番薯、藏红花、百合、榨菜，成校校长不仅将这些作物种植引进来，请专家来当地作讲座，以扩大当地生产最终形成地区规模化生产。除去农作物种植以外，妙西镇政府还将致力于开发新产业——西山省级旅游度假区，成校在其中就发挥了自己的作用，提高度假区村民保护生态环境的素质，具体去到各个村办素质培训班，以提升村民素质（目标700人）。

（二）道场成校

湖州市道场成人文化技术学校于1998年12月11日注册成立，被国家科技部命名为"国家级星火培训学校",被省教育厅命名为"省示范成校",被湖州市教育局命名为"区域性中心成校"。

在工作对接方面,道场成校与妙西成校如出一辙。道场成校日常工作对接的单位部门主要有:区教育局、乡镇政府、区农林发展局、农民学院、人力资源局(技能鉴定中心)。在对农民进行培训的过程中几个部门通力合作、资源共享,将农民培训真正落到实处。其中,成校主要是负责前期招生、请老师来学校上课等工作,同时成校不仅负责上级下派的任务,还要与同级积极配合,合作完成工作;农林局主要负责在培训过程中的各种支持,例如资金支持、人力支持等;人力资源局主要是负责培训结束后的资格认定工作。成校在与人力资源局、教育局、农林局沟通工作的过程中,由于各种规章制度、责任归属都比较明确,所以目前没有部门之间相互推诿扯皮的现象发生,彼此之间合作愉快。

第二节　农民学院参与新型职业农民培育的意义

一　搭建农民学院平台培养现代农业人才顺应时代发展

《国家中长期教育改革和发展规划纲要(2010—2020年)》指出:"把加强职业教育作为服务社会主义新农村建设的重要内容","强化省、市(地)级政府发展农村职业教育的责任,增强服务'三农'能力"。自2012年中央一号文件首次提出"大力培育新型职业农民"以来,新型职业农民培育的形式从"农业技能培训"[1]向"农业职业教育和职业培训"[2]发展。2016年中央一号文件在"农业职业教育"的基础上,又提出"学历教育"。"农业职业教育"是"依托高等教育、中等职业教育资源,鼓励农民通过'半农半读'等方式就地就近接受职业教育"。"农业

---

[1] 2012年《关于加快推进农业科技创新持续增强农产品供给保障能力的若干意见》提出"对未升学的农村初高中毕业生免费提供农业技能培训"。

[2] 2013年《关于加快发展现代农业进一步增强农村发展活力的若干意见》提出"大力培育新型农民和农村实用人才,着力加强农业职业教育和职业培训"。2015年《关于加大改革创新力度加快农业现代化建设的若干意见》文件指出"积极发展农业职业教育,大力培养新型职业农民"。

学历教育"是"支持农业院校办好涉农专业,健全农业广播电视学校体系,定向培养职业农民"。可见,新型职业农民培育逐步走向专业化和专门化,依托专门职业教育和农业院校定向培养职业农民。在这样的背景下建立一所机制完善、资源完备、功能齐全、定向培养农村人才的农民学院显得尤为重要。农民学院不仅满足了农业现代化的人才培养需求,而且契合了职业农民培育专门化、专业化的要求。

1. 农民学院满足农业现代化人才培养需求

农业现代化最重要是农业人才的现代化,农技推广人员、农村基层政府管理人员、现代农业经营主体、职业农民、新型农业经营主体带头人等都是农业现代化人才体系中的重要组成部分,使其掌握现代农业技术和经营管理方法是推进农业现代化建设的关键。农民学院作为农民教育的专门教育主体,突出了农民教育的重要性和针对性。与职业技术学院相比,具有较强的农民教育、服务"三农"的针对性和效率性。与农业大学相比,更加面向实际、注重实用、体现实效。农民学院直接为区域农业发展提供人才智力支撑,培养高素质、高技能的现代农业人才。

2. 农民学院满足农民教育专业化、专门化的需求

从对地方新型职业农民培育工作的调研中发现,很多地方的农民学院的建立有两个重要的条件:一是地方政府主导;二是以地方职业院校为依托。地方职业院校主要包括高等职业院校和中等职业学校,其中依托高等职业院校的居多。高等职业院校也称为高职院校,高职院校作为我国现代职业教育中的重要组成部分,担负着服务社会的重要职责,尤其是为服务地方经济,开展社会培训成为学校的重要工作。[1] 地方高职院校创办农民学院是以浙江湖州为代表的一批地市级农民学院成立的典型模式,这种模式由职业技术学院等高职院校延伸而来,以高职教育为依托,同时整合政府涉农资源、其他教育资源。比如湖州农民学院以高职教育为依托,在整合政府涉农资源、浙江大学农生环学院、湖州电大的基础上成立。浙江衢州农民学院是衢州职业技术学院在衢州市政府的支持下,通过政校合作、整合资源优势成立的。依托地方高职院校创办的

---

[1] 张锦平、戚景云:《高职院校参与新型职业农民培育的研究:以衢州职业技术学院为例》,《商业经济》2015年第4期。

农民学院，是地方高职院校在服务农业现代化，承担培养新型职业农民这一历史性任务过程中创新的办学模式。一方面发挥了职业技术教育的教育平台、教学师资硬件和教学单位优势；另一方面有别于职业技术教育，主要围绕农民综合素质提升、农民收入增长，定向培养职业农民，进行农民教育，是直接服务"三农"、针对农民群体的教育机构。因此，农民学院的建立实现了多方农业教育资源的整合，满足了农民教育的专业化、专门化的需求。

二 农民学院承接新型职业农民培育的作用

农民学院参与新型职业农民培育不仅有利于解决农民教育体系不完善的现状，定向培养职业农民，而且通过有效的教育有利于农民素质提升、收入水平的提高，有利于促进农业产业化经营和产业结构调整。

1. 有利于定向培养职业农民

长期以来，我国农民培训工作是地方农业部门的一项工作，在培训过程中暴露出地方农民教育体系不完整的问题，各地还普遍缺乏专门培养农民的学校，培养平台尚没有搭建完全，培养多种需求的农村实用人才和农民教育教学问题没有得到有效解决。已有的农民教育办学机构基本上以短期技术培训为主，缺乏以个人综合素质提升为主的办学目标。如何有效组织较为松散的农民进行培训，如何创新培训形式，如何提升培训效果，这一直是培训部门面临的问题。农民学院作为培育现代农业人才、定向培养职业农民的专门教育机构，通过针对性的培训项目，实现了职业农民的定向培养。比如湖州农民学院依托浙江大学、市级农技专家、校级专家、乡镇农推人员"四合一"的专家教师队伍，积极创新农民培训手段，针对不同农村人群、不同需求，设计培训内容，如针对普通农民的"新型农民创业大讲堂"项目，针对农村种养大户的农业专业技术培训，针对一线农技推广人员的培训。这种指向农民素质技能提升的培训教育，有利于定向培养职业农民。

2. 有利于解决农村成人教育的问题

我国2010年第六次人口普查的数据显示：在我国农村地区，初中文化程度及以下人数占总体的88.71%、高中文化程度为8.5%、大学专科及以上程度为2.79%，农村的劳动力主体队伍（20—60岁）的文化素质呈现出整体偏低的特征。在新农村建设、发展现代农业的历史大背景下，国家高度重视农业人才培养，注意到培养高素质、高技能的现代农业人才的重要性。农业部启动了各种农村人才培训工程，中央财政安排农民培训补助资金，提出通过培育新型职业农民，解决"谁来种地"的问题。与日益增长的教育需求形成鲜明对比的，却是农民成人教育长期发展滞后的教育资源现实。一是注重学历型教育，教育资源集中于城市。从已有的高等学院发展来看，学历型教育本科院校发展速度快、生源好，而高职院校和中等职业院校这类技能型教育较少受到学生和家长的青睐。城乡二元体制使有限成人教育的优质资源集中于城市，导致农村成人教育发展水平停滞不前，许多地方的成人学校、农广校出现"网破、线断、人散"，在功能上主要负责自上而下的短期培训，农民教育体系松散。二是农村成人教育发展动力不足。农村成人教育作为一种公益性的事业，需要政府的大力扶持，而当前农村成人教育最大的问题是缺少资金和缺乏社会化的长效系统组织体系，农民教育培训组织比较分散，各部门各自为政，难以形成合力，缺乏足够的活力和动力，缺乏科学的管理办法和有效的监督手段，农村成人教育的针对性和实用性还有待进一步提高。[①]农村成人教育发展的进程远落后于教育发展整体水平和现代农业发展要求。农民学院的建立，有效地解决了农民成人教育投入不足、机制不健全、发展滞后等问题。

3. 有利于达到农民增收致富的培育目标

通过专业化、针对性的职业农民定向培养，在传统短期技术培训提高农民技能的基础上，更注重农民创业、增收能力等综合素质的提升。增收致富是农民接受培训的根本目标，而单一的技能培训是无法满足的，只有改变农民认知水平、提高市场信息分析能力、提供创业机会和扶持、帮助农民农业生产规模化产业化、增强农民自力更生的能力，才能解决农民增收问题。这就需要提高农民教育水平，在农民教育中关注农民的学历、技能、创业、管理、市场、增收等方面素质的提升。农民学院的教育就是以农民增收致富为目的，与农民增收的

---

① 王星炎：《县域"农民学院"兴起与启示》，《河北大学成人教育学院学报》2009年第3期。

学习目标相契合,抓住农民教育中的这些主要问题来提高农民素质和农民收入水平。

4. 有利于促进农业产业化经营和产业结构调整

随着农业产业化发展,我国农业将走向规模经营,有序进入市场。同时,我国农业产业结构也需要根据市场需求变化不断地进行结构调整和优化。这对传统农民的素质提出了更高的要求。然而,由于传统农民在新知识、新技术上的匮乏,造成了许多先进的农业管理知识和先进的机械装备无法推广应用。加之农民意识形态上存在独立性,难以摆脱小生产者的习惯和心理,从而制约了农业产业化经营和产业结构调整的进程。农民学院的教育教学为农民掌握现代农业生产技术与管理经验,增强农民抵御市场风险的能力,促使农业生产的规模化和产业化,进而为实现传统农业向现代农业转变带来不可替代的帮助。

第三节 农民学院参与新型职业农民培育的实践:湖州农民学院

近年来,湖州市以国家现代农业示范区建设为抓手,紧紧依托本地产业特色,突出重点强主体,整合资源做加法,积极探索符合实际、行之有效的新型职业农民培育之路。2014年湖州市被农业部确定为全国首批整市推进的新型职业农民培育试点后,不断研究和创新培育模式,农民学校积极承接湖州市新型职业农民培育与管理工作,累计完成新型职业农民培育4972名,认定4650人。"七位一体"的新型职业农民培育模式被农业部列为全国十大职业农民培育典型模式。

湖州农民学院是由湖州市人民政府批准,于2010年正式成立,由湖州市新农办、浙江大学农生环学部和湖州职业技术学院(电大)联合举办,以湖州职院(电大)为办学主体,整合浙大为主的省级高校、科研院所和市级涉农教育培训资源,属公办、公益性质的农民教育培训管理机构。农民学院的教育之所以优于其他农村成人教育和农民培训,专业化和专门化的办学体制机制、人才培养体系、教育教学模式等起到关键性作用。

一　湖州农民学院农业人才培养模式

（一）湖州农民学院办学历程

学院于2006年开始筹建，2007年开始试点农民大学生培育项目，2010年由市人民政府批准挂牌正式运行，学院主动对接美丽乡村建设需求，不断深化完善人才培训梯度，初步形成了"专业硕士教育＋高职教育＋中职教育＋在职研修和短期培训"一体的人才培养模式。中国社会科学院农村发展研究所在学院挂牌成立"现代农业发展和农村新型人才培育试验基地"。浙江省农办根据湖州模式，在全省各地市均挂牌建立了农民学院。湖州农民学院扎根于农村，服务于农民，为湖州新农村建设贡献力量。

（二）湖州农民学院管理体制

2010年，浙江省湖州市围绕培育现代职业农民这一目标，依托当地高等职业技术学院的办学资源和平台，成立全国第一家地市级管理的农民学院。农民学院由地方政府主管，建立了学院管委会领导的院务会议负责制。农民学院管理委员会由市委组织部、市委宣传部、市农办、湖州职业技术学院、市财政局、市教育局、市人保局、市农业局等部门市组成，负责湖州农民学院重大决策、政策安排、监督考核。管委会主任由市委、市政府分管农业农村工作的领导担任；市农办、湖州职业技术学院、浙江大学农生环学部主要领导担任管委会副主任。管委会负责农民学院的发展规划、专业设置、经费投入与大学生学费补贴，全面整合政府、农业管理部门、县区乡镇、学校等多方资源，促进资金、技术、人才、资源等要素的流转。管委会下设院务会议，湖州职业技术学院（电大）副院长担任农民学院院长，浙江大学湖州南太湖农推中心和市级有关部门负责人任副院长，并建立了由农民学院院务会议、浙江大学农业技术推广中心、浙江大学湖州挂职组、浙江大学湖州南太湖农推中心等参加的工作例会制度，有力地推动了农民学院的各项工作。农民学院办公场地、教学设施、工作人员均由湖州职业技术学院配备，负责具体运作和日常管理，包括制定《农民学院章程》《农民学院教学工作规范》《农民学院教学质量评价办法》《农民学院师资聘任与管理办法》《农民大学生教学、创业基地培育办法》等系列文件与制度，全面实施教学质量监控和学籍管理、教育教学管理,并建立评价奖励机制。

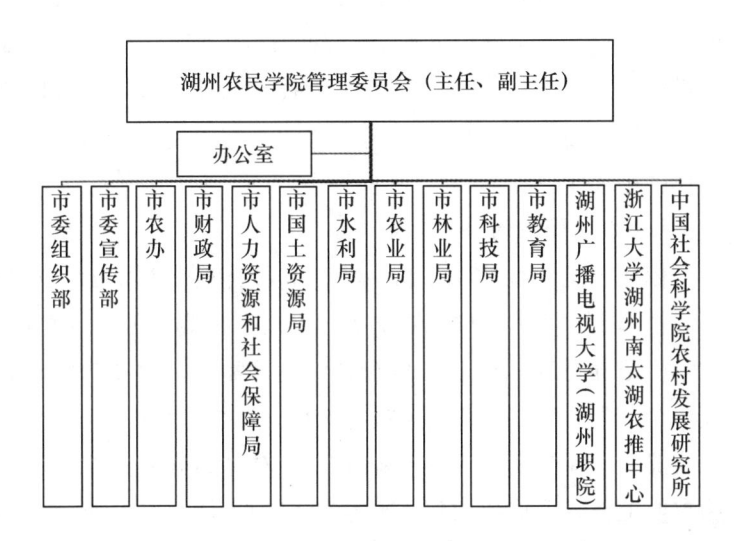

图 4-1　湖州农民学院管理体制

(三) 农民学院的组织体系

湖州农民学院充分依托本市各中心乡镇的成人文化技术学校设立 10 个直属教学点,将大学教育和各类培训延伸到全市各乡镇,开设专业课程,方便农民就近入学习;在湖州市下属的德清、安吉、长兴三县分别依托当地电大正式挂牌成立县农民学院分院(农民学校),成为全省首批挂牌的县级农民学校(见图 4-2)。分院、教学点负责招生、教学管理、教学实践、学生管理和技能证书培训等工作。也就是说,农民学院的培训任务分别由湖州农民学院、长兴职教中心、德清农民科技培训中心承担。

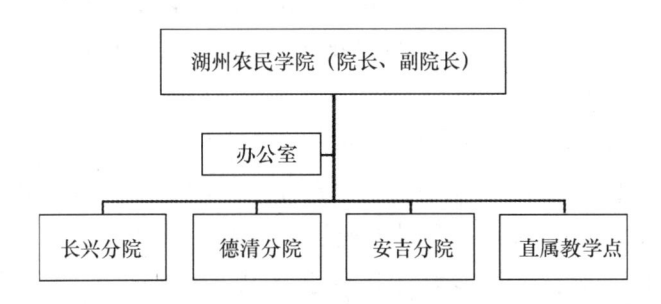

图 4-2　湖州农民学院组织体系

在此基础上，湖州市进一步整合了县区农民学院分院、农业培训学校、职教中心和乡镇成校等农民教育资源，出台了《湖州市关于加快推进新型职业农民培育的实施意见》（湖政办发〔2014〕37号），确定了以湖州农民学院为教学主体，以浙江大学为技术依托，省市农推联盟首席专家为主要师资力量，农村职成教学校共同参与的组织架构，有力保障了试点工作的顺利实施。

（四）湖州农民学院的培训体系

湖州市依托农民学院这个平台，依托高校优质教育资源，对接现代农业和新农村建设的实践需求，制定了"学历＋技能＋创业＋文明素养"的农民大学生培养目标。随后又瞄准农民发展需求，紧扣产学结合，开展菜单式培育，大力实施"学历＋技能＋创业""三教统筹"的新型职业农民培养模式，即在学历教育的基础上，将农民的创业技能和就业技能培训作为首要工作。形成以农民大学生培养为主体，以专业硕士教育为引领，以全日制中高职教育、在职研修和短期培训为补充的办学体系。湖州农民院依托湖州职业技术学院的成人高职函授教育与湖州广播电视大学的成人开放教育这两大办学主体，开展农民大学生专本科的学历教育、技能教育、创业教育、非学历教育；依托浙江大学平台，合作培养农业技术推广硕士。以此，建构起高等职业教育、成人开放教育资源为主体，区域研究型大学专家教授为支撑，地方职业学院教学管理和市、县区产业化实训基地为基础的教育培训资源优化配置机制，努力形成纵向连接市、区、乡镇（街道）、企业（村）四级培训网络，横向覆盖有关条块部门的农民教育培训组织架构体系。

1. 人才梯队培养结构

农民学院主动对接美丽乡村建设需求，不断深化完善人才培养梯队。初步形成了"专业硕士教育＋高职教育＋中职教育＋在职研修和短期培训"一体的人才培养梯队。

（1）学历教育梯级体系基本形成

——推进全日制高职及中职农业教育。自2011年以来，依托湖州职业技术学院招收全日制高职园艺专业学生，共培养129人。2012年以来，与湖州现代农业技术学校合作培养全日制"3＋2"五年一贯制学生170人。

——推进农民大学生专本科培养。截至目前,依托湖州电大学历教育,培养在籍农民大学生总数已达到 2427 人,其中市本级 1130 人。

——推进浙江大学农业推广硕士培养。自 2012 年开始,学校与浙江大学合作开发农业推广硕士培养项目。目前已在湖州市招生 3 个批次,共 93 名学员,其中 49 名学员已取得硕士学位。

(2) 非学历教育培训体系日益拓宽

——推进新型职业农民培育试点工作。自 2014 年湖州市被农业部批准为全国首批新型职业农民培育试点市以来,学校积极承接湖州市新型职业农民培育与管理工作,累计完成新型职业农民培育 4972 名,认定 4650 人。

——承接农业部人才培养项目。学校承办了农业部全国家庭农场监测主题培训班和农业部华东区家庭农场主培训班,共培训各类人才 217 人。两个项目均获得农业部充分肯定。

——举办各类主题研修班。紧盯高端人才培养,采取与浙江大学合作等方式,开展了"湖州市农业推广人员高级研修班""新型农业经营主体高级研修班"、农村电子商务专修班等系列特色主题高级研修班,122 人参加培训研修。

——开展"农民创业大学堂"普训式教育。丰富完善"新型农民创业大讲堂"100 讲课程菜单,根据农民教育需求,在三县两区累计开展讲座 150 多讲,受惠人次达 7000 多人次。

——采用集中授课 + 赴外地学习考察相结合模式,更新知识,拓宽视野,为提升全市农推队伍的整体素质打下良好基础。

2. 专业门类

根据湖州市"4231"农业产业发展规划,农民学院对接产业发展,强化专业建设,浙江大学选派优秀教师直接参与指导和组织新专业筹建,先后申办开设了全日制高职大专园艺技术、自考大专淡水养殖两个专业。农民学院专业总数达到 10 个,其中有畜牧、畜牧兽医、园林技术、茶叶生产加工、园艺技术、淡水鱼养殖 6 个纯农专业,农村行政管理、农业经济管理、乡镇企业管理、观光农业 4 个涉农专业,较为全面地满足了当前湖州农村专业人才培育的需求(见表 4 - 1)。

表 4-1　　　　　　　　　　湖州农民学院专业设置

类型	名称
成人教育纯农专业	观光农业、畜牧、畜牧兽医、园林技术、茶叶生产加工技术、淡水鱼养殖
成人教育涉农专业	农村行政管理、农业经济管理、乡镇企业管理
自学考试纯农专业	淡水养殖
全日制教育纯农专业	园艺技术

3. "省市校乡、农科教技"四合一的专家教师队伍

学院建立完善了一支由浙江大学、市农机推广人员、电大职院教学研究人员、乡镇农机推广员组成的"省市校乡、农科教技"四合一的专家教师队伍。其中以省市农业产业联盟专家为主，聘请高校科研院所专家 50 名、市农林科技人员 22 名（含省淡水所）和"农民土专家" 10 名为客座专家，遴选湖州职业技术学院（电大）优秀教师 50 名，乡镇农技人员 30 名。截至 2015 年，师资团队成员包括校本级 35 名骨干教师，以及 62 名外聘专家。四合一教师队伍在特色教材编写、新专业建设、新型农民创业大讲堂、教学实践以及创业实践基地建设和"学历+技能+创业"型农民大学生培育中发挥了巨大作用。

4. 教学资源

学院组织浙江大学、湖州农林系统、湖州职院相关专家教授 50 余人，按照"农、林、牧、渔"四大专业方向，编写本土化教材 37 册。教材分为"农业技术推广"和"农民素质文化提升"两大序列，每种教材均配有插图，教材内容多以湖州本土案例与实践经验介绍为主。教材应用到各专业日常教学与大学生技能考证工作，并采用送书下乡的方式拓展教材的使用范围。同时，农民学院在埭溪、菱湖教学点、八里店南片移沿山村设立农民大学生图书室 3 个，共配送农业专业技术和农民素质提升书籍共 1.2 万余册。

立足于教学改革和创新，农民学院注重将"线上教育"与"线下教育"有机结合。2013 年开始，农民学院启动以农业实用技术为主题的微课资源建设项目，实现网络技术，数字视频技术与农业技术类课程有机

融合。项目启动以来，农民学院按照"制作一批、外包一批、购买一批"的原则不断充实和完善"微课超市"教学资源库建设。针对成人在职学习的特点，开发了 100 讲农业技术类微型课程。学院利用在线学习平台，要求农民大学生通过网络自主学习，实现网络技术、数字视频技术和农业技术类课程的有机融合。微型课程探索通过网站、手机 APP 应用等方式，扩大农民教育传播面。截至 2015 年，制作微课 70 门，实现了农民教育教学线上线下的有机对接。

5. 搭建教学实践基地，推动实践教育

农民学院挖掘现代农业企业在教学中的实践指导作用，积极建设实践交流平台，促进农民大学生相互交流学习。以农业龙头企业为主体，认定了浙江南太湖淡水水产种业有限公司等 10 家教学实践基地。教学实践基地主要用于实践教学、学生技能考证，本土教材开发，教学形式多种多样，如"讲座、调查、见习、实地操作、挂职"等，力求课堂农场化、农场课堂化，致力于提高农民大学生实践能力。首批认定吴兴金生态农业等 10 家教学实践基地，明确功能定位，制定教学实践推进计划，出台管理考核办法，组织现场教学活动和技能鉴定考试。此外，按"1 + N + N"教学推广模式，在 1 家核心实践基地周边发展确定 N 个辅助型基地，带动 N 个农民大学生创业基地。

表 4 - 2　　　　　　　　　农民大学生创业基地

农业品种	核心基地	配套基地
畜牧方向	广州温氏集团湖州分公司养殖基地	1. 湖州市畜牧兽医局动物防疫实验室 2. 湖州市水产技术推广站水生动物检验室 3. 湖州市植物保护检疫站病虫测报站
水果方向	湖州南浔青藤葡萄有限公司	1. 湖州市农科院蚕桑科研基地 2. 湖州南浔丰藤水果专业合作社 3. 湖州八里店俊杰葡萄专业合作社
桑蚕方向	湖州市农科院桑蚕科研基地	1. 湖州邦农蚕桑专业合作社 2. 湖州千恩蚕桑专业合作社 3. 湖州练市朱家兜蚕桑专业合作社

续表

农业品种	核心基地	配套基地
园林方向	湖州绿新园林绿环有限公司	1. 湖州鹿山林场 2. 湖州园林绿化总公司 3. 湖州埭溪老虎潭生态农庄
水产方向	浙江南太湖淡水水产种植业有限公司繁育基地	1. 湖州菱湖陈邑加州鲈鱼专业合作社 2. 湖州旺家水产专业合作社 3. 湖州良华水产合作社

6. 拓展"新型农民创业大讲堂"项目，扩大创业教育和农民素质教育的覆盖面

学院立足"送技能、送培训、送文化"，设计开发"新型农业创业大讲堂"项目。2010年开始，学院先后开发大讲堂课程菜单36讲、70讲、100讲，课程内容涵盖创业、管理、家政、农推服务4大类，主要有浙江大学、浙江淡水所、市农业局、市林业局、市农科院、湖职院的专家教授讲授，成为农民的"乡村学府，田间课堂"。大讲堂已覆盖吴兴、南浔两区所有乡镇，2013年内，共开讲30余次，发放讲座资料2000余份，受益农民2000人次。

（五）湖州农民学院推进创业基地建设，增强示范引领

湖州农民学院一直将农民创业能力与就业技能培养作为重中之重来抓，创新性开展了农民大学生创业基地培养，通过创业指导服务团队，重点培育使其逐渐发展壮大，并发挥示范作用。农民学院制定出台农民大学生创业基地培育办法，在生产规模、效益提升、管理规范化、生产标准化等方面明确要求。自2011年以来，学校已在全市范围内培育认定了48家农民大学生创业基地。学院通过每个基地配备一个浙江大学教授、湖州市农技专家、湖州职院专家、乡农推人员组成的创业指导服务团队，加大实验器材、电化教室、农民大学生图书室等硬件投入，以及组织赴外地考察学习等办法，开展针对性培育，有力提升创业业绩和创业能力。

（六）湖州农民学院开展新型职业农民认定管理，示范引领全省发展

2013年，湖州农民学院组织成立"新型职业农民标准体系建设"课

题研究小组，并赴丽水、浙江富阳等地实地考察后形成职业农民课题研究报告。根据报告，农民学院草拟了《湖州市新型职业农民培育认定管理办法（讨论稿）》《湖州市新型职业农民培训实施方案（讨论稿）》，编写了《湖州市新型职业农民培训工作手册》，为湖州市开展新型职业农民培育打下基础。构建"直接认定、培训认定、储备培育"的认定管理模式。2014年，湖州市被农业部确定为新型职业农民培育整市推进的试点开展先行先试。通过试点，至2018年全市范围内培育认定的新型职业农民总数将达到1万名。湖州农民学院作为湖州市职业农民试点的执行单位，在具体工作中，将建立健全对象选择、课程设置、教材编写、师资配备、教学管理、认定办法、创业支持、继续教育等制度办法，推进教育培训工作，构建起一整套培育管理制度。

（七）湖州农民学院的保障机制

1. 资金保障

农民学院立足服务农民的公益性质，在经费保障和学费减免方面采取了有力措施，确保学院各项建设顺利进行，激发农民主动参加培训学习的积极性。在资金投入上，湖州市坚持"政府主导、学校让利、学员自己出一点、部门合力支持"的办法，多渠道筹措资金。政府加大财政投入，市财政按照日常运行经费、项目经费、农民学员学费三大类给予补助，到2015年，市财政投入办学经费累计800余万元，湖州职业技术学院减免农民学员学费200余万元。市林业、人力社保、教育等部门也通过项目资金等方式给予支持。学费方面，通过政府、学校双补助的方式，按照"政府补一点、学校让一点、农民掏一点"原则，对费用进行多方分担，切实减轻农民大学生负担。其中，湖州市级财政按照3000元/人的标准资助，约占学费总额的55%；湖州职业技术学院按照每学分18元的标准进行让利，约占学费总额的25%；学员个人缴纳1200元，约占学费总额的15%。同时，湖州市财政给予所有取得中级以上职业证书的农民大学生500元/人的奖励，并给予优秀农民大学生1000元/学年的奖学金资助。经费投入机制的创新，激发了农民参加学习培训的积极性，有力地推动了新型职业农民培养工作。

2. 质量保障

探索建立"自评+网评+第三方评价"的质量评价模式，建立质量督导机制，选派蹲点联络教师全程督导培训全过程。组建质量督导评价小组，定期或不定期进行抽样督导检查。建立考核评估指标体系，开展培训质量阶段评价。积极开展自评与网评，探索引入第三方评价机构，科学评估培训绩效，促进培育工作健康持续发展。

二 湖州农民学院办学效应显现

湖州农民学院依托高校科研院所教育资源，对接湖州现代农业和新农村建设的实践需求，在培养农村实用人才、壮大新型农民队伍、提升农业生产经营主体素质方面进行了有益探索，为新型职业农民培育试点工作创造了良好条件。目前已毕业农民大学生1707人，在籍学生2263人；已在湖州市招生农业推广硕士3个批次，共93名学员，其中49名学员已取得硕士学位。累计完成新型职业农民培育4972名，认定4650人。建立10家教学实践基地，48家农民大学生创业基地。

（一）办学体制机制初显活力

1. 办学定位，科学精准。重点培养有较高学历、掌握中高级专业技能的农村实用型、创新型、领军型人才。培养目标上从传统的转移增收向创业致富转变，培养内容上从单一的农业技术培训向"学历+技能+创业"的复合式培养转变。

2. 管理体制，政府主导。坚持市校合署、高校主体、共建共管，实行管理委员会领导下的院务会议负责制。管理委员会各成员单位团结合作、资源共享、协调高效，形成合力共育农村人才的组织管理格局。

3. 办学体系，纵横协作。在湖州农民学院的基础上，三县建立农民学院分院，市本级两个区在中心镇或区域中心成校设教学点。目前，已逐步建立起市、县区、乡镇相互衔接的办学体系，方便农民就近学习。

4. 培养经费，多方筹措。按照"政府主导、学校让利、学员自己出一点、部门合力支持"的办法，多渠道筹措办学资金。到目前，市财政投入办学经费累计800余万元，湖州职业技术学院减免农民学员学费200余万元。市林业、人力社保、教育等部门也通过项目资金等方式给予支持。

（二）办学社会影响不断扩大

办学以来，湖州农民学院影响力不断扩大。作为全国首家地市级的农民学院，在办学体制机制、人才培养体系、教育教学模式走出了一条新路，逐步形成了农村人才培养的"湖州模式"，得到社会各界的广泛关注。农业部副巡视员张辉在考察农民学院工作后，提出"要在全国范围内重点推广与传播'学历+技能+创业'型农民大学生培养模式"。中国社会科学院农村发展研究所潘晨光研究员对农民学院办学模式与办学成果进行调研后，形成题为"湖州农村人才开发的创举——中国第一所开放式的农民学院"的研究报告，该报告已收入《2012中国人才蓝皮书》。湖州农民学院培养现代职业农民的模式值得推广，刊发在呈送中央高层参阅的《中国社会科学要报》。2014年湖州农民学院成为湖州市与中国科学研究院农村发展研究所共建的"现代职业农民培养基地"。湖州市被农业部确定为"全国新型职业农民培育整市推进试点单位"。

浙江省农办领导在对农民学院开展调研后，针对农村人才培养工作，作出了在浙江省内举办"省农民大学、市农民学院、县农民学校"的具体部署，打造浙江省农民教育三级网络体系。全国各级媒体纷纷聚焦湖州农民学院，并对湖州农民学院农民大学生培养工作给予了高度关注，中国教育报、农民日报、浙江日报、浙江电视台、新华网、人民网、新浪网、浙江在线等各级媒体从多个方面、多个角度对湖州农民学院办学成果进行了报道。2015年6月，湖州市以"创新农村人才培养模式"为题在"全国深化职业教育改革创新座谈会"上做交流发言。2015年12月，湖州市又在中农办召开的"全国新型职业农民培育"座谈会上做经验交流；浙江省黄旭明副省长对湖州市探索新型职业农民培育的模式也进行了批示。

第五章

新型职业农民培育院校模式的实践比较

第一节 院校模式的典型做法

所谓院校模式，就是在新型职业农民培育中，依靠农业院校作为职业农民培育体系中的核心力量和培育单位，由政府领导扶持，农业院校牵头，多种教学推广内容推进的新型职业农民培育模式。在对院校模式进行研究中发现，农民学院和农广校是两大类新型职业农民培育的农业院校，并且在地方政府的扶持下，建立了各具特色的培育体系和教育培训内容。浙江湖州和陕西结合当地资源和发展情况，依托农业院校，在教育培育、认定管理、扶持政策方面探索出了包括技能培训、学历教育、创业教育等内容的完整的培育体系，整合出了各自的农民培育模式。

一 农民学院模式：浙江湖州"七位一体"整市推进

湖州是传统的农业大市，全市总人口450万人，其中农业人口210万人，占总人口的47%。而湖州市农民平均受教育年限为7.2年，大学以上文化程度仅占2.5%。湖州农民的文化水平和职业技能水平已经成为制约当前湖州"三农"发展的一个颈瓶，因此，培养"有理想、有文化、懂技术、善经营、会管理"的新型职业农民显得尤为紧迫。在这样的背景下，湖州市早在2010年成立了全国首家地市级农民学院，致力于培育"学历+技能+创业"型农民大学生，为湖州本市培养一批有文化、懂技术、用得上、留得住的新型职业农民。2014年湖州市被农业部确定为全国首批整市推进的新型职业农民培育试点后，创新培育模式，结合湖州美丽乡村建设实践，着力满足农民群众提升学历、提高技能、体面劳动、尊严生活的迫切需要，按照终身教育、因材施教的理念，以整合优势教育资源为基础，以新型职业农民培育工程为突破口，以人的全面发展为目标，通过创办农民学院，在"项目管理方式、项目执行运作、教学师资队伍、教育培训、认定管理、政策扶持、教育评价"等方面创新"七位一体"培育管理模式，全面提升农民综合素质。

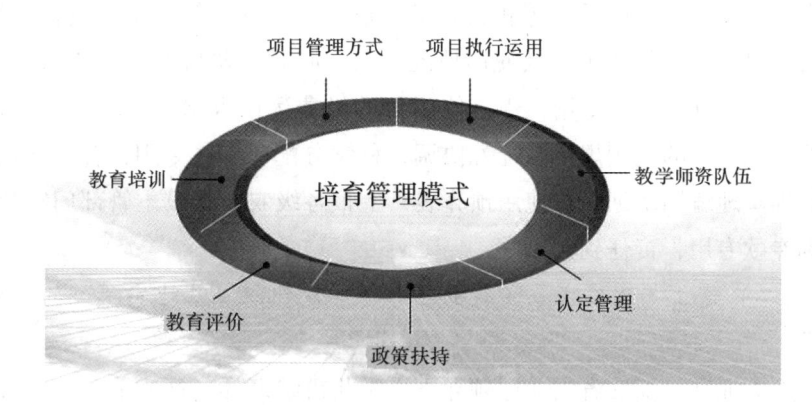

图 5-1　浙江湖州"七位一体"新型职业农民培育模式

（一）建立"市校合作+部门联动+务实高效"的系统管理方式

湖州市被批准为农业部新型职业农民培育试点市后，湖州市委、市政府高度重视新型职业农民培育工作，成立了市新型职业农民培育工作协调小组，由市政府分管市长任组长，市农业局、市农办、市林业局、市水利局、市教育局、市财政局、市人力资源和社会保障局、市国土局、湖州农民学院等领导为成员，统筹全市各县（区）新型职业农民培育工作。在湖州市三县二区分别下设新型职业农民培育领导小组，由分管农业的副县（区）长任组长，农、林、牧、财政、教育部门为成员单位的领导机构，全面负责实施新型职业农民培训。湖州农民学院作为湖州市新型职业农民培训工作的业务指导单位，负责制定指导性培训计划，开展师资统筹、督导评估、认定组织等工作，积极探索地市农民学院开展新型职业农民培育的新模式。为了创新新型职业农民培育模式，湖州农民学院整合三县农民学院分院、农业培训学校、职教中心、乡镇成校等农民教育培训资源，从中遴选设立新型职业农民培训基地，从而形成纵向垂直领导、横向协作互动的管理体系。"市校合作、部门联动、结构合理、务实高效"的管理模式，保障了新型职业农民培育工作的有序推进和全面深化。

培育新型职业农民，必须建立多元化的经费筹措和保障制度。为了管好用好中央财政下拨的培训经费，湖州市成立"新型职业培育专项经费管理领导小组"，小组成员由市农业局、市财政局、吴兴区和南浔区农林发展局、湖州农民学院等相关人员组成。经费管理领导小组负责培训经费的申请、拨付、预算及使用情况审核。同时，湖州市建立"财政支持、科学规划、专款专用、规范使用"的经费运作机制。县（区）根据下拨培训经费的使用规定，统筹协调，科学分配，专款专用，合理使用。由培训基地编制培训经费使用预算表，上报各级农业行政主管部门审核，做到专款专用，责任到人。

（二）建立"政府主导＋行业指导＋学院组织＋基地实施"的运作模式

在农业部、浙江省农业厅领导下，湖州市统筹县（区）农、林、牧、财政、教育部门，根据《农业部办公厅关于新型职业农民培育试点工作的指导意见》和《湖州市人民政府办公室关于加快推进新型职业农民培育的实施意见》等文件的有关要求，制定了《2014年湖州市新型职业农民培训实施方案》，以湖州"十大农业主导产业"为主，对照生产经营型、专业技能型和社会服务型三种类型的新型职业农民培育要求，构建湖州市新型职业农民培育体系，着力推进新型职业农民培育工作，确定了2014—2018年培养8000名新型职业农民的总体目标。

在浙江大学农生环学部、浙江大学湖州南太湖农推中心和湖州市农业产业联盟专家们的指导下，湖州市结合湖州本地农业产业发展的实际，制定并完善"蔬菜、水果、粮油、茶叶、竹笋、花卉、水产、蚕桑、畜牧和观光农业"十大农业主导产业的新型职业农民培训计划。湖州市为了使新型职业农民培训工作具有针对性和实效性，组织农民学院和培训基地的教师分组对本地区农民的年龄层次、文化水平、种养规模、培训需求等进行摸底调研，建立了本地区职业农民培训基本数据库。在组织发动的基础上，按照"公开、公平、公正"的原则，采取个人自愿报名、行政村、乡镇推荐、县（区）审核择优选拔的形式落实参训农民。为了保证培训工作的全程性和全员性，根据不同农业产业的农时节气，科学安排培训时间，采取分期分批的开班方式，每班培训人数原则上不超过50人，培训时间不少于15天。培训基地必须按照"五统一"要求组织培训，即"统一培训计划、统一培训教材、统一培训师资、统一培训标准、统一培训管理"，从而确保新型职业农民培养质量。

（三）建立"省市校乡+农科教技"的专兼职培训教师模式

建设一支尚德崇文、业务精湛、结构合理、相对稳定的专兼职培训教师队伍，是有序开展新型职业农民教育培训的根本保证。为了提高新型职业农民教育培训的质量，湖州市依托原有农民大学生培养师资库，建立"省市校乡，农科教技"四合一的专兼职教师队伍。首先，建立师资库：一是聘请浙江大学、浙江农林大学和省内农科研究所等的专家为客座教授；二是聘请市农业产业联盟首席专家、市县乡农技推广人员和具有丰富实践经验的种养殖经营大户为客座专家；三是在湖州职业技术学院·湖州广播电视大学遴选农学方面优秀教师和蹲点联络教师；四是在培训基地选派具有强烈责任心的班主任教师。从而使新型职业农民培训的师资选择有了较大的余地，较好地解决了培训中师资短缺的问题。其次，在专任教师配备上，既注重配备具有丰富教学经验的理论课教师，又配备具有丰富实践经验的、具有较高农业技术水平的工程师、工艺师、农艺师、设计师等作为专业技术课教师，保障了新型职业农民培训的质量。

（四）建立"农业知识+职业技能+生产实践+创新创业教育"的教育培训模式

湖州市借鉴在农民大学生培育中的成功经验，创新实施新型职业农民培训，构建了"农业知识+农业技术+生产实践+创新教育+创业教育"的模块化培训模式。

一是农业知识教育。全面的农业知识是新型职业农民必备的基础知识。全面的农业教育主要包括农业性质教育、农业科技教育、农业发展理念的教育、农业文化教育、农业管理教育五个方面，这是以从事农业作为固定乃至终生职业的新型职业农民职业生涯中必须具备的基础知识。

二是农业职业技能教育。针对生产经营型、专业技能型和社会服务型三种不同类型的新型职业农民培育要求，分类型、分职业方向确定农业职业技能教育的内容。以职业资格为导向，着眼于提升参训农民长期从事农业的职业能力。同时，将农业职业技能教育与技能考证结合起来。通过系统培训和自学，让参训农民根据自己从业特点报名参加国家人力资源和社会保障部职业技能鉴定中心组织的初、中、高级职业技能考试。考试合格后，取得国家职业资格证书。

三是农业生产实践教育。"农学结合"的生产实践教学是落实新型职业农民培育"实际、实用、实效"原则的关键。农业生产实践教育要紧密结合农时季节组织进行，使参训农民将所学理论紧密应用于生产实践，促进学用结合。培训中，组织学员走进现代农业示范园区、农业企业、农民合作社、家庭农场等生产基地，实地考察现代农业和新技术应用，体验式学习先进的生产经营经验，为参训农民学用结合进行生产经营实践奠定基础。

四是农业创新创业教育。新型职业农民创新农业教育的内容包括农业发展理念、农业生产技术、农民创新精神、农民创业理论和创业实践等。农业创新创业教育要求参训农民在原有传统农业的理念、生产与经营经验的基础上，通过学习现代农业生产技术，具备改造传统农业、创新农业生产经营方式、发展现代农业的创新能力。通过聘请高等院校专家讲授创业理论，选聘本地种养殖大户、农产品经营大户等成功人士在乡间地头介绍他们的创业历程和经验，激发参训农民的创业欲望，从而提升参训农民的创业能力。通过农业新产品的开发、市场的拓展、项目的开发等手段，创造价值并实现自身勤劳致富。

（五）建立"直接认定+培训认定"的认定管理模式

湖州市新型职业农民认定对象是遵纪守法，热爱农业，有志于从事农业生产和服务的，具有良好的职业道德和社会公德；年龄在18周岁以上60周岁以下，具有劳动能力；在湖州行政区域内，从事种植、养殖或农业产前、产中、产后服务，并以农业生产服务获得稳定收入的人员。认定方式是采取培训认定和直接认定两种。对符合认定对象基本条件的、从事农业生产经营的人员，按照一年不少于15天的时间标准进行培训鉴定，合格后按照标准予以认定；对获得大专以上或涉农专业中职学历文凭，并从事农业生产经营和服务的人员，予以直接认定。

湖州市新型职业农民认定程序，首先是个人申请，坚持自愿申请原则，符合条件的个人，填写并递交《湖州市新型职业农民认定申请表》等相关材料；其次是申报认定，申请人向工作所在乡镇农业服务中心提出申请，乡镇审核后推荐上报所在县（区）农（林）业局，经县（区）新型职业农民培育工作协调小组办公室组织相关专家对申报人员进行评审、认定，并上报市新型职业农民培育工作协调小组办公室（市农业局）备案；最后是公示公布，对认定人选分别进行公示，接受社会监督，公示无异议后，予以公布，并由当地县（区）人民政府或受政府委托的农业行政部门颁发新型职业农民证书。

取得新型职业农民资格证书的农民，每年必须参加由市新型职业农民培育工作协调小组组织的知识更新培训，培训结果作为资格证书年检、涉农类专业技术职称评定的重要依据。湖州市对新型职业农民实行动态管理，建立新型职业农民年检制度，对新型职业农民产业发展、目标完成以及参加培训等情况进行考核。因出现农产品重大质量问题，造成重大污染事故，以及不参加年检，有违法违纪等行为的，取消其享受扶持待遇。同时加强档案管理，建立新型职业农民档案、新型职业农民数据库和信息管理系统。

（六）建立"人才+产业+科技+金融保险+社会保障"的政策扶持模式

湖州市对新型职业农民兴办家庭农场、农产品加工营销企业，牵头组建农民专业合作社等，在土地流转、技术服务、政策支持等方面给予重点倾斜，并按项目管理要求，给予资金扶持。

1. 支持鼓励新型职业农民兴办家庭农场。在符合规划要求前提下，承包期限5年以上，从事粮食生产面积达到50亩以上；或从事特种水产、瓜果蔬菜、水果、茶叶、蚕桑生产面积达到20亩以上；或生猪存栏200只；或湖羊存栏500只以上，实行生态化种植养殖的，给予每户3万元资金扶持。

2. 支持新型职业农民发展粮食生产。职业农民通过土地流转、股份合作等多种形式，在粮食生产功能区内从事粮食生产，经营面积达到100亩以上且承包期限在5年以上的，每年每亩给予100元的粮食生产补助。

3. 支持新型职业农民发展设施农业。对发展当地优势特色产业的，在大棚等设施上给予支持。对新建标准钢管大棚面积在20亩以上、从事瓜果蔬菜生产的，每亩补助5000元；对建设20亩以上避雨设施、从事水果等生产的，每亩补助900元。

4. 支持新型职业农民发展生态循环农业。积极鼓励种养模式创新，推进资源循环利用，发展绿色农业。对年生猪存栏200只以上或年湖羊存栏500只以上，且长期承包经营生态消纳地100亩以上，实施种养结合、资源循环利用模式的，分别给予10万元、5万元奖励；对应用稻鳖共生、鱼（虾）菜种养结合等生态循环种养模式3年以上，规模在50亩以上的，给予5万元奖励。

5. 支持新型职业农民开展农业标准化生产。凡通过绿色食品、无公害农产品认证的，分别奖励2万元、0.5万元；对续展的绿色食品、复查换证的无公害农产品，分别给予1万元和0.2万元奖励。

6. 支持新型职业农民开展农产品流通营销。对组织收购本地农产品外出销售，对外年销售额500万元以上，且业绩突出、带动作用明显的，给予0.5万—1万元奖励。

同时，加大对新型职业农民科技扶持力度，完善农技专家联系新型职业农民制度，在新品种引进、新技术推广、新模式应用、新成果转化、新经验借鉴等方面加大对新型职业农民的扶持、指导和服务，着力帮助新型职业农民解决生产中的困难和问题。

加大对新型职业农民信贷扶持力度，开展新型职业农民信用评定和授信工作。对新型职业农民开展农业生产经营活动，给予信用贷款支持，对生产发展需要、经营规模较大但超出信用贷款额度的，由担保公司给予贷款担保，担保费率按50%收取。

加大对新型职业农民保险支持力度，鼓励职业农民参加农业保险，增强抗灾减灾能力，对新型职业农民发展粮食生产、畜禽养殖、大棚蔬菜生产、水果、茶叶种植等，优先给予政策性农业保险。强化新型职业农民社会保障，支持鼓励用人单位及新型职业农民个人参加本市城镇职工基本养老保险、城镇职工基本医疗保险、工伤保险、生育保险和失业保险。缴费标准与城镇职工相同，切实解决新型职业农民的后顾之忧。

加强新型职业农民后续教育，对获得新型职业农民认定的人员，每两年免费给予一次知识更新培训，培训时间不少于3天，培训内容记入新型职业农民培育档案。对参加高一级农业专业学历教育的新型职业农民，在学费等方面给予一定的补助。

（七）建立"自评+网评+第三方评价"的质量督导评价模式

湖州市秉持"以评促建、以评促改、以评促发展"的目的，建立新型职业农民培训的科学评价机制。首先，建立蹲点联络教师质量督导机制，由湖州农民学院选派蹲点联络教师全程督导培训的全过程。其次，建立湖州市新型职业农民培训质量督导评价小组，定期或不定期进行抽样督导检查。抽样督导检查内容包括：培训学员报名表、培训计划、培训过程管理等。检查结果及时向社会公布，接受社会各界监督。最后，建立考核评估指标体系。湖州市新型职业农民培训质量督导评价小组深入到各培训基地，与基地负责人共同对新型职业农民培训质量进行中期和终期评价。在评价过程中，做到自评与网评相结合，内部评价与外部评价相结合，使每一位被评价参训农民都成为评价的积极参与者。农民学院通过电话采访、网络打分等手段，真实反映培训的绩效，达到修正评价指标和优化培训的目的，为深入持久地开展新型职业农民培训积累经验。

二 农广校模式：陕西"三位一体"整省推进

从2012年起，陕西在全省34个试点县启动实施"职业农民塑造工程"，按照"网上教学、集中答疑、基地实训、技能鉴定、包抓指导、扶持发展"的培育思路，累计培育职业农民1.23万人，初步探索确立了"培训、指导、扶持"相结合的"三位一体"新型职业农民培育路径。并以农广校为依托，涌现出了"凤翔模式"等典型培育模式。凤翔"五位一体"新型职业农民培育模式，是政府、农业部门、培训机构、农业经营主体四级联动，以县农广校为主体，以农业专家大院、科技园区、农民专业合作社、农业产业化龙头企业为补充的"五位一体"继续教育型职业农民培育新模式。该模式利用固定、流动、空中和田间四大课堂，探索职业农民培育教学新方法，破解了农民教育、成人教育的诸多固有难题，实现了职业农民的继续教育，使职业农民离校不离训，长期保持技术过硬、素质优良的水准。该模式的主要做法是：政府负责制定规划、出台政策、统筹资源、提供保障；农业部门负责制定各产业培育方案、落实涉农项目扶持、开展科技指导服务和资格认定管理；县农广校负责教学计划、培训教材、师资队伍、考试考核等教学管理工作；农业经营主体负责组织人员、实习实训、实验示范。该模式主要特点体现在四个方面：一是农广校牵头，主体明确；二是四大课堂支撑，质量效果有保证；三是农科教结合，产学研一体；四是注重继续教育，保证职业农民离校不离训。形成了政府牵头、多方参与，农广负责、各尽其能，建章立制、严格监管，规范运作、活力新颖的"凤翔模式"。

陕西省在2014年被农业部确定为新型职业农民培育整省推进省份之后，先后制定了《新型职业农民培育整省推进工作方案》《新型职业农民培育绩效考评试行办法》《新型职业农民培育认定管理办法》《新型职业农民教育培训大纲》等规范性文件，完成了职业农民教育培训、认定管理、政策扶持的整省推进方案，各级全面实施职业农民教育培训工作，拉开了新型职业农民培育整省推进工作的大幕。

陕西省总结试点经验，确立了"理论授课、网络辅导、基地实训、认定管理、帮扶指导、扶持发展"的培育模式。依托以农广校为培训主体，农科大中专院校、农业研究院所、农技推广机构、农业龙头企业、农民专业合作社、现代农业园区等相配合的"一主多元"培训体系，对具备条件的培育对象进行集中理论授课，系统学习农业专业知识。依托陕西农业信息网，打造职业农民培训网、农村视频网、农业信息监测网"三网合一"平台，开发农民培训远程视频教学系统，组织农业专家团队以"空中课堂"形式开展网络辅导和在线教学，解决农民学习中存在的疑问和生产中无法解决的难题。依托粮食高产创建方田、省级现代农业园区、现代农业科技实训基地，进行全程化基地实训，使农民熟练掌握实际操作技能。对高、中、初级职业农民分别实行省、市、县3级资格认定，并进行动态管理；整合全省科技人才资源，建立指导专家库，对职业农民实行导师制指导；出台优惠政策、设立创业基金，对职业农民进行全方位扶持，促进农民快速成长。

（一）教育培训

1. 完善培训体系。加快构建多层次、多形式、广覆盖、制度化的

"一主多元"教育培训体系。"一主"就是以农广校为主体，实施农广校标准化建设工程，通过支持网络建设，完善空中课堂，将宜建农广校全部建设到位；"多元"就是以农科大中专农业院校、科研院所、农技推广机构等为补充，建立新型职业农民教育培训体系。认定一批实训基地，实行挂牌管理，改善实训手段，为职业农民实习、实践提供良好条件。统筹全省农业科技人力资源，建立职业农民指导教师库，积极吸收农业教育、科研、推广机构的专家教授和技术人员，农业企业、农民专业合作社、农业园区等新型经营主体的优秀管理人才、技术人才，以及优秀农村实用技术人才，组建专业师资团队，形成数量充足、结构合理、素质优良的指导教师队伍。

2. 规范培训内容。按照国家教育培训规范，根据陕西省农业实际和职业农民生产、经营及服务领域的需要，制定《陕西省新型职业农民教育培训大纲》，将新型职业农民教育培训专业类别分为种植类、畜禽养殖类、农业工程类和经济管理类等门类，每个门类包含若干专业方向。每个专业的教育培训课程分为公共基础课、专业技能课、拓展课和实习操作课4大模块（见表5-1）。

表5-1　　　　　　　　陕西省职业农民教育培训科目设置

层次	课程类别	课程设置
初级	公共基础课	法规政策、质量安全、素质教育、农业信息等
	专业技能课	分专业设置4—6门初级专业基础课
中级	公共基础课	现代农业、农业创业、农民合作社、农业经营管理、网络基础、农业法律等
	专业技能课	分专业设置6—8门专业基础提升课
高级	公共基础课	市场营销、家庭农场、企业管理、农业保险等
	专业技能课	分专业设置5门专业理论提升和研修课
拓展课		政策解读、农业土地、农业社会化服务、生态文明、心理学、团队合作、现代人际关系、投融资管理、成本核算、风险控制、网上农业、财务基础
实习操作课		实验实习、专业见识、技能实例、岗位实践等

公共基础课是指为提高职业农民的综合素养，为专业知识的学习、职业技能的培养和终身学习奠定基础及提供支持的课程，学员必须按量完成；专业技能课是指为学员了解、掌握、应用从事专业化、标准化、规模化、集约化农业生产经营或社会化服务应具备的专业知识和专业技能而设置的课程，学员根据需要选择修习；拓展课是指为满足农业产业综合化需要，培养新型职业农民一专多能，增强适应能力和执业能力，突破专业约束而设置的课程，学员可以自由选学；实习操作课是指为巩固加深职业农民所学专业理论知识，掌握现代农业生产经营技能，提升工作能力和效率而设置的课程，必须在教师指导下完成。目前，陕西省已组织编撰系列内容完善、覆盖面广、特色鲜明、符合实际的新型职业农民文字教材，并制作成相配套的多媒体教材供学员学习。

3. 科学安排学时。根据国家职业教育培训规范，陕西省新型职业农民教育培训突出课程的可选择性和综合性，实行弹性学制和学分制，采用半农半读、农学交替的方式分阶段完成学业。课程教学由理论教学和实践教学组成，理论教学和实践教学学时比例为 1∶2（见表 5-2）。初级职业农民安排 600 学时，中级职业农民在初级培训基础上，安排 900 学时，高级职业农民在中级培训基础上，安排 660 学时。学时与学分按照 10 个学时折合 1 个学分计算，学员累积修满 60、66、90 学分且考核合格者允许申请提前结业。学员具备的相应农业生产经营技能、学习培训经历、职业资格、表彰奖励等经认定可以折合一定的学分。

表 5-2　　　　　　　陕西省职业农民教育培训学时安排

	初级	中级	高级	备注
公共基础课	80	120	80	必修课程，学员必须按量完成
专业技能课	60	90	60	必修课程，学员必须按量完成
拓展课	60	90	80	选项课程，学员自由选学
实习操作课	400	600	440	必修课程，学员必须完成全生产（服务）周期，各个环节的实习操作
学习年限	1	2	1	
合计	600	900	600	

4. 创新培训方式。职业农民培训，坚持理论教育和实践教学相结合，坚持技能培训和家庭经营相结合，坚持教育培训和指导扶持相结合，既要按照农民教育培训基本规范要求，又要尊重农民的生产生活习惯。培训主要以网络培训式"空中课堂"为主，结合"固定课堂""流动课堂"和"田间课堂"等方式，开展系统全面培训，基本达到与初、中、高级职业农民相对应的学历标准，并具备所需的专业技能。依托"空中课堂"，对职业农民开展网上辅导和在线教学；依托"固定课堂"，组织专家进行理论授课和集中答疑；依托"流动课堂"，将教学资源巡回送到教学点和田间地头；依托"田间课堂"，组织学员在现代农业园区、农民专业合作社、农业龙头企业等实训基地进行实习操作。实行"农学结合"分段培训，按关键环节划分培训阶段，紧密结合农时季节组织实施，理论教学与实践教学交叉进行，促进学用结合和学习、生产"两不误"。

5. 严格考试考核。培训结束后，采取"操作为主、理论为辅"的形式，对受训农民进行考试考核，合格者颁发培训结业证书，并计入相应的学分。鼓励考试合格学员积极参加职业技能鉴定，申报农民技术职称。通过专业技能培训、职业技能鉴定、农民技术职称评审"三结合"的方式，全面考核评价培训效果。

6. 分级组织培训。职业农民培训工作坚持省级负责高级、市级负责中级、县级负责初级的原则分级组织开展，按照竞争择优的原则，认定一批条件好、实力强、管理良、成绩优的农业教育培训机构具体实施培训工作。2014年，在全省范围内选送一批高级职业农民培育对象到农业职业技术学院进行为期3个月的全日制研修深造，通过打造一批典型，引领全省职业农民培育工作。各市也鼓励职业院校积极开展职业农民系统教育。

7. 依托教师团队进行帮扶指导。组建指导教师队伍，促进专家和职业农民结对子，建立定期上门指导制度，帮助职业农民在产业发展中不断成熟壮大。对园区、大场、大社、大企、强村大户等经营主体，实行技术干部派驻制度和大学生助理制度；建立激励奖励制度，将指导成效与个人年度工作考核、技术职称晋升、岗位聘用等挂钩。按照不同类型职业农民特征，有重点地开展指导。生产经营型重点开展创业兴业培育，提高经营水平，扩大经营规模，提升产业效益。专业技能型重点开展职业技能培育，通过农业产前、产中、产后各个环节技术指导，提高从业水平和就业能力。社会服务型重点开展服务能力提升培育，通过农业岗位职业技能系统培训，提高对农业科技成果吸纳、承接和转化应用能力。新生代型重点开展实操训练和创业能力提升培训，以创业扶持为主要帮扶内容，鼓励回乡从事农业创业，而非进城转业。

（二）认定管理

1. 资格认定。制定《陕西省新型职业农民培育认定管理暂行办法》，分产业和行业确定认定条件和标准，实行省、市、县3级职业农民资格认定。对持有职业农民培训结业证书（或相应农科大中专学历）、专业技能证书，并符合职业农民标准的，经考核合格者，由农业行政主管部门颁发高、中、初级职业农民资格证书并将认定的职业农民名单，向社会公布。

2. 动态管理。职业农民资格证实行动态管理，严格职业农民等级考核评定制度，实行资格一年一认定、两年一复审制度，对审核不符合条件的取消资格证书。

3. 档案管理。建立职业农民信息管理系统和职业农民档案，强化培训、考核、发证、质量控制等环节管理，不断提升管理服务水平。实行"新型职业农民注册登记"制度，规定职业农民有义务接受培育管理。建立培育对象档案管理制度，摸清农村劳动力资源，制定规划，分期开展培训。

（三）政策扶持

按照省政府办公厅《关于加快新型职业农民培育工作意见的通知》精神，2014年争取省委出台扶持发展职业农民的政策文件，制定并落实有关扶持政策。

1. 分类支持。生产经营型职业农民重点开展土地流转扶持和农业叠加补贴；专业技能型重点开展学历和技能提升；社会服务型重点开展教育培训扶持；新生代型重点开展创业扶持。

2. 土地流转。引导农村土地向职业农民流转，简化手续，强化服务，发展多种形式的适度规模经营，促进职业农民不断发展壮大。

3. 产业扶持。突破政策障碍，允许获得新型职业农民资格证者直接申请国家产业项目资金。农业创业项目资金向职业农民倾斜，对职业农民实行叠加补贴和以奖代补政策。县级政府要加大涉农项目整合，支持职业农民发展。县级农业部门要整合农业产业资金，扶持职业农民发展产业。

4. 出台政策。通过农村产权制度改革，促进各种资源要素向职业农民流动。加大招商引资，拓宽职业农民创业渠道。职业农民直接使用农业生产设施用地的，县级政府应协调国土部门，按农用地管理，将新增建设用地指标，优先保障新生代职业农民需求。鼓励职业农民参加学习培训，凡参加学历教育的享受国家免学费和困难补助政策。各级农业部门协调沟通相关部门，形成培育职业农民的政策合力。

5. 准入制度。率先在适度规模化生产经营领域推行农业职业资格准入，确保农业资源要素向高素质的职业农民聚集，并逐步健全农业职业资格证书制度。对家庭农场、种养大户、农民专业合作社等认定中，实行准入制度，主要成员必须具备职业农民资格。政府扶持的农业龙头企业、农产品加工企业、现代农业园区必须有5名以上职业农民。

6. 金融支持。设立省级职业农民创业基金，建立新生代型职业农民资金互助制度。金融机构要加大对职业农民的信贷支持。职业农民培育试点县政府应设立贷款贴息，并引导小额贷款向职业农民倾斜。设立职业农民生产保险，扩大保险范围，提高保险补贴力度。

第二节 院校模式的比较分析

一 农业院校培育新型职业农民模式的比较

（一）培育环境

浙江省素有"鱼米之乡、丝绸之府、文物之邦、旅游之地"之称，全省陆地总面积10.18万平方公里，约占全国的1.06%，是面积较少的一个省份。但是经济总量位列全国第四，2015年，全省生产总值42886.5亿元，增速8.0%，城镇化率为65.8%。农业占地区生产总值的比重较低，2015年农、林、牧、渔业总产值2932.3亿元，占地区经济总量的

6.8%，增加值为1865亿元，对本省经济增长的贡献率为4.3%。（1）农业经济结构是农、林、牧、渔全面发展的综合性农业结构。（2）农业资源禀赋少、生产水平较高，人均耕地不足0.5亩。据测算，浙江以占全国1.1%的国土、1.3%的耕地，创造了全国6.3%的生产总值、3.1%的农业增加值。（3）农村居民收入高、农村集体经济强。2015年农村居民人均纯收入21125元，连续31年列各省区第1位。全省界定村股份经济合作社股东3568.48万个，量化资产1159.6亿元，实现村级集体经济总收入348亿元，增长2.4%左右。（4）农业现代化水平较高。全省现有农民专业合作社4万多家，年销售收入亿元以上的农业企业648家；土地流转面积955万亩以上，约占总承包耕地的50.1%。2015年全省工商企业投资开发农业158亿元。2015年140个中央现代农业生产发展资金项目，已实际投入项目资金超5.7亿元。（5）乡村建设较好。全年各级投入美丽乡村建设资金254亿元，已有58个县（市、区）成为美丽乡村创建先进县。"千万农民素质提升工程"培训总人数为35万人。

可见，浙江省虽然不是农业大省，农地少，农业产值比重低，对生产总值的贡献率也远低于二、三产业，但是农业生产力水平较高、现代化水平较高、农民收入较高。

陕西省2015年全区域生产总值18171.86亿元，全国排名第15位，比上年增长8%，全国排名第17位，城镇化率53.92%。第一产业增加值1597.63亿元，增长5.1%，占生产总值的比重为8.8%。全年农村居民人均可支配收入8689元。（1）农业条件处中等偏下水平。耕地情况为全国中游水平，且耕地质量不高。陕西耕地总量居全国第18位，人均耕地1.6亩，略高于全国平均水平，居第11位，为上游水平。但陕西耕地质量不高，水田水浇地占30.5%，在全国处于下游水平，且陕北地区800余千公顷耕地质量不高，灌溉条件落后，农业产出水平较低。（2）农业经济结构以种植业为主。陕西农业增加值主要来源于种植业和畜牧业，种植业和畜牧业增加值占农业增加值90%以上。种植业和畜牧业是各区域的主导产业，占比相对较大。（3）农业经济总量小、发展速度快。陕西农业增加值总量占全国比重2.7%左右，在全国第20位徘徊，处于中游偏下水平。农业增加值增速高于全国平均水平，基本在全国前10位，处于上游水平。种植业增加值占农业增加值比重高于全国平均水平，畜牧业略低于全国平均水平，林业和渔业与全国平均水平差距较大。（4）农业生产水平较低，农产品单产水平普遍低。陕西主要农产品生产总量不高，除水果生产居全国前列外，大部分农产品居全国中下游水平，普遍单产水平不高。粮食播种面积居全国第17位，总产量为全国第19位，单产为全国第30位。（5）集约化程度不高，现代农业发展进程缓慢。目前，陕西农业生产方式主要是以农户为生产主体，千家万户搞生产，规模小、效益低，抵御风险能力差，农业企业和农业大户较少，制约陕西农业生产水平的提升。加之优质农田比重较低，许多农产品亩均产量和劳均产量在全国位次低于种植面积和总产量位次。从全国看，陕西种植业设施总规模仍然偏小，不到山东的1/7，不到辽宁的1/4，特别是千亩、万亩连片的更少。2014年陕西省耕地流转面积仅占承包地面积的15.8%，比全国平均水平低13个百分点。

可见，陕西省为国家粮食重点产区，承担稳定粮食生产的重要任务，种植业和畜牧业是省内各区域的主导产业。农业生产自然禀赋不足，耕地质量不高；农业经济总量小，增速较高，农业增加值主要来源于种植业和畜牧业。农产品生产总量和单产水平均不高，居于全国中下游水平；耕地流转比例不高，集约化程度不高，农业现代化进展缓慢。

比较而言，浙江和陕西的经济发展水平和农业经济发展情况差别较大（详见表5-3）第一，经济增速相同，但总量上浙江是陕西的2倍多。第二，农业在本省经济总量中占比差别不大，都在10%以下。第三，农业经济总量浙江大于陕西。浙江省第一产业增加值1833亿元，农业增加值总量占全国比重的3.1%。陕西农业增加值总量占全国比重的2.6%。第四，农业经济增速，陕西快于浙江。浙江第一产业增加值增速1.5%，陕西达到5.1%。第五，人均耕地面积，陕西多于浙江。第六，集约化程度，浙江快于陕西。浙江土地流转面积约占总承包耕地的50.1%，陕西仅有15.8%。第七，农村居民人均纯收入，浙江是陕西的2倍多。

表5-3　　　　浙江省和陕西省经济发展水平和农业经济
发展情况比较

		浙江省	陕西省
农业经济情况	经济总量（亿元）	42886	18171.86
	经济增速（%）	8	8
	第一产业增加值（亿元）	1833	1597.63
	第一产业增加值增速（%）	1.5	5.1
	第一产业增加值占生产总值的比重（%）	4.3	8.8
	农村居民人均纯收入（元）	21125	8689
	农业增加值总量占全国比重（%）	3.1	2.6
农业生产情况	农业经济结构	农、林、牧、渔全面发展	种植业和畜牧业为主导产业
	人均耕地（%）	0.5	1.6
	土地流转面积占总承包耕地的比重（%）	50.1	15.8

（二）培育对象

湖州市农业的发展形式以传统农业为主，农民受教育程度较低，其中文化程度是大学及以上学历的农民仅占2.5%。自2010年起，湖州市成立了全国首家地市级的农民学院。生源是18周岁到60周岁不等，具有劳动能力，有志从事农业生产和服务的人。为满足生源年龄、素质、时间等不同条件带来的不同需求，采取自愿报名的方式，并在原有专业学科的基础上，加强培育力度，深化培育目标，推进专业硕士教育，形成全日制、中职教育、在职研修和短期培训的办学体系，旨在培育高学历、有技能、会创业的农民大学生。

陕西省2014年出台了《新型职业农民培育整省推进工作方案》，培育对象年龄在16—55岁；应具备初中以上文化程度；收入主要来源于农业；农业职业特征鲜明，主要可分为生产经营型、专业技能型、社会服务型、新生代型等类型；从业稳定，创业激情高。

可见，陕西新型职业农民培育门槛高于湖州，不仅要求具备劳动能力，还要求收入主要来源于农业、初中以上文化程度。

两地对培育对象的目标定位也不一样。湖州2014年将培育对象目标定位为生产经营型、专业技能型、生产服务型、主体创新型四类，职业农民主要来自农业生产经营主体、大中专毕业生、青壮年劳动者、初高中毕业生。2015年浙江省制定了《2015年新型职业农民培育实施方案》，调整了培育对象，"根据农业部要求，农村实用人才分为新型职业农民、技能带动型和社会服务型三类。同时将新型职业农民分为生产经营型、专业技能型和专业服务型三类"。陕西将培育对象目标定位为生产经营型、专业技能型、社会服务型、新生代型，职业农民主要来自新型农业经营主体、农业产业工人、农业雇员、农技人员、农科大中专毕业生、返乡青年农民工、复转军人。

（三）培育体系

浙江湖州以农民学院为教学主体，以浙江大学为依托、省市农推联盟首席专家为主要师资力量，农村职成教育共同参与为组织架构，以理论学习与基地培养紧密结合为培养模式，逐步建立教育培训师资库和导师制度，并在系统教育培训基础上开展一对一教学指导和跟踪服务。（1）湖州农民学院"学历＋技能＋创业"教育，主要培育高素质技能型实用人才；（2）浙江大学农推硕士项目，主要培育现代农业领军型技术管理人才；（3）农推联盟各类技术培训，主要培育高素质农业生产经营管理人才；（4）中央农业广播学校、农村职成教学校，主要培育技术操作人才。

陕西省构建多层次、多形式、广覆盖、制度化的"一主多元"教育培训体系。"一主"就是以农广校为主体，实施农广校标准化建设工程，通过支持网络建设，完善空中课堂，将宜建农广校全部建设到位；"多元"就是以农科大中专农业院校、科研院所、农技推广机构等为补充，建立新型职业农民教育培训体系。认定一批实训基地，实行挂牌管理，改善实训手段，为职业农民实习、实践提供良好条件。

（四）教育培训内容

浙江湖州建立"农业知识＋职业技能＋生产实践＋创新创业教育"的教育培训模式。一是农业知识教育。全面的农业知识是新型职业农民必备的基础知识。全面的农业知识教育主要包括农业性质教育、农业科技教育、农业发展理念的教育、农业文化教育、农业管理教育五个方面，这是以从事农业作为固定乃至终身职业的新型职业农民职业生涯中必须具备的基础知识。二是农业职业技能教育。针对生产经营型、专业技能型和社会服务型三种不同类型的新型职业农民培育要求，分类型、分职业方向确定农业职业技能教育的内容。以职业资格为导向，着眼于提升参训农民长期从事农业的职业能力。同时，将农业职业技能教育与技能考证结合起来。通过系统培训和自学，让参训农民根据自己从业特点报名参加国家人力资源和社会保障部职业技能鉴定中心组织的初、中、高级职业技能考试。考试合格后，取得国家职业资格证书。三是农业生产实践教育。"农学结合"的生产实践教学是落实新型职业农民培育"实际、实用、实效"原则的关键。农业生产实践教育紧密结合农时季节组织进行，使参训农民将所学理论紧密应用于生产实践，促进学用结合。培训中，组织学员走进现代农业示范园区、农业企业、农民合作社、家庭农场等生产基地，实地考察现代农业和新技术应用，体验式学习先进的生产经营经验，为参训农民回家学用结合进行生产经营实践奠定基础。四是农业创新创业教育。新型职业农民农业创新创业教育的内容包括农业发展理念、农业生产技术、农民创新精神、农民创业理论和创业实践等教育。农业创新创业教育要求参训农民在原有传统农业的理念、生产与经营经验的基础上，通过学习现代农业生产技术，具备改造传统农业、创新农业生产经营方式、发展现代农业的创新能力。通过聘请高等院校专家讲授创业理论，选聘本地种养殖大户、农产品经营大户等成功人士在乡间地头介绍他们的创业历程和经验，激发参训农民的创业欲望，从而提升参训农民的创业能力。通过农业新产品的开发、市场的拓展、项目的开发等手段，创造价值和实现自身勤劳致富。

陕西省按照国家教育培训规范，根据本省农业实际和职业农民生产、经营及服务领域需要，制定《陕西省新型职业农民教育培训大纲》，将新型职业农民教育培训专业类别分为种植类、畜禽养殖类、农业工程类和经济管理类等门类，每个门类包含若干专业方向。每个专业的教育培训课程分为公共基础课、专业技能课、拓展课和实习操作课4大模块。

表5-4　　　　湖州市和陕西省新型职业农民培育课程模块

	湖州	陕西
知识教育	√	√
职业技能教育	√	√
农业生产实践教育	√	√
农业创新创业	√	
拓展教育		√

（五）教育培训师资

浙江省湖州市建立"省市校乡，农科教技"四合一的专兼职教师队伍。"省"即聘请浙江大学、浙江农林大学和省内农科研究所等的专家为客座教授；"市""乡"即聘请市农业产业联盟首席专家、市县乡农技推广人员和具有丰富实践经验的种养殖经营大户为客座专家；"校"即在湖州职业技术学院·湖州广播电视大学遴选农学方面优秀教师和蹲点联络教师；在培训基地选派具有强烈责任心的班主任教师。从而使新型职业农民培训的师资选择有了较大的余地，较好地解决了培训中师资短缺的问题。"农科教技"即教师专业、技能、经验的丰富性，既注重配备具有丰富教学经验的理论课教师，又配备具有丰富实践经验的、具有较高农业技术水平的工程师、工艺师、农艺师、设计师等作为专业技术课教师，保障了新型职业农民培训的质量。

陕西省加强师资建设，积极吸收农业教育、科研、推广机构的专家教授和技术人员，农业企业、农民专业合作社、农业园区等新型经营主体的优秀管理、技术人才，以及优秀农村实用技术人才，组建专业师资团队，形成数量充足、结构合理、素质优良的指导教师队伍。

（六）教育培训方式

浙江湖州市围绕十大主导产业，组建了由"1个高校院所专家团队+1个本地农技推广小组+若干个经营主体"组成的产业联盟，创立了"1+1+N"的农科教、产学研一体化的新型农技推广模式。(1)注重实用教材编写。十大产业联盟专家根据各自产业特色和新型职业农民培育要求，紧贴生产实际，以湖州本土案例与实践经验介绍为主要内容，主持编写了36套让农民一看就懂、一学就会、一用就灵的"乡土教材"，基本涵盖了本市主导产业，并由各产业联盟负责培训，切实增强了培训的针对性和实用性。（2）加强课堂互动指导。产业联盟专家根据专业特性和学院需求，结合生产过程中常见问题，采取灵活多样的教学方式，选择农民能够接受的内容。用农民熟悉的语言讲课，使枯燥的理论知识通俗化，引导学生积极参与课堂互动，使严肃的课堂气氛活泼化，让农民能够坐得住、听得进、用得上，切实提高培训效果。（3）强化生产跟踪服务。依靠产业联盟农技推广体系，建立中高级农业技术人员联系职业农民制度，在每个乡镇安排 10 名左右的农技推广人员，实现农技人员一对一"保姆式"技术指导和跟踪服务，利用专家的理论知识和实践经验，及时主动为新型职业农民提供个性化城镇指导与专业服务，着力解决农业生产中遇到的难题。（4）建立创业基地，梳理学院兴业典型。湖州市建立 42 家农村大学生创业基地，湖州农民学院通过"1 + 1 + N"推广模式，在教学实践基地周边确定 N 个辅助型基地，带动 N 个创业基地，组织培训实践基地群。同时为每个基地配备一个创业指导服务团队，加大基地示范设施建设投入，开展针对性培训，着力提升创业业绩和创业能力。优选创业成功典型，让学员现身说法，探讨经验、分享创业乐趣，激发创业乐业的信心和干劲。（5）推进教学实践基地建设，搭建实践平台。农民学院挖掘现代农业企业在教学中的实践指导作用，积极建设实践交流平台，促进农民大学生相互交流学习。首批认定吴兴金农生态农业等 10 家教学实践基地，明确功能定位，制定教学实践推进计划，出台管理考核办法，组织现场教学活动和技能鉴定考试。2013 年，共组织各类教学实践活动 30 余次，为农民大学生提供了动手实践的平台。（6）推进新型农民创业大讲堂建设，增加覆盖广度。2010 年 7 月立足"送技能、送培训、送文化"，设计开发"新型农业创业大讲堂"项目，该项目结合湖州农业产业"4231"发展规划，以"有文化、懂技术、会经营"的新型农民为培养目标，针对"农村两委会成员、种养殖大户、农村妇女骨干、农村创业创新能人"等培训对象，主要提供管理类、农推服务类、家政类、创业类等素质提升类课程，目前已开发 100 讲课程菜单，主题鲜明、针对性强。借助长兴、德清、安吉三县农民学院分院，通过在市本级 10 个乡镇成校建立直属教学点，送教下乡，真正将该项目打造成为农民的"乡村学府""田间课堂"。

陕西省创新培训方式。(1) 培训主要以网络培训式"空中课堂"为主，结合"固定课堂""流动课堂"和"田间课堂"等方式，开展系统全面培训，基本达到与初、中、高级职业农民相对应的学历标准，并具备所需的专业技能。(2) 实行"农学结合"分段培训。按关键环节划分培训阶段，紧密结合农时季节组织实施，理论教学与实践教学交叉进行，促进学用结合和学习、生产"两不误"。(3) 严格考试考核。培训结束后，采取"操作为主、理论为辅"的形式，对受训农民进行考试考核，合格者颁发培训结业证书，并计入相应的学分。鼓励考试合格学员积极参加职业技能鉴定，申报农民技术职称。通过专业技能培训、职业技能鉴定、农民技术职称评审"三结合"的方式，全面考核评价培训效果。(4) 帮扶指导。统筹全省农业科技人力资源，建立职业农民指导教师库，依托教师团队进行帮扶指导。对园区、大场、大社、大企、强村大户等经营主体，实行技术干部派驻制度和大学生助理制度；建立激励奖励制度，将指导成效与个人年度工作考核、技术职称晋升、岗位聘用等挂钩。按照不同类型职业农民特征，有重点地开展指导。生产经营型重点开展创业兴业培育，提高经营水平，扩大经营规模，提升产业效益。专业技能型重点开展职业技能培育，通过农业产前、产中、产后各个环节技术指导，提高从业水平和就业能力。社会服务型重点开展服务能力提升培育，通过农业岗位职业技能系统培训，提高对农业科技成果吸纳、承接和转化应用能力。新生代型重点开展实操训练和创业能力提升培训，以创业扶持为主要帮扶内容，鼓励回乡从事农业创业，而非进城转业。

表5-5　　　湖州市和陕西省新型职业农民教育培训方式

	湖州		陕西
"1+1+N"农技推广模式	注重实用教材编写	创新培训方式	以网络培训式"空中课堂"为主
	加强课堂互动指导		"固定课堂"
	强化生产跟踪服务		"流动课堂"
	建立创业基地		"田间课堂"等方式
推进教学实践基地建设		"农学结合"分段培训	
推进新型农民创业大讲堂建设		严格考试考核	

续表

湖州	陕西	
	帮扶指导	建立职业农民指导教师库
		促进专家和职业农民结对子,建立定期上门指导制度
		实行技术干部派驻制度和大学生助理制度
		建立激励奖励制度
		按照不同类型职业农民特征,有重点地开展指导

（七）认定管理

湖州市建立"直接认定+培训认定"的认定管理模式。（1）明确认定对象新型职业农民认定对象是遵纪守法，热爱农业，有志于从事农业生产和服务的，具有良好的职业道德和社会公德；年龄在18周岁以上60周岁以下，具有劳动能力；在湖州行政区域内，从事种植、养殖或农业产前、产中、产后服务，并以农业生产服务获得稳定收入的人员。（2）认定方式是采取培训认定和直接认定两种。对符合认定对象基本条件的、从事农业生产经营的人员，按照一年不少于15天的时间标准进行培训鉴定，合格后按照标准予以认定；对获得大专以上或涉农专业中职学历文凭，并从事农业生产经营和服务的人员，予以直接认定。（3）动态管理。建立新型职业农民年检制度，取得资格证书的农民，每年必须参加由市新型职业农业培育工作协调小组组织的知识更新培训，依据培训结果颁发年检证书。

陕西省对高、中、初级职业农民分别实行省、市、县3级资格认定，并进行动态管理。（1）资格认定。制定《陕西省新型职业农民培育认定管理暂行办法》，分产业和行业确定认定条件和标准，实行省、市、县3级职业农民资格认定。对持有职业农民培训结业证书（或相应农科大中专学历）、专业技能证书，并符合职业农民标准的，经考核合格者，由农业行政主管部门颁发高、中、初级职业农民资格证书。并将认定的职业农民名单，向社会公布。（2）动态管理。职业农民资格证实行动态管理，严格职业农民等级考核评定制度，实行资格一年一认定、两年一复审制度，对审核不符合条件的取消资格证书。(3) 档案管理。建立职业农民信息管理系统和职业农民档案，强化培训、考核、发证、质量控制等环节管理，不断提升管理服务水平。实行"新型职业农民注册登记"制度，规定职业农民有义务接受培育管理。建立培育对象档案管理制度，摸清农村劳动力资源，制定规划，分期开展培训。

(八) 扶持政策

浙江湖州市建立"人才+产业+科技+金融保险+社会保障"的政策扶持模式。(1) 湖州市对新型职业农民兴办家庭农场、农产品加工营销企业，牵头组建农民专业合作社等，在土地流转、技术服务、政策支持等方面给予重点倾斜，并按项目管理要求，给予资金扶持。(2) 对新型职业农民给予科技扶持，完善农技专家联系新型职业农民制度，在新品种引进、新技术推广、新模式应用、新成果转化、新经验借鉴等方面加大对新型职业农民的扶持、指导和服务，着力帮助新型职业农民解决生产中的困难和问题。(3) 对新型职业农民给予信贷扶持，开展新型职业农民信用评定和授信工作。对新型职业农民开展农业生产经营活动，给予信用贷款支持，对生产发展需要、经营规模较大、但超出信用贷款额度的，由担保公司给予贷款担保，担保费率按50%收取。(4) 对新型职业农民给予保险支持，对新型职业农民发展粮食生产、畜禽养殖、大棚蔬菜生产、水果、茶叶种植等，优先给予政策性农业保险。(5) 加强新型职业农民后续教育，对获得新型职业农民认定的人员，每两年免费给予一次知识更新培训，培训时间不少于3天，培训内容记入新型职业农民培育档案。对参加高一级农业专业学历教育的新型职业农民，在学费等方面给予一定的补助。

陕西省政策扶持包括：(1) 分类支持。生产经营型职业农民重点开展土地流转扶持和农业叠加补贴；专业技能型重点开展学历和技能提升；社会服务型重点开展教育培训扶持；新生代型重点开展创业扶持。(2) 土地流转。引导农村土地向职业农民流转，简化手续，强化服务，发展多种形式的适度规模经营，促进职业农民不断发展壮大。(3) 产业扶持。突破政策障碍，允许获得新型职业农民资格证者直接申请国家产业项目资金。农业创业项目资金向职业农民倾斜，对职业农民实行叠加补贴和以奖代补政策。县级政府要加大涉农项目整合，支持职业农民发展。县级农业部门要整合农业产业资金，扶持职业农民发展产业。(4) 出台政策。通过农村产权制度改革，促进各种资源要素向职业农民流动。加大招商引资，拓宽职业农民创业渠道。职业农民直接用于或服务于农业生产设施用地的，县级政府应协调国土部门，按农用地管理，将新增建设用地指标，优先保障新生代职业农民需求。鼓励职业农民参加学习培训，凡参加学历教育的享受国家免学费和困难补助政策。各级农业部门协调沟通相关部门，形成培育职业农民的政策合力。(5) 准入制度。率先在适度规模化生产经营领域推行农业职业资格准入，确保农业资源要素向高素质的职业农民聚集，并逐步健全农业职业资格证书制度。对家庭农场、种养大户、农民专业合作社等认定中，实行准入制度，主要成员必须具备职业农民资格。政府扶持的农业龙头企业、农产品加工企业、现代农业园区必须有5名以上职业农民。(6) 金融支持。设立省级职业农民创业基金，建立新生代型职业农民资金互助制度。金融机构要加大对职业农民的信贷支持。职业农民培育试点县政府应设立贷款贴息，并引导小额贷款向职业农民倾斜。设立职业农民生产保险，扩大保险范围，提高保险补贴力度。

二 湖州农民学院模式和陕西农广校模式的相同点

(一) 新型职业农民培育的基本原则相同

尊重农民意愿，不搞行政命令；与本区域的产业发展相契合，注重实践教学环节，强调培训的实效性。根据职业农民培育对象目标分类，分类培育。政府在新型职业培育中发挥主导作用，协调相关部门的参与，在培育体系、资金支持、教学模式、管理政策等方面，政府主导创新探索。

(二) 培育体系模式相同

湖州和陕西探索的都是"一主多元"的培训体系，通过整合教育资源，搭建培训平台。首先确定一个教学主体单位，然后将农科大中专农业院校、科研院所、农技推广机构、乡镇成校、职教中心等进行整合，形成多方教育力量共同参与的组织架构。

(三) 教育培训内容都坚持理论与实践相结合

浙江湖州建立"农业知识+职业技能+生产实践+创新创业教育"的教育培训内容。陕西省设置公共基础课、专业技能课、拓展课和实习操作课4大培训模块。两地不仅重视基础农业知识学习，提高职业农民的素养，而且立足现代农业应具备的专业技能的培训，实效性较强。

(四) 教育培训方式都依托文字教材、网络教学、实习操作；注意农学结合、分类培训、学分机制、帮扶指导

一是两地都组织编撰特色鲜明、符合实际的新型职业农民文字教材。二是两地都利用信息网络手段，开展新型职业农民在线教育培训、技术咨询。三是两地都注重教学实践基地建设，组织学员到实践基地进行实习操作。四是两地都科学安排学时，湖州根据农业生产周期和农时季节分段安排课程；陕西紧密结合农时季节划分培训阶段，采用半农半读、农学交替等方式分阶段完成学业，理论教学与实践教学交叉进行，促进学用结合和学习、生产"两不误"。五是分类培训指导。湖州对生产经营型、专业技能型和专业服务型分产业开展培训，做到"一班一案"；陕西按照不同类型职业农民特征，有重点地开展培育指导：生产经营型重点开展创业兴业培育，提高经营水平，扩大经营规模，提升产业效益；专业技能型重点开展职业技能培育，通过农业产前、产中、产后各个环节技术指导，提高从业水平和就业能力；社会服务型重点开展服务能力提升培育，通过农业岗位职业技能系统培训，提高对农业科技成果吸纳、承接和转化应用能力；新生代型重点开展实操训练和创业能力提升培训，以创业扶持为主要帮扶内容，鼓励回乡从事农业创业，而非进城转业。六是学制弹性。湖州建立以学分制为主要衡量标准的持续培育机制，采取选购和自编相结合的办法，分主题、分类型地开发具有地方特色的培训课程；陕西实行弹性学制和学分制，学时与学分按照10个学时折合1个学分计算，学员累积修满60、66、90学分且考核合格者允许申请提前结业。学员具备的相应农业生产经营技能、学习培训经历、职业资格、表彰奖励等经认定可以折合一定的学分。七是注重帮扶指导。陕西省组建指导教师队伍，促进专家和职业农民结对子，建立定期上门指导制度，

帮助职业农民在发展产业中不断成熟壮大。湖州建立中高级农业技术人员联系职业农民制度,在每个乡镇安排10名左右的农技推广人员,实现农技人员一对一"保姆式"技术指导和跟踪服务。

(五)两地对取得新型职业农民资格证书的农民建立动态管理和档案管理制度

湖州市对新型职业农民实行动态管理,建立新型职业农民年检制度,对新型职业农民产业发展、目标完成以及参加培训等情况进行考核。每年必须参加由市新型职业农民培育工作协调小组组织的知识更新培训,培训结果作为资格证书年检、涉农类专业技术职称评定的重要依据。同时加强档案管理,建立新型职业农民档案、新型职业农民数据库和信息管理系统。陕西省职业农民资格证实行动态管理,严格职业农民等级考核评定制度,实行资格一年一认定、两年一复审制度,对审核不符合条件的取消资格证书。建立职业农民信息管理系统和职业农民档案,实行"新型职业农民注册登记"制度,建立培育对象档案管理制度,摸清农村劳动力资源,制定规划,分期开展培训。

(六)两地都出台优惠和鼓励政策,对职业农民进行全方位扶持

浙江湖州市建立"人才+产业+科技+金融保险+社会保障"的政策扶持模式。陕西在土地流转、农业补贴、规模经营、金融信贷方面出台相关扶持政策。

三 湖州农民学院模式和陕西农广校模式的不同点

(一)两地对培育对象的确定不一样(详见表5-6)

表5-6　　　　湖州市和陕西省新型职业农民培育对象

	浙江(湖州)	陕西
培育对象门槛	18周岁到60周岁不等,具有劳动能力,有志从事农业生产和服务的人	16—55岁;应具备初中以上文化程度;收入主要来源于农业;农业职业特征鲜明;从业稳定,创业激情高

续表

	浙江（湖州）	陕西
培育对象目标	生产经营型、专业技能型、生产服务型	生产经营型、专业技能型、社会服务型、新生代型
培育对象来源	专业大户、家庭农场主、农民合作社骨干； 长期、稳定在农业企业、农民合作社、家庭农场等新型农业经营主体从事劳动作业的农业劳动力； 长期从事农业产前、产中、产后服务的农技服务人员、统防统治植保员、村级动物防疫员、农村信息员、农村经纪人、土地仲裁调解员、测土配方施肥员	种养大户、家庭农场主、农民专业合作社骨干； 农业产业工人、农业雇员； 农村信息员、农产品经纪人、农技手、代耕手、机防手、动物防疫员； 农科大中专毕业生、返乡青年农民工、复转军人等

（二）两地依托的教学主体单位不同

浙江湖州以湖州农民学院为教学主体，2010年湖州市在湖州职业技术学院（电大）的基础上成立了全国首家农民学院。农民学院实行学院管委会领导的校务会议负责制，管委会主任由市委、市政府分管农业农村工作的领导担任，多个党委政府部门为成员单位，并下设院务会议。管委会下设办公室在湖州职业技术学院远程教育学院，并由该院一位副院长担任农民学院院长。农民学院办公场地、教学设施、工作人员均由湖州职业技术学院配备，负责具体运作和日常管理。也就是说农民学院是新成立的农民教育机构，教学硬件和管理人员主要依靠职业技术学院和电大。湖州农民学院的创立得到了广泛的认可和推广。2012年以来，浙江省其他高职院校如丽水职业技术学院、温州科技职业学院等也纷纷通过搭建农民学院平台培养农业人才。2013年12月，浙江农林大学挂牌成立省级农民大学。由此，浙江省形成了在省会城市建立农民大学、地市级城市建立农民学院、县级城市建立农民学院分院的农民教育培训的基本组织架构。陕西省以农广校为教学主体，农广校自20世纪80年代建立以来，经过近30多年的建设，目前已经形成从中央到省（自治区、直辖市）、地（市）、县、乡的五级办学体系，是专门的农村人才培育单位，有丰富的农民培育经验。

（三）两地教育培训的重点特色不一样

浙江湖州重视"创业"教育、扶持和示范引领。一是在传授传统农业理念、生产与经营经验的基础上，先后组织学员参观现代农业示范园区、典型基地，实地考察现代农业生产和新技术应用，汲取先进的生产经营经验，培养学员创新农业生产经营方式、创新农业产业发展能力。二是推进创业基地建设，在全市建立42个农民大学生创业基金，每个基金配备一个创业指导服务团队，加大基地示范设施建设投入，开展针对性培育，着力提升创业业绩和创业能力。三是发挥创业基地示范引领。优选创业成功典型，让学员现身说法，分享创业经验，激发创业信心和干劲。陕西重视网络教育和基地实训。依托陕西农业信息网，打造职业农民培训网、农村视频网、农业信息监测网"三网合一"平台，开发农民培训远程视频教学系统，组织农业专家团队以"空中课堂"形式开展网络辅导和在线教学，解决农民学习中存在的疑问和生产中无法解决的难题。依托粮食高产创建方田、省级现代农业园区、现代农业科技实训基地，进行全程化基地实训，使农民熟练掌握实际操作技能。

（四）两地的生产指导模式不同

湖州创立了"1+1+N"的农科教、产学研一体化的农技推广模式，实现了高校院所与基地生产的无缝对接，将产业联盟融入新型职业农民培育工作，依托联盟专家资源，切实加强对培育对象的生产指导服务，不断提升学员技能水平。陕西省整合全省科技人才资源，建立指导专家库，对职业农民实行导师制指导。

（五）两地认定标准不一样（详见表5-7）

表 5-7　　　　湖州市和陕西省新型职业农民认定标准

	湖州	陕西		
认定标准	18周岁以上60周岁以下，具有劳动能力	年龄在16—55岁		
	在湖州行政区域内，从事种植、养殖或农业产前、产中、产后服务	初级职业农民	中级职业农民	高级职业农民
		应具备初中以上文化程度	应具备高中或农科中专以上文化程度	应具备农科大专以上文化程度
	以农业生产服务获得稳定收入的人员	农民收入应达到当地农民人均纯收入的5—10倍	农民收入应达到当地农民人均纯收入的10—20倍	农民收入应达到当地农民人均纯收入的20倍以上
		经营规模大、主体地位明确、从业稳定性高，基本具备新型职业农民特征		

（六）两地认定方式不同

湖州认定方式是采取培训认定和直接认定两种。对符合认定对象基本条件的、从事农业生产经营的人员，按照一年不少于15天的时间标准进行培训鉴定，合格后按照标准予以认定；对获得大专以上或涉农专业中职学历文凭，并从事农业生产经营和服务的人员，予以直接认定。陕西实行省、市、县3级职业农民资格认定，颁发高、中、初级职业农民资格证书。

（七）两地扶持政策的内容凸显地方特色

湖州扶持政策的重点在于鼓励新型农业经营方式、农技专家联系农民、完善保险社保。（1）湖州集约化程度高，现代农业发展较快，因而对新型职业农民兴办家庭农场、农产品加工营销企业，牵头组建农民专业合作社等，在土地流转、技术服务、政策支持等方面给予重点倾斜。（2）依托湖州的"1+1+N"的农技推广模式，加大对新型职业农民科技扶持力度，完善农技专家联系新型职业农民制度。（3）湖州土地流转、规模经营比重较高，因而对新型职业农民给予政策性农业保险和社会保障。陕西省土地流转、规模经营比重较低，因而政府扶持的重点在土地流转、规模经营，同时设立省级职业农民创业基金，建立新生代型职业农民资金互助制度。

第六章

农民学院参与新型职业农民培育的驱动力

新型职业农民培育作为促进现代农业生产经营主体快速形成的农村人才提升系统工程,是当前农村劳动力素质低、老龄化、兼业化等与现代农业发展不相适应的问题的时代召唤,因此,依靠现有条件不加以外力引导和干预,是不可能实现的。同时,对农民的职业教育和培训,既被排斥在传统的大学教育体系之外,也多以短期培训为主,没有现成的成熟的教育体系可以直接依托。因此,新型职业农民培育工作需要有发展空间和发展动力才能开展下去。由农民学院参与的新型职业农民培育模式,尽管找到了教育培训的承载主体和依托平台,但是农民学院如何参与、如何定位、如何保持可持续发展,则需要在宏观环境和参与主体方面找准引导力量和驱动引擎,才能激发农民学院参与机制的创新,推动新型职业农民培育工作的可持续推进。可持续发展的驱动力来自投资主体的拉动,根据人力资本投资理论,人力资本投资的主体主要包括家庭及个人、企业和政府。新型职业农民培育作为一项人力资本投资活动依然离不开个人(或家庭)、农民专业合作社(或农业企业)和地方政府的大力投入。本章主要从理论和实践角度分析个人(或家庭)、农民专业合作社(或农业企业)和地方政府对农民学院参与新型职业农民培育的投资驱动力;明确地方政府的推动主体角色及其在拉动新型职业农民培育中应该承担的职能;以湖州为案例,从投资主体的角度运用规范分析的结论,解析湖州地方政府在引导和扶持新型职业农民培育方面发挥的作用。

第一节 各投资主体投资行为的理论分析

根据经济学的一般原理,决定人们投资行为的基本因素是投资收益率与息率二者之间的对比关系。据此来分析个人(或家庭)、农民专业合作社(或农业企业)和政府对农民学院参与新型职业农民培育的投资收益。由于个人与家庭,农民专业合作社与农业企业对新型职业农民培育的投资需求没有本质上的不同,因此下面的论述对个人与家庭,以及农民专业合作社与农业企业不加以特别的区分。

一 个人的投资驱动力

培育新型职业农民对保障我国粮食安全和重要农产品的有效供给、对稳定国民经济基础具有十分重要的意义。全社会都将从培育新型职业农民这一行动中受益。因此对新型职业农民培育的投资可以在某种程度上看作对公共产品的投资。根据公共产品在消费过程中性质的差异可将公共产品分为纯公共产品和准公共产品。纯公共产品是指在使用过程中具有完全非竞争的产品。对于准公共产品,除了需要公共部门提供一部分投资外,受益人本身也需要承担一部分投资。因此一个有志于从事农业生产经营的个人将是新型职业农民培育的投资主体之一。

个人参与新型职业农民培育的投资,其预期收益将会增加,同时也会付出一定的成本。个人投资新型职业农民培育的成本并不仅仅是资金成本,事实上时间成本或者说机会成本是个人投资新型职业农民培育的最主要的成本。从理论上说,受过较好的基础教育是成长为新型职业农民的重要条件,从我国的实际情况出发,具有初中学历即可认为受过较好的基础教育。对于一个正上小学或初中的人来说,由于还不是一个法律意义上的劳动力,因此可以认为其时间成本为零。我国现在已全面免除了义务教育阶段的学费,因此也可以认为在基础教育阶段其资金成本也为零。因此对于有志于从事农业的人来说,其参与新型职业农民培育投资的成本主要发生在基础教育之后,主要包括参加正规的农业职业教育、参加各种农业生产经营技术和管理知识培训所耗费的时间成本和资金成本。

目前我国中等职业教育的学制一般是两年到三年,虽然国家目前已对中等职业教育的学费进行了部分减免,但是学生自己还要承担一部分,因此不论是从时间成本还是资金成本来看,对于一个参加新型职业农民培育的人来说,中等职业教育花费的成本都比较高。而对于目前国家举办的各种关于农业技术和经营管理知识的短期培训,一般并不需要参加培训的人承担培训费用,个人主要承担一部分时间的损失。个人是否对新型职业农民培育的投资产生需求,主要是基于对投资的预期收益和投资成本的比较,具体可由图6-1来说明:

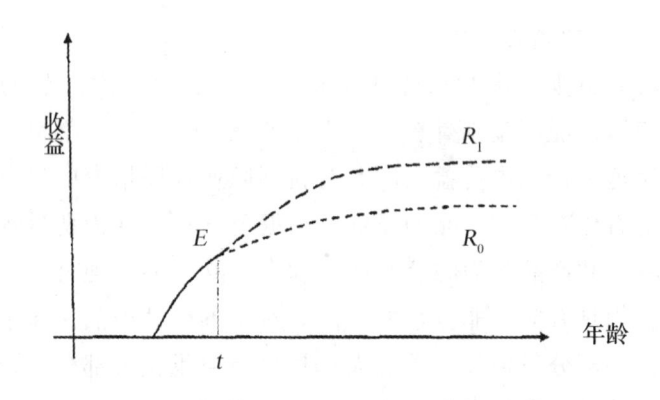

图6-1 个人参与新型职业农民培训决策模型

在图6-1中,R_0表示不参与新型职业农民培育投资的"年龄—收益曲线"R_1表示参与新型职业农民培育投资的"年龄—收益"曲线。假设个人在年龄$T=t$时作出是否参加新型职业农民培育投资的决策,因此在t之前,$R_0 = R_1$。在t之后,由于个人参与新型职业农民培育后农业生产技能和经营管理才能有所提高,产品的产量、质量有所提高,或者产品成本有所下降,以及应对自然风险和市场风险的能力有所增加,因此$R_1 > R_0$。假设个人退出农业经营的年龄为N,市场利率或贴现率为r,参与新型职业农民培育的投资成本为C。这样,参与新型职业农民培育投资的净收益现值E_1和不参与新型职t农民培育投资的净收益的现值E_0分别为:

$$E_1 = \sum_{T=t}^{N} \frac{R_1}{(1+r)^{T=t}} - C, (T = t, t+1, \cdots, N)$$

$$E_0 = \sum_{T=t}^{N} \frac{R_0}{(1+r)^{T=t}}, (T = t, t+1, \cdots, N)$$

当 $E_1 - E_0 \geq 0$ 时,有志于从事农业生产经营的个人参与新型职业农民培育这种人力资本投资行为就是有利的,个人就会对新型职业农民培育的投资产生需求。[①]

二 农民专业合作社的投资驱动力

人力资本理论认为,企业不但生产物质产品,并且也生产人力资本。企业的基本经济功能是生产并向社会提供物质产品(或服务产品),但是在企业的生产过程中劳动力的生产技能也会得到改善和提高。肯尼思·阿罗曾在20世纪60年代就已经提出了"干中学"的著名思想。在企业的生产过程中,不但人力(资本)对生产过程具有重要影响,同时生产过程反过来也会对人力(资本)产生重要影响。因此,企业也是人力资本开发的重要场所。企业的人力资本开发主要有"干中学"、师傅带徒弟、在职培训和离职培训等方式。本书主要关注的是在职培训。

农民专业合作社对其成员提供在职培训或离职培训必然会产生一定的成本支出,农民专业合作社之所以提供培训是因为培训可以提高农民专业合作社成员的边际产出,增强合作社的竞争力。首先,通过对成员进行专业技能培训,可以提高他们的科技素质,从而可以提高产品质量,提高产出或者降低成本。这些对合作社保持竞争优势尤为关键。其次,还可以通过培训提高其成员的合作意识和团结精神。由于合作社一般不可能像企业一样对其成员进行严格管理,因此成员的合作意识和团结精神对专业合作社的健康发展十分重要。因此,从总体上看,培训可以提高成员的边际生产力。边际生产力的提高意味着收入的增加。这部分增加的收入既可归于专业合作社,也可归于其成员。从成立农民专业合作社的宗旨来看,合作社的收益其实就是其成员的收益。因此为了讨论的方便,假设因为职业培训而增加的收益全部归农民专业合作社。此外,还假设农民专业合作社像企业一样对其成员支付工资。在完全竞争的条件下,合作社将按其成员的边际生产力支付工资,即 $MP = W$。

[①] 李伟:《新型职业农民培育问题研究》,博士学位论文,西南财经大学,2014年,第81页。

由于专业合作社并不只存在一期,而可能会存在很多期,这样的话,每一个时期都会满足上面的条件,即 $MP_t = W_t$。现在考虑专业合作社对其成员进行培训的情况。在培训时,受培训的人要耗费工作时间,从而会降低合作社当前的收益,并且合作社还为培训支付一笔费用,从而增加了当前的支出。但是培训会增加合作社未来的收益。如果因为培训产生的未来收益足以补偿培训的支出,那么专业合作社进行培训就是有利的。由于培训投资的存在,这时并不要求每个时期 $MP = W$,只在各个时期的收益的贴现值与成本的贴现值相等就可以。如果用 R_t 和 E_t 表示 t 期内的收益与支出,i 表示市场利率或贴率,那么均衡条件就

$$\sum_{t=0}^{n-1} \frac{R_t}{(1+i)^{t+1}} = \sum_{t=0}^{n-1} \frac{E_t}{(1+i)^{t+1}}$$

现在讨论专业合作社只在初期对其成员进行培训的情况。假设 MP_0 为培训时期成员的边际生产力,MP_t 为随后各个时期的边际生产力,W_0 为培训期支付给成员的工资,W_t 为随后各个时期支付给成员的工资,K 代表培训费用,K^t 为成员参加培训支付的机会成本,则可得到考虑培训的等边际条件 $MP_0 + \sum_{t=0}^{n-1} \frac{MP_t}{(1+i)^{t+1}} = W_0 + k + k^t + \sum_{t=0}^{n-1} \frac{w_t}{(1+i)^{t+1}}$。该式的左侧为收益,右侧为支出。对该式进行适当的整理,可得到 $MP_0 + G = W_0 + C$。其中 $G = \sum_{t=0}^{n-1} \frac{MP_t - W_t}{(1+i)^{t+1}}$,$C = K + K^t$。$G - C$ 就表示培训的收益与成本的差额。只要 $C - G \geq 0$,农民专业合作社就会对其成员提供职业培训的投资产生需求。上述分析的结论同样适用于农业企业。

三 政府的投资驱动力

投资收益仍然是决定政府是否对新型职业农民培育进行投资的重要因素,当然政府对新型职业农民培育进行投资不仅要考虑经济效益,还要考虑社会效益。只要投资的经济效益和社会效益之和大于或等于投资成本,政府就会对新型职业农民的培育产生投资需求。政府对新型职业农民培育进行投资的收益主要来自于以下几个方面:

第一,发展农业现代化。随着经济的发展,农业产值在国民生产总值中所占的比重虽然在不断下降,但是农业的基础地位永远不会动摇。

这是因为农业除了具有提供人们生存所必需的食品的功能以外，还具有保障粮食安全、保护生态环境和传承农村历史文化等功能。农业是我国国民经济发展和国家安全的基础，近年来由于农村劳动力大量转移，农业劳动力老龄化、农业劳动力短缺和农业生产后继者缺失的问题日益凸显，保障我国粮食安全和重要农产品有效供给的压力越来越大。此外农村劳动力大量转移还引起了许多村庄的衰落甚至消失。我国农业的基础地位正面临着巨大的挑战。很显然，培育新型职业农民对巩固我国农业的基础地位具有十分重要的意义。

第二，维护农村的和谐稳定。随着农村各项改革的深入以及新旧体制的转换，农村的各种不稳定因素越来越多，农村因干群关系、土地征用、土地承包、环境污染、集体资产处置、移民搬迁、村务公开、宗族问题以及邻里纠纷等引发的矛盾纠纷时有发生，严重地影响到农村的和谐与稳定。培育新型职业农民，离不开对新型职业农民的教育培训，包括正规的学校教育、农业科技的培训、思想道德教育以及法制教育等。如果农民能受到更多的教育，其思想道德素质和法制意识将会有所提高，就可以减少一些矛盾纠纷的发生，或者对矛盾纠纷可以通过合法的途径来解决，而不至于对农村社会的稳定造成威胁。

第三，缩小城乡差距。改革开放以来，我国农民的收入水平得到了较快增长，农村居民的纯收入已从1978年的133.5元增加到2015年的11421.7元，30多年间增加了85倍，但是同期城镇居民人均可支配收入由343.4元增加到31194.8元，增长了90倍。相对而言，农民收入增长仍然缓慢，随着经济的发展，城乡收入差距不但没有缩小，反而还有所增加。

根据人力资本投资理论，人力资本投资对个人劳动生产力的提高具有重要作用，而劳动生产力的提升则是个人提高收入水平，改善其社会经济地位和福利水平的重要途径。许多学者从实证方面验证了人力资本投资对收入的影响效应。丹尼森在进行增长核算时发现，1929—1982年，美国人均收入增长的25%都可以用教育投资来"解释"。巴罗利用1960年以来将近100个国家的数据进行分析，结果表明1960年的教育投资是解释后来人均收入增长的一个重要变量。高梦滔等运用中国8个省份、1320个农户、跨度15年的微观面板数据对影响农户收入差距的原因加以分析，结果表明人力资本对农户的收入差距具有显著影响，农村劳动力文化素质的高低是农村居民收入差距拉大的重要原因。[①] 不论是理论还是实证结果均表明，农村人力资本积累对农民收入增长具有重要的作用。新型职业农民培育的本质就是一种人力资本投资行为。因此对新型职业农民培育进行投资，可以促进农民收入的较快增长，从而有利于缩小城乡差距。

第二节　投资主体的实证分析

培育新型职业农民的本质就是向农民进行投资。人力资本投资理论认为要实现对传统农业的改造，必须引进现代农业生产要素。舒尔茨认为，现代农业要素的提供者主要是专业的研究人员，农民的作用"是作为新要素的需求者来接受这些要素"；促使农民接受并有效地使用现代农业要素的关键是向农民进行投资，使"农民获得并具有使用有关土壤、植物、动物和机械的科学知识的技能和知识"。至于向农民投资的类别，舒尔茨指出，"正式建立初等、中等和高等学校是基本的"，"对于正在从事耕作而不能上正规学校的成年人来说，农闲期间的短期训练班、教授新耕作法和家庭技术的示范以及不定期地对农民进行教育的会议都能起到重要的作用"。人力资本投资的主体包括个人、集体、学校及政府。我们也循着这种思路来讨论新型职业农民培育的投资主体问题。

一　农民文化程度低决定自身不是推动主体

我国 2010 年第六次人口普查的数据显示：在我国农村地区，初中文化程度及以下人数占总体的 88.71%、高中文化程度为 8.5%、大学专科及以上程度为 2.79%，农村劳动力主体队伍（20—60 岁）的文化素质呈现出整体偏低的特征。第三次全国农业普查数据显示，2016 年末，全国农业从业人员 31422 万人，其中，男性占 52.5%，女性占 47.5%。按年龄分，35 岁及以下的 6023 万人，年龄在 36 至 54 岁之间的 14848 万人，年龄 55 岁

[①] 高梦滔、姚洋：《农户收入差距的微观基础：物质资本还是人力资本？》，《经济研究》2006 年第 12 期。

以上的10551万人；按文化程度分，文盲占6.4%，小学占37.0%，初中占48.4%，高中或中专占7.1%，大专及以上占1.2%。

在东部经济发达地区，以浙江为例，农村地区农民受教育水平也不高。根据浙江省第三次农业普查数据显示（见表6-1），2016年末，全省农业从业人员527.8万人，其中，男性占60.3%，女性占39.7%。按年龄分，35岁及以下25.2万人，占4.8%，年龄在36至54岁之间的217.7万人，占41.2%，年龄55岁及以上的284.9万人，占54.0%；按文化程度分，文盲占8.2%，小学占47.9%，初中占36.1%，高中或中专占6.6%，大专及以上占1.2%。虽然从2006年到2016年，经过10年的发展，农村从业人员文化程度有了明显提高，但是文化程度结构仍然呈现"橄榄形"，以小学和初中受教育水平为主。

表6-1 浙江省2006年、2016年农业从业人员规模及文化程度

2006农业从业人员		2016年农业从业人员	
数量（万人）	509.66	总量（万人）	527.8
文化程度构成（%）		文化程度构成（%）	
文盲	15.2	文盲	8.2
小学	55.8	小学	47.9
初中	26.0	初中	36.1
高中	2.9	高中	6.6
大专及以上	0.1	大专及以上	1.2

数据来源：浙江省第二次农业普查、第三次农业普查数据。

农业现代化关键是人的现代化，人才是生产力中最活跃的因素，其文化素质的高低对于我国农业转型的历程具有决定性意义，要实现农业现代化，必须实现农业人才的现代化。在农村劳动力资源大量流出、城镇化工业化快速发展的背景下，提高农民整体素质，实现农业生产条件、经营方式、组织管理的现代化，是解决"谁来种地""如何种好地"问题的必行之路。我国农民文化素质呈现普遍偏低的特征，尽管农村劳动力资源总体的文化程度较农业从业人员高，但是由于劳动力向非农产业流动，实际留下的农业从业人员的文化素质水平是比较低的。

对于一个有志于从事农业的人来说，参与新型职业农民培育，可以提高未来的收入水平。根据"谁受益，谁投资"的原则，农民自身应该是新型职业农民培育的投资主体之一。从理论上讲，只要通过投资获得的未来收益的现值大于或等于投资成本，农民个人对新型职业农民培养进行投资就是有利的。但是在传统教育体制下，农村人口受教育机会和水平没有很好的保障，从业后由于受到农业生产、务工繁忙的影响，再教育积极性不高，在没有外界刺激、引导的情况下，农民自身对文化程度改善的意愿不强烈。因此，仅靠农民自身来培育新型职业农民，还需要一个漫长的过程。

二 农村成人教育滞后决定其不是推动主体

长期以来，我国农村成人教育暴露诸多问题。在大学教育扩招的大背景下，农村成人教育没有跟上教育发展的步伐，政府、农业院校及成人教育对农村成人教育没有给予足够的重视，依旧沿用传统思维、传统办学模式、传统教材，缺乏创新动力和行动。

1. 缺乏社会化的长效系统组织体系。农村农民教育培训组织比较分散，各部门各自为政，难以形成合力，缺乏足够的活力和动力，缺乏科学的管理办法和有效的监督手段，农村成人教育的针对性和实用性还有待进一步提高。[①]

2. 地方农民教育体系不完整。各地还普遍缺乏专门培养农民的学校，培养平台尚没有搭建完全，培养多种需求的农村实用人才和农民教育教学问题没有得到有效解决。如何有效组织较为松散的农民进行培训，如何创新培训形式，如何提升培训效果，这一直是培训部门面临的问题。

3. 教育资源集中于城市。从已有的高等学院发展来看，学历型教育本科院校发展速度快，生源好，而高职院校和中等职业院校这类技能型教育较少受到学生和家长的青睐。城乡二元体制使有限的成人教育的优质资源集中于城市，导致农村成人教育发展水平停滞不前，许多地方的

[①] 王星炎：《县域"农民学院"兴起与启示》，《河北大学成人教育学院学报》2009年第3期。

成人学校、农广校在县、乡镇的机构改革中被直接取消,出现"网破、线断、人散"的问题。农村成人教育结构体系缺失,存留的农村成人教育机构目前采用的县市、区、乡镇、村四级管理模式不够畅通有序,一些机构名存实亡,"点"在"线"断。[①]

4. 农民教育内容缺乏实效性。已有的农民教育办学机构在功能上主要负责自上而下的短期培训,缺乏以个人综合素质提升为主的办学目标。在培训内容上以技术传授为主,缺乏带动农民创业、使农民增收致富的培训。在土地流转、规模经营、农业产业化发展的现代化进程中,先进的经营管理、市场分析能力、抗风险能力、网络营销等是农民切实需要的培训内容。解决农民技能、创业、增收等一系列问题,是农民教育中的主要问题。

5. 农村成人教育投入机制的缺乏。就全国范围而言,国家对农村教育投入经费不足4%。在这种没有保障的投入支撑下,农村成人教育投入的稳定增长机制尚未形成,缺乏制度政策的支撑和财政资金的保障。农村成人教育的规模普遍较为狭小、组织较为涣散,多为"地摊式""运动式"的短期培训,无法满足农民的现实需求和社会发展的现实需要。

总而言之,农村成人教育发展的进程远落后于教育发展整体水平和现代农业发展要求,在没有政策支持、财政资金保障、教育理念革新、教育结构体系完善的前提下,以现有的教育意识、教育体系和教育硬件,承担培育新型职业农民的主要责任,是不会达到培育效果的。

三 合作社实力弱决定其不是推动主体

随着中央鼓励农村发展合作经济、支持合作社发展的部署,农民专业合作社近些年来发展比较快。据国家工商总局统计,截至2014年12月底,全国实有各类市场主体6932.22万个,其中,农民专业合作社128.88万家,比上年年底增长31.18%,出资总额2.73万亿元,增长44.15%。而在2015年上半年(截至6月底),全国新登记注册农民专业

[①] 王星炎:《县域"农民学院"兴起与启示》,《河北大学成人教育学院学报》2009年第3期。

合作社只有12.3万家，比上年同期下降33.3%，出资总额0.3万亿元，下降36.4%。据全国农民合作社发展部际联席会议第三次全体会议（2015年3月19日）公布的数据，截至2014年12月底，实际入社农户9227万户，约占农户总数的35.5%，同比增长24.5%，而各级示范性合作社已超过12万家，联合社也达到了6800多家，合作社在农业、林业、水利、供销等领域竞相发展，大大激发了农业农村的发展活力。以浙江省湖州市为例，2012—2014年，农民专业合作社数稳定在1038个，2015年增加到1554个。专业合作社作为"同类农产品的生产经营者或者同类农业生产经营服务的提供者、利用者，自愿联合、民主管理的互助性经济组织"主要为其成员"提供农业生产资料的购买，农产品的销售、加工、运输、贮藏以及与农业生产经营有关的技术、信息等服务"①，与新型职业农民培育有极高的契合度。农民专业合作社可以在农业实用技术培训、市场经营实践锻炼、提供后续技术支持以及带动和扶持农民创业等方面充分发挥作用。从理论上看，农民专业合作社的一些特质，可以成为新型职业农民培育的主体，比如农民专业合作社是农业生产的具体组织者和农产品市场中的主体，其掌握的市场信息、市场分析能力、农业生产技术，都可以作为培育新型职业农民的资本，并且是具有较实用性、针对性的技术；农民专业合作社相对于家庭经营，实现了分散农户的组织化，可以提高单个农户的抗风险能力，使农民具有影响公共政策的能力，进而有利于提高农民参与农业技术成果转化的积极性，增强其在农业技术研发方面的影响力，提高农业科技成果转化率。现实中运转良好的专业合作社都是有若干种养大户、农业企业在注册资本、农业生产、市场营销方面担当主要角色的，为帮助农民创业和发展提供了示范。

尽管理论上专业合作社具备培育新型职业农民的特质，但是在现实中专业合作社缺乏积极性，或者只限于生产技术指导。

1. 农民专业合作社自身的规范化程度较低

现实中有相当数量的农民专业合作社只是个空壳子，没有发挥实际的组织生产、服务社员的职能，没有实质性的活动。农民专业合作社的

---

① 《中华人民共和国农民专业合作社法》的第一章总则第二条。

成立及运转"依靠种植大户、农村能人的领办,或者龙头企业、政府部门等外来力量的推动"是普遍情况,普通农民社员所占有的股份很少。"这种集中化的产权结构使得合作社的决策权通常掌握在一股独大的领办人手中,普通农民社员由于投资少、天然的分散性、参与意识薄弱等,往往在经营管理上没有发言权,在合作社中扮演着从属者的角色。由于经济地位悬殊、信息严重不对称,致使农民社员参与决策和监督的积极性很低。大多数情况下,选举不过是确认,监督不过是附议,讨论不过是告知,行权时的'搭便车'现象非常普遍。"[①] 农民专业合作社自身管理规范化程度有待提高。

2. 农民专业合作社的利益排他性

农民专业合作社主要从事农产品的生产及其相关环节的服务活动,其以谋求全体入社成员的利益最大化为目的,是典型的利益排他性经济组织,其利益的边界就是全体入社成员的利益,合作社之外的非成员的利益不在他们利益考量的范围之内。因此,在没有外在资源激励的情况下,农民专业合作社缺乏主动参与本社之外的其他农民职业培育的动机和资源。农民专业合作社的自利性制约了其参与新型职业农民培育的意愿。

3. 农民专业合作社带头人的文化素质较低

浙江省是我国经济文化发展水平较高和农民专业合作社发展较好的地区,在2010年对该省1026家农民专业合作社进行的一次调查显示"在854个合作社带头人中,初中及初中以下的占绝大多数,约占73.77%,高中占21.9%,而大专以上学历的仅占5.04%"[②]。农民专业合作社成员及其带头人的文化素质直接制约了其参与新型职业农民培育的能力。并且,从现实新型职业农民培育中来看,种植大户也是新型职业农民培育的对象。

[①] 王烨、朱娇、孙慧倩:《农民专业合作社的治理困境与对策探讨》,《常熟理工学院学报》(哲学社会科学版) 2012年第3期。

[②] 张瑶祥:《农民专业合作社带头人队伍的现状与思考——以浙江省1026家合作社的调查为例》,《中国农民合作社》2011年第10期。

4. 农民专业合作社培育能力有限

尽管在每个专业合作社都有联系的来自科研院所和农业大学的技术专家，但是其跟踪服务不足，指导有限，主要在重要农时进村提供技术支援，服务对象也是专业合作社所依托的经营大户。不能更满足农民多样的技术需求，不能随时解答生产中的问题。这主要还是由于专业合作社资金能力有限，盈利能力弱。同时，农民专业合作社，虽然较单个农民具有影响公共政策、调动社会资源的能力，使有关部门直接对农民需求做出反应，但是其本身也是经营主体，是技术需求方，不具有公共权力，较政府而言不具备调动社会资源的能力。

因此，农民专业合作社虽然可以为成员提供有关生产技术或生产经营管理方面的培训，但是由于自身的天然角色、运转中的问题，仅依靠农民专业合作社的力量来培育新型职业农民，达不到新型职业农民的要求。

四 公共管理职能决定政府是推动主体

农民教育是一项惠及全体农民，解决"谁来种地""如何种好地"的问题的出路，是实现农业现代化的重要人才支撑和基础。"让市场在资源配置中起决定性作用"不是政府放手，而是对政府提出了更高的要求，要全面实现从"管制型政府"向"服务型政府"转变，加强各类公共服务提供，政府要加强发展战略、规划、政策、标准等制定和实施。新型职业农民培育是一个公共性很强的项目，具有公共选择性，像其他公共产品的供给一样，要构建这个庞大的社会系统工程，仅靠农民、学校、农民专业合作社之力是难以推动的。政府作为社会公共产品的提供者和社会事业的管理者，必须负起应有的管理职能与指导责任，出面主导新型职业农民培育体系建设。关于政府在农民教育中的主导作用，在2012年3月27日的《关于贯彻落实中央一号文件精神加快农村科技创新创业的意见》中，有相关表述，"各级科技管理部门要切实发挥在农村科技管理中的主体作用，加强组织领导，协调统筹，整合资源，形成合力，把各项政策措施落到实处"。当然，新型职业农民培育是一项浩大的工程，需要政府作为推动主体在很多方面发挥主导作用。

1. 财政资金支持

农民教育需要大量的资金投入。从已经开展的新型职业农民工作来看，中央每年财政安排农民培训补助资金，支持开展新型职业农民培育工作。政府在投入资金的同时，应充分利用财政资金的杠杆效应，采取相应的激励措施，鼓励引导个人、农民专业合作社及社会资金投资新型职业农民的培育项目。

2. 政策支持

"小康不小康，关键看老乡""农民有体面，小康才全面"，培育新型职业农民，造就农业农村人才队伍，首要目标是要培育稳定的、高效的、可持续的农业从业生力军，建立健全培养人才、激励人才、留住人才的良性机制是根本。对新型职业农民而言，要实现未来有人务农、能人务农、职业务农等目标，需要中央和地方各级政府的大力支持，需要相关部门的协调配合，政策支持是关键。一方面，需要搭建新型职业农民培育的平台，为探索因地制宜的培育模式提供政策支持空间。另一方面，激发农民参与培训的积极性，提高培训效果，也需要政府的扶持政策，扶持政策主要表现为补贴和政策两个方面，补贴体现在对新型职业农民一些农业生产经营行为的资金补助和资金扶持；政策体现为在土地流转、技术支持、金融信贷、项目立项、社会保障等方面出台政策给予扶持。

3. 制度规范

中央和地方要在贯彻落实党的十八大、十八届三中全会、十九大、中央农村工作会议和中央一号文件精神的基础上，制定新型职业农民培育的指导意见，明确总体思路、目标和基本原则；拟定主要任务、工作、关键环节等具体工作要求；对工作的开展提出要求，进而引导和规范全国和地方的新型职业农民培育工作的开展。自 2012 年起每年中央农业部和财政部都下发通知《2013 年关于新型职业农民培育试点工作的指导意见》《关于做好 2014 年农民培训工作的通知》《关于做好 2015 年新型职业农民培育工作的通知》《关于做好 2016 年新型职业农民培育工作的通知》。各地自 2014 年在全国遴选 2 个示范省（覆盖不少于 1/2 的农业县）、14 个示范市（覆盖不少于 2/3 的农业县）和 300 个示范县，作为新型职业农民培育重点示范区以来，各示范区也拟定实施意见，指导和规范本行政区的新型职业农民培育工作。

第三节　地方政府在新型职业农民培育中的角色

鉴于前文所述，政府应该在新型职业农民培育中发挥主导作用，具体体现在财政资金支持、政策支持和制度规范。新型职业农民培育是由农业部牵头，各地的农业主管部门主管的一项系统工程，具体的推进工作由各地方落实。从2012年在全国100个县（市、区）开展新型职业农民培育试点可见，新型职业农民培育的具体工作自一开始就是由各地方自己开展、自己制定方案的。2014年《关于做好2014年农民培训工作的通知》鲜明地提出"简政放权的原则""实行'五到省、一挂钩'的项目管理模式，即将项目资金切块到省、目标任务落实到省、审批权限下放到省、管理责任明确到省、绩效管理延伸到省，将绩效考核结果与资金安排挂钩"，因此，地方政府在新型职业农民培育中扮演重要的角色。新型职业农民培育是以培养一支有文化、懂技术、会经营的新型职业农民队伍为直接目标，以发展现代农业为根本目标的重要举措，"由谁提供教育""如何教育""教育质量如何保障"是地方政府在推动新型职业培育中必须回答的问题，由此，地方政府应在组织领导、教育资源整合、培育监督、政策扶持、宣传引导等方面扮演好自己的角色。

一　组织领导

新型职业农民培育是自上而下的制度推行，地方政府的主要作用首先体现在对新型职业农民培育工作的部署、方案设计和过程监督，这就需要地方政府发挥好组织领导职能。

1. 各省（区、市）一级地方政府要制定省级、地市级的新型职业农民培育指导性意见和项目实施方案，出台新型职业农民培育相关制度和扶持政策。具体包括制定工作方案，明确目标任务、进度安排、监督考核、认定管理、扶持政策等，完善运行机制，确保任务落实。

2. 在具体的新型职业农民培育中，一般是由市委、市政府成立工作领导小组，由分管农业的副市长任组长，市级各部门为成员单位，统筹协调全市的新型职业农民培育工作,还设有负责具体日常工作的机构加强新型职业农民培育工作的统筹力度。

3. 新型职业农民培育工作是一项系统工程,需要相关部门通力合作,教育培训模式、认定管理办法、扶持政策是由不同的主管部门负责制定,相关部门齐心协力,积极争取上级部门支持,尽最大努力争取资金和项目,共同推进新型职业农民培育工作。也就是说,农民教育培训虽然由具体的教育机构、农业院校等进行,但是领导权在地方政府,地方政府负责协调指挥。

二 教育资源整合

地方政府作为教育的主管部门,应为新型职业农民的培育整合优质的教育资源。

1. 整合农业院校资源。目前,我国有农业职业院校百余所,农村职高上万所。但是,作为培养新型职业农民的重要机构,这些宝贵的教育培训资源还未得到充分利用,为此,地方政府应该搭建校企合作平台,组建各种职教联盟、职教集团、社区职教,打通院校与区县的联合育人通道,实现校地合作育人深入融合。

2. 整合民办教育资源。地方政府应鼓励民办教育积极参与新型职业农民培育工作,集合社会资金和民间力量兴办新型职业农民培育多样形式,形成普教与民教协同育人的局面。

3. 整合社会公益资源。新型职业农民的培育是社会性问题,地方政府应优化整合公益资源,搭建起政府与公益组织的合作桥梁,营造出全员关心新型职业农民培育的良好氛围,千方百计地扮演好教育资源整合者的角色。[①]

三 培育监督

培育新型职业农民是保障"三农"事业稳定发展的重要举措,因此,地方政府需要对培育质量把关。

[①] 金绍荣、肖前玲:《新型职业农民培育:地方政府的角色、困境及出路》,《探索》2015年第3期。

1. 加强资金监管。中央补助资金的使用方式和拨付情况要严格监管，一方面按照全过程培育的要求做好项目资金的细化，确保资金使用效率，另一方面严格监督资金使用情况，开展资金专项审计，对挤占、截留、挪用资金的情况，及时纠正并对相关单位和人员按程序做出处理。

2. 培育过程监督。开展专项检查和绩效考评，严格过程监管，确保培育的规范性。

3. 培育质量的监督。尽管具体的培训工作由农业院校进行，但是地方政府需要对培育质量把关，建立科学的评价机制。一方面，要对培训过程管理和教师工作进行监督，检查结果及时公布，并建立与之对应的奖惩机制，使培训过程落到实处，在源头严把教育质量关。另一方面，要对学员教育结果进行考核评价。建立考核评估指标体系，量化教育指标标准，采取多方位、多视角的形式评估培训质量，使评价考核具有实际约束作用。定期开展包含农业专业技术、生产技能、经营管理、生产服务、市场营销等各方面的农业职业技能鉴定，形成多专业、多层次的新型职业农民证书系列。明确认定标准，根据当地产业发展水平和生产要求，以职业素养、教育培训情况、知识技能水平、生产经营规模和生产经营效益等为参考要素，为新型职业农民的等级认定提供多元化的服务，做到分类管理、因材施评。

四 政策支持

新型职业农民培育工作具有显著的基础性、公益性、社会性特征，属于各级政府提供公共服务的基础工程和重点内容，地方政府的公共服务和公共管理主要依托公共政策实现。政策内容具体应涉及人才培养、使用、扶持、服务等各个方面。

但核心是政策扶持，扶持政策必须坚持人才技能与综合素质能力提升相结合，必须坚持人才培养与当地产业发展相结合，必须坚持人才培养、产业扶持、技术扶持、金融保险扶持、社会保障扶持等政策体系配套组合。

1. 适时出台教育培训新型职业农民的地方性法规和政策，明确新型职业农民培养的地位、培养程序、经费保障、各级政府或相关机构的责任和义务等,使新型职业农民的培养制度化、法制化。

2. 要大力强化教育培养政策。一方面应构建短期技术培训、系统农业培训和农业职业教育互相补充的教育培训层次,探索推动将新型职业农民培养纳入国家中等职业教育助学和免学费政策范畴,增强新型职业农民的文化素质;另一方面应加快融合农业职业教育、农民培训、农技推广等体系,保证新型职业农民的知识技术更新适应产业发展要求,增强专业技术效应,减少交易成本,增加农产品技术附加值,增强农民职业化发展及参与产业化经营的积极性。

3. 要因地制宜出台产业扶持政策。在农业补贴、土地流转、经营方式创新、农业机械化、基础设施等方面制定激励和扶持政策,加大对新型职业农民的倾斜力度,确保种地能得实惠。(1)逐步增加农业补贴,扩大农业补贴的范围,提高农业补贴的标准,并建立补贴资金稳定增长的机制,在补贴的方式上也要进行适当调整,随着土地承包权和经营权分离,补贴的对象锁定为经营主体,而不是承包户,做到"谁种地,谁补贴",使补贴资金发放到真正从事农业生产经营的农民手中。(2)加快探索土地流转政策,进行"三权"的确权确股颁证工作,规范土地经营权流转的合同行为,引导土地流转双方签订长期流转合同;建立土地流转服务体系,为新型职业农民搭建土地流转平台,鼓励集体经济组织在土地流转中发挥动员组织者的角色。创新土地流转机制,以土地入股,成立土地股份合作社,增加农民的收益和土地流转的积极性。(3)加快推进土地适度规模经营,对认定的新型职业农民提高农业生产效益、符合现代农业发展方向的生产经营活动进行鼓励,对规模经营和发展合作经济等行为给予资金扶持和补助,激励职业农民创新经营方式,提高经营效益。科学处理新型职业农民、新型经营主体和适度规模经营间的内在关系,促进"两新并行、两新融合",将新型职业农民与新型经营主体发展统筹考虑,整合政策资源,保障政策效力。(4)加大农机投入。新型职业农民是与较高的劳动生产率联系在一起的,农业机械是新型职业农民必不可少的物质装备,地方政府应该加大对农机具的建设投入,并且与土地规模经营切合,发展农机合作社和农机社会化服务组织,走农机社会化的道路。要想留住一大批高素质劳动力,除了通过各种手段提高经营农业的收益之外,缩小城乡之间在基础设施和公共服务之间的巨大差距也是必不可少的，在公共交通、供水供电、通信邮电、垃圾处理、污染治理、环境保护等各类基础设施上，要进一步加大对农村的投入力度，做好城乡规划衔接，实现城乡共建、城乡联网、城乡共用，均衡配置城乡教育文化、医疗卫生、社会保障等公共服务资源。

4. 在财政、金融、科技、社保等方面创设保障扶持政策。这就需要地方政府落实财政补助资金的使用，合理设计补助范围和额度；可以学习与借鉴这些国家的成功经验，建立新型职业农民培育基金、创业基金，建立新生代型职业农民资金互助制度。金融机构要加大对职业农民的信贷支持，为参加培训、取得职业资格证书的农民的创业活动提供贷款或贷款利息补贴。推动职业农民生产保险的发展，扩大保险范围，提高保险补贴力度。加大对新型职业农民科技扶持力度，完善农技专家联系新型职业农民制度，在新品种引进、新技术推广、新模式应用、新成果转化、新经验借鉴等方面对新型职业农民进行扶持、指导和服务。在社会保障方面。首先，应支持新型职业农民参加并享受职工养老与医疗保险，体现职业属性；其次，应探索将认定后未就业的新型职业农民纳入失业人员统计范畴，给予相应的失业补助；最后，应改善农业社会化服务，由政府参与构建市场化农业服务平台，引导社会资金构建农业社会化服务体系，直接服务于新型职业农民产业发展。

五 宣传引导

地方政府作为新型职业农民的推动者，自然也是提高农民参与积极性的主导者。地方政府在人民心中是公共利益的维护者、法制权威的代表者，其宣传、支持或禁止的事情，会对公众行为产生价值引导，影响公众的预期判断和当下行为选择。因而通过地方政府的宣传引导，可以激励农民自觉自愿参与培训、争先成为职业农民，使农民了解到再教育的重要性。地方政府要善于对典型经验进行总结，要宣传新型职业农民培育成果，充分利用互联网、广播、电视、报刊等媒体，及时宣传报道新型职业农民培育工作的有关政策、各地的有效做法和先进典型，营造有利于新型职业农民发展的良好氛围。

第六章　农民学院参与新型职业农民培育的驱动力　/　137

第四节　湖州实证分析:基于投资主体的视角

尽管在新型职业农民培育中,农民学院作为教学主体,在培养新型职业农民、提升农业生产经营主体素质方面发挥主要作用,但是起主要作用的仍然是地方政府。因为政府主导在农民学院发展壮大过程中起关键作用。首先,就农民学院性质来看,它是公办、公益性质农民教育培训机构,属于政府的公共服务范畴,是政府向农民提供公共产品的新平台,其资金保障理应来自公共财政的保障。湖州市政府从一开始就从农村公共服务高度来重视农民学院建设,在经费保障与学费减免等方面采取了有力措施,保障了农民学院的健康发展。其次,就农民学院管理体制来看,它是一个由地方高校、省部级高校和地方政府共同创办,共同管理的新生事物,必须有一个良好的发展环境。农民学院的发展实践也证明了这一点。农民学院实行管委会领导下的院务会议负责制。管委会的两名主任和其中一名副主任由湖州市政府分管领导担任,便于对农民学院的发展进行宏观统筹指导;管委会成员单位均为市政府下属机构,便于协调农民学院日常事务管理。有了市政府的参与和主导,农民学院的各项工作能够得到了快速、平稳的开展。同时,也保证了农民学院更好地培养新型职业农民,助力湖州农民人才队伍的建设。湖州地方政府在组织领导、教育资源整合、培育监督、政策扶持、宣传引导等方面发挥主导作用。

一　政府主导、部门联动的组织领导体制

(一)成立领导协调小组

1. 成立市工作协调小组。湖州市被批准为农业部新型职业农民培育试点市后,湖州市委市政府高度重视新型职业农民培育工作,成立了市新型职业农民培育工作协调小组,由市政府分管市长任组长,市农业局、市农办、市林业局、市水利局、市教育局、市财政局、市人力资源和社会保障局、市国土局、湖州农民学院等领导为成员,统筹全市各县(区)新型职业农民培育工作。

2. 成立县区领导小组。在湖州市三县二区分别下设新型职业农民培育领导小组，由分管农业的副县（区）长任组长，农、林、牧、财政、教育部门为成员单位的领导机构，全面负责实施新型职业农民培训。

3. 成立经费管理领导小组。培育新型职业农民，必须建立多元化的经费筹措和保障制度。为了管好用好中央财政下拨的培训经费，湖州市成立"新型职业培育专项经费管理领导小组"，小组成员由市农业局、市财政局、吴兴区和南浔区农林发展局、湖州农民学院等相关人员组成。经费管理领导小组负责培训经费的申请、拨付、预算及使用情况审核。同时，湖州市建立"财政支持、科学规划、专款专用、规范使用"的经费运作机制。县（区）根据下拨培训经费的使用规定，统筹协调，科学分配，专款专用，合理使用。由培训基地编制培训经费使用预算表，上报各级农业行政主管部门审核，做到专款专用、责任到人。

（二）制定培育计划、方案

在农业部、浙江省农业厅领导下，湖州市统筹县（区）农、林、牧、财政、教育部门，根据《农业部办公厅关于新型职业农民培育试点工作的指导意见》和《湖州市人民政府办公室关于加快推进新型职业农民培育的实施意见》等文件的有关要求，制定了《2014年湖州市新型职业农民培训实施方案》，以湖州"十大农业主导产业"为主，对照生产经营型、专业技能型和社会服务型三种类型的新型职业农民培育要求，构建湖州市新型职业农民培育体系，着力推进新型职业农民培育工作，确定了2014—2018年培养8000名新型职业农民的总体目标。在浙江大学农生环学部、浙江大学湖州南太湖农推中心和湖州市农业产业联盟专家们的指导下，结合湖州本地农业产业发展的实际，制定并完善"蔬菜、水果、粮油、茶叶、竹笋、花卉、水产、蚕桑、畜牧和观光农业"十大农业主导产业的新型职业农民培训计划。

（三）组织培育工作落实

湖州市为了使新型职业农民培训工作具有针对性和实效性，组织农民学院和培训基地的教师分组对本地区农民的年龄层次、文化水平、种养规模、培训需求等进行摸底调研，建立本地区职业农民培训基本数据库。在组织发动的基础上，按照"公开、公平、公正"的原则，采取个人自愿报名、行政村、乡镇推荐、县（区）审核择优选拔的形式落实参训农民。

二 教育资源整合

（一）以"农民学院"为平台，整合三县教育资源

2010年湖州市与浙江大学合作，在湖州职业技术学院（电大）基础上成立了全国首家农民学院。湖州农民学院作为湖州市新型职业农民培训工作的业务指导单位，负责制定指导性培训计划、师资统筹、督导评估、认定组织等工作，积极探索地市农民学院开展新型职业农民培育的新模式。为了创新新型职业农民培育模式，湖州农民学院整合三县农民学院分院、农业培训学校、职教中心、乡镇成校等农民教育培训资源，从中遴选设立新型职业农民培训基地，也就是说分别由湖州农民学院、长兴职教中心、德清农民科技培训中心承担培训任务，从而形成纵向垂直领导、横向协作互动的管理体系。

（二）"省市校乡，农科教技"，整合教师资源

聘请浙江大学、浙江农林大学和省内农科研究所等的专家为客座教授，聘请市农业产业联盟首席专家、市县乡农技推广人员和具有丰富实践经验的种养殖经营大户为客座专家，在湖州职业技术学院、湖州广播电视大学遴选农学方面优秀教师和蹲点联络教师，在培训基地选派具有强烈责任心的班主任教师，建立"省市校乡，农科教技"四合一的专兼职教师团队。截至目前，该支队伍拥有120余名教师，其中包括40名浙江大学专家教授，30名湖州农科院、湖州农技推广站、湖州林科所、浙江淡水水产研究所技术人员，20名湖州职业技术学院业务指导教师，30余名乡镇农技推广员。各级特聘教师结合岗位实际，各司其职，积极参与到农民学院的乡土教材编写、新专业建设、新型农民创业大讲堂、教学实践及创业实践基地建设中来。

（三）建立教学实践基地，搭建实践平台

认定吴兴金农生态农业等10家教学实践基地，明确功能定位，制定教学实践推进计划，出台管理考核办法，组织现场教学活动和技能鉴定考试。此外，按照"1+1+N"教学推广模式，在实践基地周边开发确定了若干家辅助型基地。

（四）四位一体的人才培养梯度，完善培育结构

在培养结构上，满足新农村建设和现代农业发展需要，以紧缺型、高端型领军人才培养为引领，以"学历＋技能＋创业"的复合型人才培养为着力点，以全面提升农民科技素养和综合素质为基础，遵循人才成长规律和人才梯度分布规律，形成了"专业硕士教育＋高等职业教育＋中等职业教育＋成人和社区教育"四位一体的人才培养梯度，创造条件让更多人才脱颖而出。

三 培育监督

湖州建立新型职业农民培训的科学评价机制。首先，建立蹲点联络教师质量督导机制，由湖州农民学院选派蹲点联络教师全程督导培训的全过程。其次，建立湖州市新型职业农民培训质量督导评价小组，定期或不定期进行抽样督导检查。抽样督导检查内容包括：培训学员报名表、培训计划、培训过程管理等。检查结果及时向社会公布，接受社会各界监督。最后，建立考核评估指标体系。湖州市新型职业农民培训质量督导评价小组深入各培训基地，和基地负责人共同对新型职业农民培训质量进行中期和终期评价。在评价过程中，做到自评与网评相结合，内部评价与外部评价的结合，使每一位被评价参训农民都成为评价的积极参与者。农民学院通过电话采访、网络打分等手段，真实反映培训的绩效，达到修正评价指标和优化培训的目的，为深入持久地开展新型职业农民培训积累经验。

四 认定管理

湖州市新型职业农民认定对象是遵纪守法，热爱农业，有志于从事农业生产和服务的，具有良好的职业道德和社会公德；年龄在18周岁以上60周岁以下，具有劳动能力；在湖州行政区域内，从事种植、养殖或农业产前、产中、产后服务，并以农业生产服务获得稳定收入的人员。认定方式是采取培训认定和直接认定两种方式。对符合认定对象基本条件的、从事农业生产经营的人员，按照一年不少于15天的时间标准进行培训鉴定，合格后按照标准予以认定；对获得大专以上或涉农专业中职学历文凭，并从事农业生产经营和服务的人员，予以直接认定。

湖州市新型职业农民认定程序首先是个人申请，坚持自愿申请原则，符合条件的个人，填写并递交《湖州市新型职业农民认定申请表》等相关材料；其次是申报认定，申请人向工作所在乡镇农业服务中心提出申请，乡镇审核后推荐上报所在县（区）农（林）业局，经县（区）新型职业农民培育工作协调小组办公室组织相关专家对申报人员进行评审、认定，并上报市新型职业农民培育工作协调小组办公室（市农业局）备案；最后是公示公布，对认定人选分别进行公示，接受社会监督，公示无异议，予以公布，并由当地县（区）人民政府或受政府委托的农业行政部门颁发新型职业农民证书。

取得新型职业农民资格证书的农民每年须参加由市新型职业农民培育工作协调小组组织的知识更新培训，培训结果作为资格证书年检、涉农类专业技术职称评定的重要依据。湖州市对新型职业农民实行动态管理，建立新型职业农民年检制度，对新型职业农民产业发展、目标完成以及参加培训等情况进行考核，因出现农产品重大质量问题，造成重大污染事故，以及不参加年检，有违法违纪等行为的，取消其享受扶持待遇。同时加强档案管理，建立新型职业农民档案、新型职业农民数据库和信息管理系统。

五 政策支持

湖州市对新型职业农民兴办家庭农场、农产品加工营销企业，牵头组建农民专业合作社等，在土地流转、技术服务、政策支持等方面给予重点倾斜，并按项目管理要求，给予资金扶持。

1. 支持鼓励新型职业农民兴办家庭农场。在符合规划要求前提下，承包期限5年以上，从事粮食生产面积达到50亩以上；或从事特种水产、瓜果蔬菜、水果、茶叶、蚕桑生产面积达到20亩以上；或生猪存栏200头，或湖羊存栏500只以上，实行生态化种植养殖的，给予每户3万元资金扶持。

2. 支持新型职业农民发展粮食生产。职业农民通过土地流转、股份合作等多种形式，在粮食生产功能区内从事粮食生产，经营面积达到100亩以上且承包期限在5年以上的，每年每亩给予100元的粮食生产补助。

3. 支持新型职业农民发展设施农业。对发展当地优势特色产业的，在大棚等设施上给予支持。对新建标准钢管大棚面积在20亩以上、从事瓜果蔬菜生产的，每亩补助5000元；对建设20亩以上避雨设施、从事水果等生产的，每亩补助900元。

4. 支持新型职业农民发展生态循环农业。积极鼓励种养模式创新，推进资源循环利用，发展绿色农业。对年生猪存栏200只以上或年湖羊存栏500只以上且长期承包经营生态消纳地100亩以上，实施种养结合、资源循环利用模式的，分别给予10万元、5万元奖励；对应用稻鳖共生、鱼（虾）菜种养结合等生态循环种养模式3年以上，规模在50亩以上的，给予5万元奖励。

5. 支持新型职业农民开展农业标准化生产。凡通过绿色食品、无公害农产品认证的，分别奖励2万元、0.5万元；对续展的绿色食品、复查换证的无公害农产品，分别给予1万元和0.2万元奖励。

6. 支持新型职业农民开展农产品流通营销。对组织收购本地农产品外出销售，对外年销售额500万元以上，且业绩突出、带动作用明显的，给予0.5万—1万元奖励。

同时，加大对新型职业农民科技扶持力度，完善农技专家联系新型职业农民制度，在新品种引进、新技术推广、新模式应用、新成果转化、新经验借鉴等方面加大对新型职业农民的扶持、指导和服务，着力帮助新型职业农民解决生产中的困难和问题。

加大对新型职业农民信贷扶持力度，开展新型职业农民信用评定和授信工作。对新型职业农民开展农业生产经营活动，给予信用贷款支持，对生产发展需要、经营规模较大、但超出信用贷款额度的，由担保公司给予贷款担保，担保费率按50%收取。

加大对新型职业农民保险支持力度，鼓励职业农民参加农业保险，增强抗灾减灾能力，对新型职业农民发展粮食生产、畜禽养殖、大棚蔬菜生产、水果、茶叶种植等，优先给予政策性农业保险。强化新型职业农民社会保障，支持鼓励用人单位及新型职业农民个人参加本市城镇职工基本养老保险、城镇职工基本医疗保险、工伤保险、生育保险和失业保险。缴费标准与城镇职工相同，切实解决新型职业农民的后顾之忧。

加强新型职业农民后续教育，对获得新型职业农民认定的人员，每两年免费给予一次知识更新培训，培训时间不少于3天，培训内容记入新型职业农民培育档案。对参加高一级农业专业学历教育的新型职业农民，在学费等方面给予一定的补助。

建立新型职业农民信息管理系统，实施动态管理。凡不再从事农业生产经营管理，或有违纪违法行为的新型职业农民，不再享受新型职业农民相关扶持政策。

六　政府宣传

充分利用网络、广播、电视、报刊等媒体，大力宣传新型职业农民培育成果，特别是有关政策和先进典型的宣传，营造了新型职业农民发展的良好氛围。2015年，全市开展"优秀学员"评选活动，共评选表彰优秀学员564名。先后涌现出了费明锋、茅新泉等一批先进典型。比如，费明锋领办的锋盛家庭农场，以种养结合、生态循环、规模适度、效益良好，新疆扶贫、带动周边农户等元素受到农业部、浙江省农业厅认可。

第七章

农民学院参与新型职业农民培育的运行机制

第一节 农民学习的需求分析

农民作为一类社会阶层或者职业群体，以主要从事具体的农业生产为标示。在长期的农业生产中，由于产业结构比较效益较低和小农耕作方式的限制，我国农民收入水平普遍低于二、三产业劳动者的工资性收入。农民的特质决定农民的学习需求具有特殊性，这种特殊性体现在学习的内容需求、方式需求、帮扶需求、致富需求上。

一 农民学习的内容需求

农民学习的内容需求表现在六个方面（见图7-1）：一是对现有经营品种的种养殖知识和技能的需求。农民虽然作为一类从事农业生产的职业，属于第一产业，但是不同农产品的生产过程完全不一样，农业存在产业类型划分，按照生产对象分为种植业、畜牧业、林业、渔业、副业。种植业中又包括农作物、粮油作物、蔬菜、水果、桑蚕、茶叶等品种。农民从事不同对象的农业生产，就需要相应的不同知识。二是对拟扩大规模的新品种、新产业的知识和技能的需求。随着农业一、二、三产业融合发展、生态循环农业、精品农业等优质高效农业经营模式的创新，农民已经不满足于在"一亩三分"上从事简单的粮食种植，逐渐转向高附加值的农产品的生产，并遵循市场需求和集约经营、规模经营的经济原理，扩大经营面积、经营品种，向二、三产业扩大。三是对当前季节农业种养殖技术的操作性和改善性的需求。农民培训是短期培训，一年会分时段开设不同的班次，农民比较关注培训时所处的当前时节种养殖的操作知识。四是对市场信息、行情分析等经济管理类知识的需求。农产品受市场的影响比较强烈，市场价格和供求关系直接影响农民一年的产品销路和利润，在调查中发现，影响农业收益的风险中，市场风险排在第一位，其次是自然风险、生产成品。五是对新型经营管理方式的信息需求。在农业生产中物联网等智能设备的运用，农产品营销中依托互联网平台的电子商务营销方式，都在激发农民不断接触和学习新的资讯和知识。六是相对于理论知识，农民更需要实践知识的传授，希望接受操作性强、能直接应用的生产技能培训。对于知识的讲解，农民也不需要知晓理论推理的过程，或者听不进理论性强的归纳和论证，来源于实践的鲜活举例、操作演示能较好地获得农民的认同。

农民学习的内容需求
- 现有经营品种的种养殖知识和技能
- 拟扩大规模的新品种、新产业的知识和技能
- 当前季节农业种养殖技术
- 市场信息、行情分析等经济管理类知识
- 新兴经营管理方式的信息
- 鲜活举例、操作演示

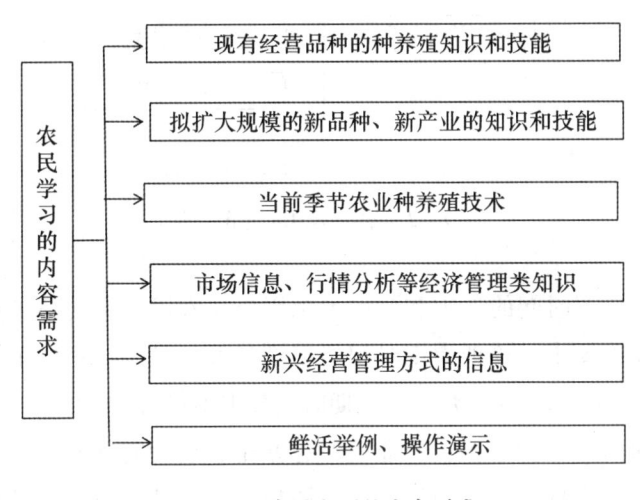

图7-1 农民学习的内容需求

二 农民学习的方式需求

农民学习的方式需求表现在时间方式和形式方式两个方面（见图7-2）。农民作为教育对象，不同于大学生是专门的学习群体，农民的主要时间和精力花费在农业生产方面，剩余时间或闲暇时间的多少和连续性制约学习时间的安排。农民对学习的方式，不是无所谓的，

是有一定需求的。如果有较多的和连续的剩余时间,可以进行集中脱产学习;如果时间条件不具备,则会选择短期不脱产学习;如果时间成本太高,农民也会选择远程培训,当然这种方式对农民学习主动性和互联网操作技术提出了要求。基于农业生产需要精心看护的特性,农民不会有完整的时间投入学习,短期不脱产的培训往往符合农民的学习方式需求。

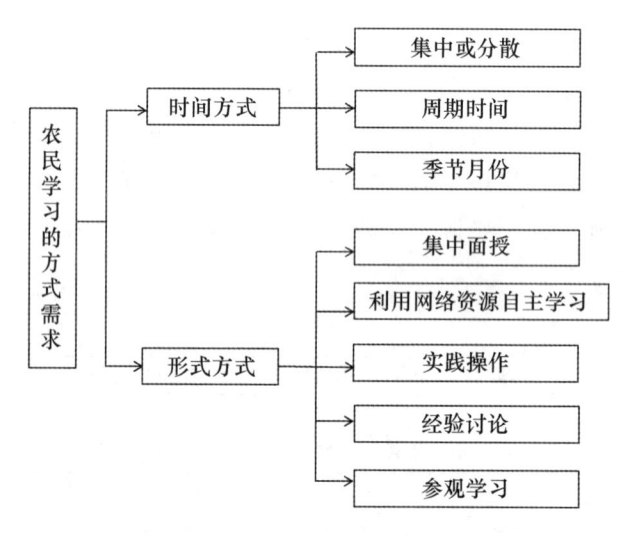

```
                                    ┌─ 集中或分散
                     ┌─ 时间方式 ───┼─ 周期时间
                     │              └─ 季节月份
农民学习的方式需求 ──┤
                     │              ┌─ 集中面授
                     │              ├─ 利用网络资源自主学习
                     └─ 形式方式 ───┼─ 实践操作
                                    ├─ 经验讨论
                                    └─ 参观学习
```

图 7-2 农民学习的方式需求

除了对学习时间的集中和分散要求以外,农民也会对培训周期时间和季节月份有要求。培训周期时间指培训从开始到结束持续的时间,比如 1 周、1 个月、2—3 个月等。周期时间需求不仅与农民农业生产的繁忙程度和剩余时间多少有关,农业生产越繁忙,剩余时间越少,农民学习需要克服的阻力越大,期望的培训周期越短;而且与农民的预期收益判断有关,学习会占用农民务农之外的时间,存在放弃其他活动的机会成本,如果农民对培训的满意度较高,或者预期判断通过培训能够提高或改善生产经营能力,收益就会大于机会成本,农民就会愿意进行较长时间周期的培训,否则,则存在消极心理,希望较少地占用机会成本,希望培训尽快结束。培训的季节月份要求指培训时间安排在一年中的哪个月份,这与农民种养殖品种的季节性有关,一般与农闲月份对应。

学习形式指农民获得知识和技能的渠道，包括集中面授辅导、利用网络资源自主学习、实践操作为主、经验讨论为主、集中辅导与实践操作为主、参观学习等，都是农民可以利用的学习形式。基于农民个体的学习内容需求、文化水平、闲暇时间、学习积极性等方面的不同，农民个体间对学习形式会有不同的侧重。

三 农民学习的帮扶需求

对于政府提供的培训机会，农民积极参与绝对不是简单的补贴激励的结果，更多地来自对自身素质能力的改善需求，农民希望通过培训掌握更多的种植技能、生产知识、科技知识等，根本目的是获得致富能力、提高收入。而要达到这一目标，农民就必须改变或优化当前的生产经营情况，这就存在两类问题的解决，一是生产经营创新和风险降低的经营战略问题，二是生产经营中遇到的具体困难。对于这两类问题的解决，通过人力资本投资，提高农民素质可以实现。但是培训对这两类问题解决的逻辑是不一样的。对于第一种问题的解决，培训通过给予农民一整套从理论到实践的知识、技术及操作方法，提高农民生产素质、开阔眼界、转变理念来实现，而农民将生产素质和新的经营认识转化为能够带来一定经济效益的生产能力，则需要农民智力、体力的加工和转换。农民的吸收、理解、领悟和灵活运用能力的差别，会导致同样的老师、同样的教材、同样的知识内容，农民的收获是不一样的，加之生产经营创新和风险降低的经营战略问题，更依赖农民准确的市场判断、敏锐的信息捕获和分析能力。因此，在第一类问题的解决中，培训提供的是基本认知，不是直接的解决方案，直接的解决方案需要农户自己提供。对于第二种问题的解决，培训通过给予农民有针对性的操作技能和方法来实现。针对农民遇到的具体种植、病虫害防治、产品营销等问题，专家提供解决方案，农民只需接受和运用就可以，相对于第一种情况，个人分析判断能力所占的比重较少，具体困难也比较容易解决。但是面临的困难则是专家与农户的"一对一"条件是否满足。培训本身是一对多的教育方式，专家提供的知识和技能一般具有普遍性，不专门针对某一农户，如果教授的内容正好适用于自家情况则较好，如果不能完全对应上，则需要农民要么举一反三，要么与专家单独沟通，后者就需要农民付出时间和金钱成本，同时还要取决于专家的意愿。

农民更希望通过培训能解决实际的问题，而实际问题的解决也会使培训的效果显而易见，也容易成为农民衡量培训效果的标准。因此，农民学习的要求中普遍存在帮扶需求，即希望专家能够帮助解决自家遇到的生产经营难题。

四　农民学习的致富需求

致富需求是农民学习的根本需求。农民的学习带有极强的目的性。首先，农民学习不以武装自己为根本目的，不是遵循学历教育中的"理论知识构建—专业能力锁定—工作就业"的步骤，而是类似继续教育中的"工作就业—知识空缺—知识弥补"的逻辑。尽管学习的直接动机来自知识的匮乏，通过学习可以提高生产素质，但是这不是农民进行人力资本投资的根本目的，只是实现目的的手段，根本目的是能够致富。也就是说农民仍然具有小农思维和功利心理，只对判断为能够增加致富能力、提高收入的培训内容感兴趣。这就要求在有限的培训时间内，培训内容不是越理论化、越深奥、越前沿、越系统越好，而是要抓住生产经营中的现实情况，提供现实的专业技术，解决农民的现实问题。其次，农民学习不以获得学历为目的。目前对农民的培训很多，来自农业局、林业局、教育局等很多短期培训，培训结束后有的发放合格证明，有的没有，但是一样的是都不提供学历证书。学历证书作为知识掌握能力的凭证，是就业的重要能力证明，但是农民已经从事生产活动，不存在就业，自然对学习获得学历的诉求不多。农业生产是实践性很强的工作，学历的高低不能决定农业收入的高低，还需要看个人的创业能力、领悟能力、实际种植管理能力等。农民的学习更加务实，更看重的是生产技能的提高、先进经营管理策略的掌握。因此，考试通过率、证书发放率不是激发农民学习积极性和吸引农民参加培训的有效手段。最后，农民学习的致富需求是不一样的。对于一般的农户，期望通过学习提高生产技术、掌握更多的先进种养殖经验，提高产量，降低风险。对于种植大户，期望通过学习解决规模经营中的经营管理和市场风险问题，希望获得市场信息、行业分析等方面的咨询。对于企业经营者，期望通过培训获得更多的政府重视和政策扶持、开阔视野，获得先进的经济管理知识和经营理念。因此，针对不同的农民特征，培训不单单满足于提供实用知识，还应该区分对象，开展不同阶段的培训。

第二节 农民学院参与新型职业农民培育的需求导向

农民对学习需求的特殊性，是由农民特征及其农业生产特质决定的，对农民的教育也应该以农民需求为导向，才能"对症下药"。

一 农民学习需求的影响因素

产业农民老龄化、受教育程度低的自身特质，使其学习能力、接受理解能力以及对学习需求有别于在校学生，并且这些特征在农民之间的差异表现也会影响其人力资本投资意愿的强弱。农户的经营产业会影响农民学习的内容需求、方式需求。农业生产特性影响农民学习的内容需求、方式需求、帮扶需求。农业经营规模经营农民学习的致富需求（见图7-3）。

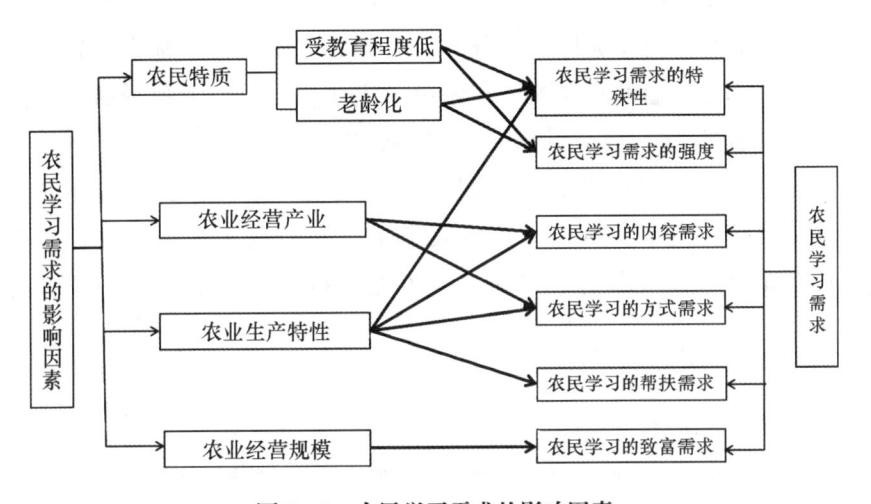

图7-3 农民学习需求的影响因素

（一）农民特质

农民的特质决定农民的学习需求具有特殊性。在长期城乡二元结构的体制下，农村呈现发展性公共资源薄弱或匮乏的情况，并且受到劳动力流动效益导向的影响，来自农村的优秀人才也正大规模地"逃离"农村，人力资源供给不足。受到公共产品供给不均和自身人才供给不足内外两方面因素的影响，农村从事农业生产的劳动力呈现老龄化、受教育程度低的现状，农民的学习能力、接受理解能力在农民之间也存在差异。

1. 学习能力影响人力资本投资

Spence（1973）的研究表明，学习能力强的人接受同样的教育其学习成本要比低学习能力者低，高学习能力的人倾向于接受更多的教育。[1] 影响其学习能力的因素主要是之前所受的教育水平、从事农业生产的经验。学校的正规教育是就业培训或职业培训的预备性阶段，对后续的职业培训具有十分重要的作用。"一个人受过更多的正规教育，对于参与农业职业教育培训就具有更高的学习能力"[2]。由于农业生产的特点决定了农业生产不可能像工业生产一样进行细致的分工，就像亚当·斯密（1983）在《国富论》中所论述的那样，"木匠的职业和铁匠的职业，通常是截然分开的，但畜牧者的业务与种稻者的业务，不能像前者那样完全分开。纺工和织工，几乎都是分别的两个人，但锄耕、播种和收割，却常由一人兼任。农业上种种劳动，随季节推移而巡回，要指定一个人只从事一种劳动，事实上绝不可能"[3]。作为农业经营者必须懂得土壤、气候和播、种、收各环节的知识，因此，一个具有长期从事农业生产经验的人在参与农业教育培训方面将具有较高的学习能力，可能会接受更多的农业职业教育培训。

---

[1] Michael Spence, "Job Market Signaling," *Quarterly Journal of Economics*, Vol. 87, August 1973.

[2] ［美］J. 明塞尔：《人力资本研究》，张凤林译，中国经济出版社2001年版，第89页。

[3] ［英］亚当·斯密：《国富论》，郭大力、王亚楠译，商务印书馆2014年版，第3页。

2. 年龄影响人力资本投资

Becker[①]和Mincer[②]把收入和人力资本投资的时间剖面相联系，提出了机会成本运用到接受学校教育或培训所花费的实践成本分析中，并提出一个分析收入与受教育水平的生命周期模型。其基本思想是人们通过放弃当前的收入对自己进行人力资本投资，虽然开始收入很低，但是以后随着投资的减少和过去投资的回报逐渐实现，收益将会逐渐增加。年轻时对自己进行最大限度的人力资本投资的原因是他们预期将得到一个较长时期的人力资本投资回报。Yoram Ben-Porath 将个人面临的人力资本投资需求、供给和成本条件相结合，提出了人力资本投资的生命周期模型[③]。由此，可以分析随着年龄的增大，"机会成本"会增加，并且认为学习能力不足，通过培训不能获得"可迁移技能"，对未来获得较大收益的期望降低，人力资本的投资数量将下降。

（二）农业经营产业

农民所经营的产业直接决定农民学习的内容需求。经验表明，各地的新型职业农民培育的培训课程，都是基于产业开设的，而不是区域，区域只是一个培训载体或者说是培训点，因为有些培训课程是直接开设在乡镇的，以方便农民就近学习。具体的班次设置是依据不同的产业开设不同的培训班。当前农民的种植表现出区域性，每个村庄都形成了具有鲜明特色、规模较大的种植品种，所以，实际上每个培训点会专注一两个产业的培训，或者培训课堂上的农民会来自同一个区域。农民所经营的产业也会影响农民学习的方式需求。根据前文对农民学习方式需求的论述，包括集中和分散、周期时间、季节月份三个维度的内容。不同的农业品种的耕种时节、生长周期、投入精力和投入时间是不一样的，所以，农民的闲暇时间段和连续性也是不一样的，该产业培训班适宜的

---

① Becker G. S. , "Investment in Human capital: A theroetical analysis," *Journal of Political Economy*, Vol. 70, 1962. Becker G. S. , *Human capital: A theroetical and Empirical Analysis with Special Rwference to Education* 2nd edn. , Chicago: University of Chicago Press, 1983.

② Mincer J. , "Investment in Human capital and Personal Incom Distribution," *Journal of Potitical Economy*, Vol. 66, 1958. Mincer J. "On-the-Job Training: Costs, Returns, and Some Implications," *Journal of Political Economy*, Vol. 70, 1962.

③ Yoram Ben-Porath, "The Production of Human Capital and the Life Cycle of Earnings," *Journal of Political Economy*, Vol. 75, 1967.

培训密度、周期时间、季节月份也会存在差异。

（三）农业生产特性

农业生产特性决定农民要求学习的内容不同于常规学历教育。农民的学习热情是基于农业生产的现实要求，现代种植技术、优秀良种判断、市场行情分析、病虫害抗御技能等知识的或缺或落后，迫使农民亟待更新知识和技术，学习是必经之路，农民的学习内容有别于学历教育。农业生产特性影响农民学习的时间方式需求。农民的主要工作时间用于农业劳动，由于农业生产需要细心耕作，工厂流程化生产方式无法替代，农民目前的现代化技术普遍不高，在总投入中，人力资本投入的比例比较高，因此，农民没有长时间脱产学习的现实条件，就连每天的短时间学习也受时间限制，农民的学习方式不同于脱产的学生。农业生产特性影响农民学习的帮扶需求。由于具体的农业生产中具有高度的实践性，农民在农业种植中会不断地遇到问题和解决问题，一次学习不是一劳永逸的，并且每个农民由于在种植规模、品种、具体操作等方面的不同，同一时期遇到的问题是不同的，并且对这些问题的解决直接影响到当年的产量，是非常棘手的事情，这就使得农民对学习的渴望不仅是获取通识类知识，还需要能解决自家困扰的办法。

（四）农业经营规模

规模经营使农民产生学习的致富需求。保持传统种植方式和小农经济是无法致富的。然而，在大规模、机械化的生产模式中，面对高人工成本、高土地成本、市场价格波动、国际市场价格冲击等因素的制约，规模经营不是简单的土地流转和生产资料投入增加，而是需要技术创新[1]。由此，农民产生学习的驱动力，农民学习带有极强的目的性或"功利性"——致富需求。

规模大小影响农民学习的致富需求，不同经营规模的农户学习的致富需求是不一样的。随着土地流转和适度规模经营，农业经营方式也在不断创新，涌现出了种植大户、家庭农场、合作社、农业企业等新型经营主体，他们成为农业生产的主力军和带动者。农业经营主体的经营规

---

[1] 杨璐璐、危薇：《农村土地规模经营的智慧农业信息化建设》，《国土资源科技管理》2017年第1期。

模、收入水平也在出现分化，一些农民继续延续家庭种植方式，一些农民则扩大规模，雇佣劳动力，使用大型机械，创造着上百万的农业产值。经营规模决定农民面临的生产经营方式及其困境是不同的，农民学习的致富需求也是不一样的。经营规模较小的农户，一直对传统农业依赖较强，农业所得有限，参加培训的致富需求主要集中在技术和产出上，即如何改进生产技术、提高农作物产出、扩大经营规模，从而获得更多的结果（产量、收入）。经营规模较大的农户，已经掌握了规模经营的生产技术，有了产出量的增加，参加培训的致富需求则是管理和创新上，即如何运用现代管理技术、如何降低规模经营成本和风险、如何扩大销路，更多地思考经营模式的创新。不同经营规模的农户所面临的农业发展阶段是不一样的，一个寻求量的提升，一个探索质的改变，学习的致富需求是不一样的。

二 以农民需求为导向的农民培育

基于前文的论述，农民老龄化、受教育程度低的自身特质，使农民的学习能力、接受理解能力以及对学习的重视程度有别于在校学生，并且这些特征在农民之间的差异表现也会影响其人力资本投资意愿的强弱。农业经营的产业品种、农业生产特性和经营规模使农民的学习需求在内容、方式、帮扶、致富四个方面存在特殊性和农户差异。因此，新型职业农业培育要尊重农民学习需求与其他教育的特殊性和农户之间的学习需求差异，在把握需求影响因素规律的基础上，从这些来自农民和农业的影响因素出发，设置培育方案。具体表现为：区分素质进行分阶段教育培训、区分产业进行分专业教育培训、区分时节进行分时段教育培训、区分规模进行分方式教育培训。

（一）区分素质进行分阶段教育培训

农民的素质体现在两个方面：一是农民的文化素质。农民的文化程度整体来看较其他群体较低，农民之间又存在文化程度的差异。文化程度不同，学习能力不同，对人力资本投资的积极性和接受程度不同。二是农民的农业生产经验。农民的生产经验不是单单依靠时间的积累，而是取决于生产规模和品种。经营大户、家庭农场主、企业经理的农业生产经验往往多于一般的农户。针对农民的不同素质，新型职业农民培育要设置分阶段的教育培训。首先，设定培育阶段，比如初级、中级、高级，明确各个阶段的培育内容和培育目标，培育内容要有衔接性和层次区分，培育目标要有明确定位及合理的梯次设定。其次，划定培育门槛，明确每个阶段的培育对象和素质要求，培育对象的素质要求要与培育内容相适应。再次，明确每个阶段的培育合格标准，颁发合格证书，以证明农民当前的素质水平，为下一阶段的培育做好进入门槛的素质识别工作。最后，合理控制各阶段的培育规模，根据农民实际情况，动态调整各阶段培训内容，但是要保证同一阶段技能水平的统一性。

（二）区分产业进行分专业教育培训

一方面，专业的设置必须考虑到农业生产的区域特性、产业特性及其现代农业发展的需要。每个省、市基于不同的自然地理条件和资源禀赋，适合的农作物品种不一样，即使是在同一个县的不同村也会有各自的农业特色，专业的设置要考虑到本行政区域农业生产的所有产业和优势品种。在确定区域农业产业之后，不是在所有的产业上都一一对应开设产业课程，而是针对每个产业生产中农民急需的技能开设更加细化的专业，一些农民已经具备的生产技术没有必要拿来培训。随着农业现代化的发展，针对规模经营和大型机械、智能技术的运用，农民急需经济管理、市场营销、信息化管理、电子商务等方面的知识，培训应该顺应现代农业发展的趋势，敏锐地捕捉到市场经济的环境变化和科技创新。另一方面，专业的设置要考虑层级阶段农民素质和实际需求。不是所有的专业在初级、中级、高级阶段中都要上下对齐的设置。专业的设置要考虑每个素质段的农民需要什么。比如初级培训中，农民更多的是需要能解决常见问题的简单的生产知识和技术；中级培训针对的是学历层次和农业生产经验更多的农民，培训应该更多地涉及经营管理、市场判断、风险规避等方面的知识；高级培训则针对的是新型农业经营主体带头人和农民精英，培训内容涉及物联网、电子商务、创新发展等推动现代农业发展的知识。

区分产业进行分专业教育培训才能体现培育的专业性、科学性，农民才能真正学到务实的实践知识，专业知识的学习又可以反过来指导农民经营产业结构的调整，不断优化农业产业发展。

(三) 区分时节进行分时段教育培训

区分时节进行分时段教育培训来自于农户的经营产业和农业生产特性导致的农民学习的时间方式需求。首先，农民教育培训应该采取短期不脱产学习的方式。由于农民的闲暇时间有限，即使短时学习也要受到单次时间限制。其次，合理控制上课密度。短期不脱产培训要提供一段时间内的学习紧张氛围和学习强化刺激，保证学习记忆的连续性和强化效应。在满足农民每日基本农业生产劳动用时以外，占用重复性闲暇时间进行培训，一般采用每日上课的方式，而不是一周一次课的方式。再次，短期学习要保障一定的持续时间。要完成教学内容，使农民达到一定水平的知识积累，农民培训必须持续一段时间。而这个时间周期既要考虑到专家的连续时间、教学内容量、教学目标，又要考虑到农民的学习成本（机会成本、时间成本）。时间太长的话，外聘专家没有连续的时间满足，农民本身进行人力资本投资具有非强制性，农民的机会成本和时间成本太高会产生消极情绪、降低参加培训的可能性；时间太短的话，知识传授只能点到为止，不仅不能达到提高农民素质的目的，也会使农民形成"走形式"的印象。所以学习周期应该适宜，连续学习周期控制在1个月以内为宜。最后，培训班开设的时间要考虑到"机会成本"。一方面在整体时间安排月份上，各产业的培训班开设在该产业农闲的时节，从而降低人力资本投资的时间成本；另一方面在上课时间上，如果是短期不脱产培训并且采取每日上课的方式，具体时间不能太长，要留给农民务农的时间，并考虑农民的学习耐性。

(四) 区分规模进行分方式教育培训

根据农民经营规模将农民分为一般农户、经营大户、新型农业经营主体带头。针对一般农户，结合经营产品和品种，主要进行"普训式培育"，即传授农业种养殖技能，提高产量和抗病虫害的生产能力。在培训内容上传授新技术、新品种、新模式，提升农民生产实践操作能力，在培训方式上依托理论和实践教学方式，通过举办培训班、送科技下乡等形式进行课堂讲授和技能传授，讲授内容要浅显易懂，用农民熟悉的语言和通俗化表达方式，并且具有针对性和实用性。

针对于经营大户，其文化素质要由于一般农民，在规模经营中已经掌握了基本的种养殖技术、基本的市场行情分析和传统营销手段，主要进行"优化式培育",即传授现代农业生产技能、规模经营管理信息化手段、培育产业化发展思维,提高规模经营效益,增强抗风险能力。在培训内容上,在传授规模生产技能的基础上,重点培训规模种养殖风险控制、经营管理经验和市场营销知识,实施创业教育;在培训方式上,一是采取一对一技术指导,为农民提供个性化、针对性的发展指导,二是开阔发展视野,组织参观现代示范园区、典型生产基地,实地考察现代农业生产和新技术的应用,培养农民创新农业生产经营方式和创新农业产业化发展的能力。

针对新型农业经营主体带头人,则要进行"鼓励性培训",即加大硬件、技术、方案、政策等方面的综合性投入,通过构建技术、政策扶持网络,提供创新创业空间和资源优势平台,增强新型农业经营主体带头人发展的支撑力量。在培训内容上,以开阔视野和产业引领为主,扩大农民现代农业经营的思维,激发创新能力,扶持新产品开发、市场拓展、项目开发,增强持续发展能力和产业化方向。在培育方式上,构建新型农业经营主体带头人与基层政府、农技专家、产业行业内跨区域示范园区的交流平台,不断开阔视野和提供发展资源,开展经常性经验汲取、经验探讨和问题交流、征集,寻找农业现代化的发展着力点、难题解决对策、持续发展机制和产业创新、做大、做强的政策氛围。

第三节　湖州实证分析:基于农民需求的视角

一　样本选择

湖州地处浙江省北部,下设吴兴区、南浔区两区,管辖长兴县、安吉县、德清县三个县,2015 年生产总值增速排在浙江省前列,位列第四位。近几年湖州市以国家现代农业示范区建设为目标,深入实施现代农业提升行动,保持了农业经济稳定发展的良好态势,在 2014 年全省工业现代化综合评价中,蝉联第一。新型职业农民培育、现代生态循环农业等国家级试点有序推进,农村"三权"改革、农作物秸秆禁烧与综合利用、渔民陆上安居工程建设等工作走在了全省前列。特别是 2014 年被农业部确定为全国首批整市推进的新型职业农民培育试点后,创新培育模式,取得了较好的成绩,"七位一体"的培育模式被农业部列为全国十大职业农民培育典型模式。湖州自 2010 年 4 月湖州农民学院成立以来，学校积极承接湖州市新型职业农民培育与管理工作，累计完成新型职业农民培育 4972 名，认定 4650 人。紧盯高端人才培养，采取与浙江大学合作等方式，开展了"湖州市农业推广人员高级研修班""新型农业经营主体高级研修班""农村电子商务专修班等系列特色主题高级研修班"，"122 人参加培训研修"。开展"农民创业大学堂"普训式教育，丰富完善"新型农民创业大讲堂"100 讲课程菜单，根据农民教育需求，在三县两区累计开展讲座 150 多讲，受惠人次达 7000 多人。

　　2016 年湖州农民学院对新型职业农民培训的安排是 15 天，各县区可按照时令适当分两段进行培训。通识课程在 6 月完成，专业技能课程在 9—11 月，考察另外单独安排。9 月和 10 月各区县专业技能培训课程集中开班。对完成培训课程学习，经过考试、考核合格的参训学员，由县（区）培训机构上报名单，按照《湖州市新型职业农民培育认定管理办法》，发放由当地县（区）人民政府或受政府委托的农业行政部门颁发新型职业农民证书即成为新型职业农民。各乡镇开设的培训课程产业方向与当地的种养结构、农民需求相对应，具有地区农业产业代表性，同时，培训班对农民的集中整合和人员记录，为选择调查对象和提高调研效率提供了便利。因此，选择 2016 年 9 月和 10 月培训获证的新型职业农民为研究对象。

　　此次专业技能课程的培训内容涉水产、花卉苗木、蔬菜、水果、休闲观光、粮油、竹笋 7 个产业方向，培训范围涵盖 14 个乡镇，分别在各乡镇成校教学点进行，每个乡镇开展哪个产业的培训内容依据当地农民农业生产特性和需要开展（详见表 7-1）。课题组根据农业产业分布，选择具有湖州农业特色的水产、花卉苗木、蔬菜、水果、休闲观光 5 个产业，每个产业选择 2—3 个典型乡镇，共 11 个乡镇进行调研。就农民基本情况、职业农民教育情况、其他教育或培训情况、农户生产经营情况、农民培训需求几个方面，在当地土管部门、农业部门、农民学院大力协助下，从每个乡镇中随机选取 40—50 名农民发放"新型职业农民职业教育情况调查表"。本次调研共发放问卷 560 份，回收问卷 470 份，其中有效问卷 407 份。以 407 位农民的调查结果为样本，整理出湖州新型职业农民基本情况、新型职业农民接受职业教育的情况，新型职业农民农民培训需求情况。

表 7-1　　2016 年秋湖州市新型职业农民培育课程

课程	时间	地点	类别	地点
花卉苗木肥料管理新技术	10 月 9 日	双林成校	花卉苗木	双林成校
	10 月 10 日	南浔成校	花卉苗木	南浔成校
现代绿化技术	9 月 24 日	双林成校	花卉苗木	双林成校
现代绿化技术	9 月 25 日	南浔成校	花卉苗木	南浔成校
蔬菜生产基本知识	9 月 20 日下午	织里成校	蔬菜	织里成校
蔬菜生产产销现状（赴八里店现场授课）	9 月 21 日下午	织里成校	蔬菜	八里店基地
蔬菜生产基本知识	9 月 24 日下午	练市成校	蔬菜	练市成校
蔬菜生产产销现状	9 月 25 日下午	练市成校	蔬菜	练市成校
蔬菜生产基本知识	9 月 27 日下午	埭溪成校	蔬菜	埭溪成校
蔬菜生产产销现状	9 月 28 日下午	埭溪成校	蔬菜	埭溪成校
水稻全程机械化生产	10 月 12 日上午	旧馆成校	粮油	旧馆成校
	10 月 12 日下午	八里店成校	粮油	八里店成校
池塘养殖饲料营养与投喂技术	9 月 20 日	织里成校	水产	织里成校
	9 月 21 日	练市成校	水产	练市成校
	9 月 22 日上午	道场成校	水产	道场成校
	9 月 22 日下午	千金成校	水产	千金成校
	10 月 11 日上午	菱湖成校	水产	菱湖成校
	10 月 12 日上午	八里店成校	水产	八里店成校
	10 月 18 日下午	东林成校	水产	东林成校
	10 月 19 日下午	石淙成校	水产	石淙成校
油菜高产栽培（或旱粮生产技术）	10 月 10 日上午	八里店成校	粮油	八里店成校
	10 月 10 日下午	旧馆成校	粮油	旧馆成校
鲜食玉米高产高效栽培技术	10 月 11 日上午	旧馆成校	粮油	旧馆成校
	10 月 11 日下午	八里店成校	粮油	八里店成校
秸秆综合利用	10 月 16 日上午	旧馆成校	粮油	旧馆成校
	10 月 16 日下午	八里店成校	粮油	八里店成校
水稻高产栽培	10 月 13 日上午	旧馆成校	粮油	旧馆成校
	10 月 13 日下午	八里店成校	粮油	八里店成校
农作制度创新	10 月 14 日上午	旧馆成校	粮油	旧馆成校
	10 月 14 日下午	八里店成校	粮油	八里店成校
植物保护（水稻害虫及其生态治理）	10 月 15 日上午	旧馆成校	粮油	旧馆成校
	10 月 15 日下午	八里店成校	粮油	八里店成校

续表

休闲农业与企业众筹策略	9月19日上午	善琏成校	休闲观光	善琏成校
	9月19日下午	和孚成校	休闲观光	和孚成校
	9月20日上午	南浔成校	休闲观光	南浔成校
休闲农业与生态环境保护	9月20日上午	善琏成校	休闲观光	善琏成校
	9月20日下午	和孚成校	休闲观光	和孚成校
	9月21日上午	南浔成校	休闲观光	南浔成校
休闲农业与品牌战略	9月21日上午	善琏成校	休闲观光	善琏成校
	9月21日下午	和孚成校	休闲观光	和孚成校
	9月22日下午	南浔成校	休闲观光	南浔成校
休闲农业类型与模式	9月22日上午	善琏成校	休闲观光	善琏成校
	9月22日下午	和孚成校	休闲观光	和孚成校
	9月23日上午	南浔成校	休闲观光	南浔成校
休闲农业的经营管理	9月23日上午	善琏成校	休闲观光	善琏成校
	9月23日下午	和孚成校	休闲观光	和孚成校
	9月26日上午	南浔成校	休闲观光	南浔成校
休闲农业的规划与设计	9月26日下午	和孚成校	休闲观光	和孚成校
	9月27日上午	南浔成校	休闲观光	南浔成校
	9月28日上午	善琏成校	休闲观光	善琏成校
休闲农业发展趋势与创新思路	9月26日上午	善琏成校	休闲观光	善琏成校
	9月27日下午	和孚成校	休闲观光	和孚成校
	9月28日下午	南浔成校	休闲观光	南浔成校
竹林防灾减灾关键技术	6月19日	埭溪成校	笋竹	埭溪成校
竹笋加工利用（笋干）	9月13日	埭溪成校	笋竹	埭溪成校
毛竹林下经济高效培育	9月26日	埭溪成校	笋竹	埭溪成校
竹子生长发育与主要影响因子	9月27日			

（注： 为课题组选择的调研乡镇和产业。）

二 湖州新型职业农民的基本情况分析

（一）农户个体特征

1. 性别构成

从性别来看，从接受调查的407个样本中，男性新型职业农民占67.4%，女性新型职业农民占32.6%，男女比例不协调，男性比例比女性高出 24.8 个百分点。说明男性和女性农民都有较强的意愿参加培训，但是男性的培训意愿比女性更强。这与家庭农业生产中男性和女性的分工和角色有关。

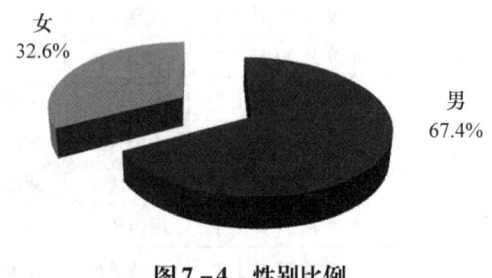

图 7-4　性别比例

2. 年龄构成

在调查对象中，参加培训农民中 50 岁以上的农民最多，占调查总数的 46.4%；其次是 40—50 岁的农民，占调查总数的 35.2%；最低的是 40 岁及以下年龄组，只占调查总数的 18.4%。由此可以看出，50 岁以上农民是参加新型职业农民培训的主体。

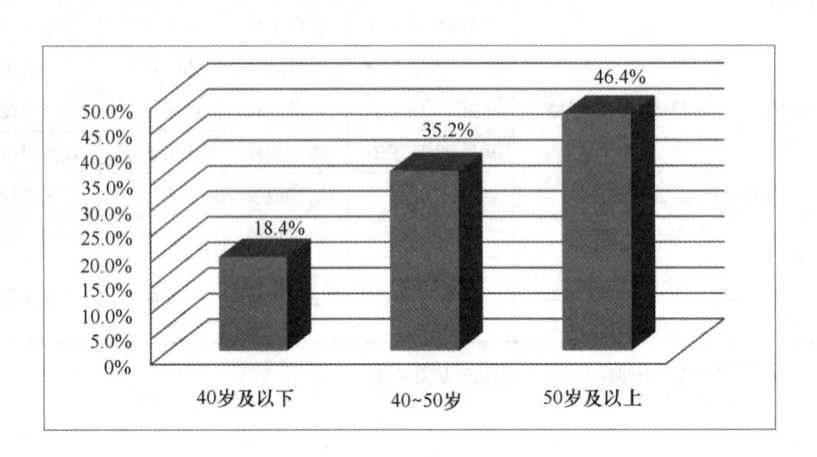

图 7-5　年龄结构

3. 学历构成

从农民受教育程度来看，初中文化程度占被调查总数的 46.9%；其次是小学与高中文化程度，所占比例分别为 17.4% 和 17.1%；再次是中专及职高、大专文化程度，占调查总数的15.3%，大学本科及以上文化程度的农民所占比重较小，仅为1.5%，文盲有1.8%。统计结果显示，参加新型职业农民培训的农民，文化程度为高中、中专及以上学历的人数占被调查总数的33.9%，没有超过一半，而初中文化程度虽然占比最多，但是也没有超过一半，因此小学及文盲竟然占到了将近20%。参加新型职业农民培训的农民学历普遍偏低，以初中学历为主。

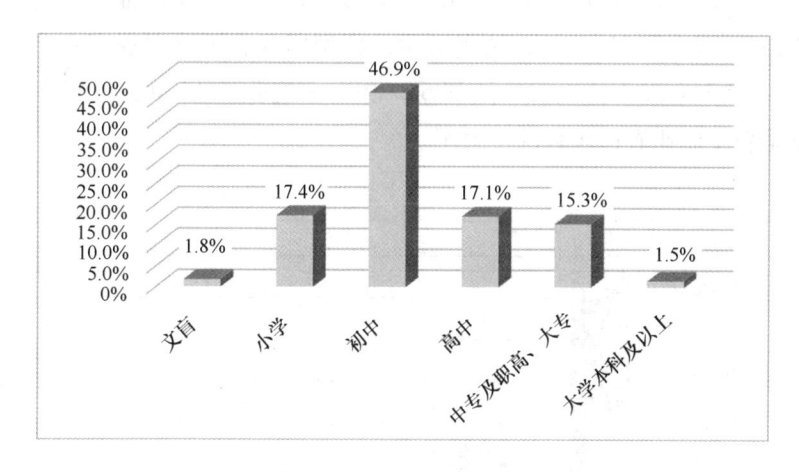

图7-6 教育程度结构

4. 就业方式

调查结果表明，在农民就业方式中，务农占有最大比例，达到

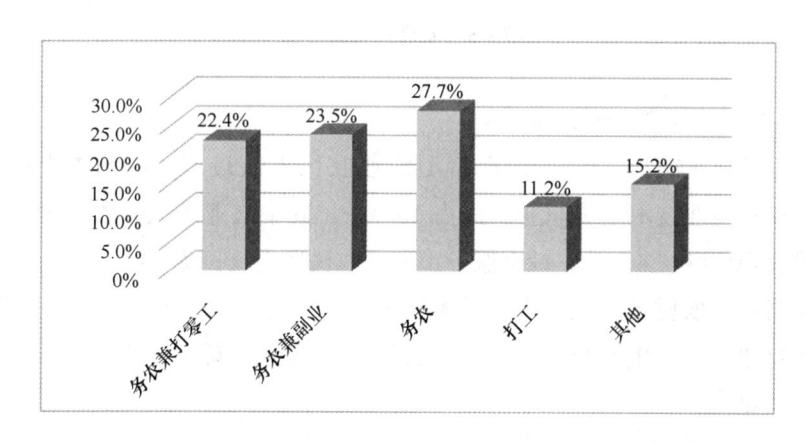

图7-7 就业方式结构

27.7%；务农兼副业和务农兼打零工的比例分别达到23.5%和22.4%，其他占15.2%，打工占11.2%。

(二) 2015年家庭总收入

从农民家庭总收入来看，10万元以下的新型职业农民所占比例最高，达到64.9%；再次10万—30万元的新型职业农民，占调查总数的28.0%；30万—50万元的新型职业农民的家庭收入占被调查总数的3.9%。家庭收入50万—100万元、100万元以上的新型职业农民，分别占比为2.7%、0.5%。统计结果显示，新型职业农民培训规模主要是家庭收入10万元以下的农民，达到64.9%。家庭收入在30万元以上的农民不是新型职业农民培育的主力军。

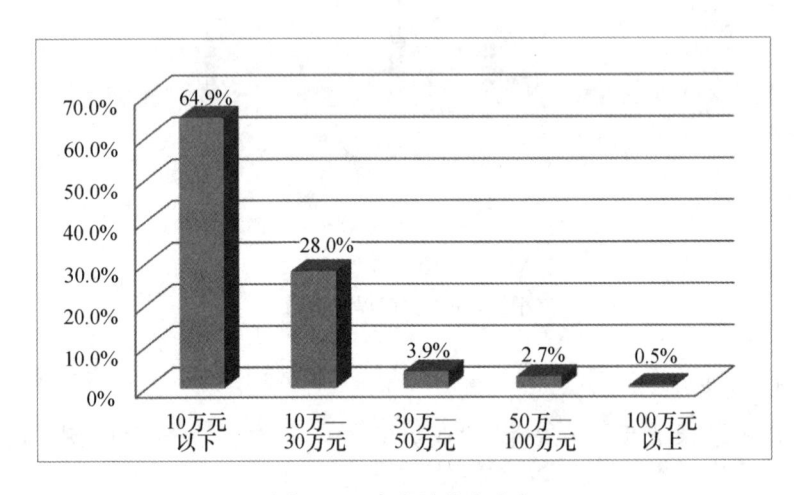

图7-8　家庭总收入分布

(三) 属于职业农民类型

在统计的样本中，生产经营型职业农民人数最多，占调查农民的69.8%；专业技术型中职业农民占15.3%，其中农业工人、农业雇用工分别占10.9%、4.4%；社会服务型职业农民所占比例为14.9%，其中农村信息员、农村经纪人、农业技术员所占比例分别为7%、0.9%、7%。调查结果显示，生产经营型职业农民数量最多，是新型职业农民培育的主要类型。

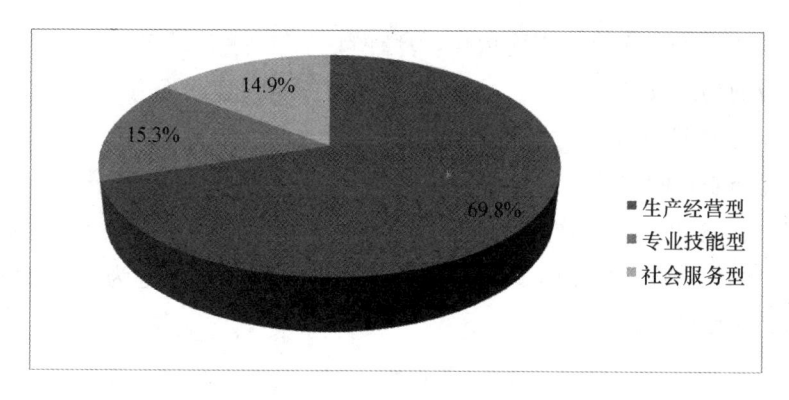

第七章 农民学院参与新型职业农民培育的运行机制 / 163

图 7-9 职业农民类型

(四) 农业生产经营情况
1. 所从事的工作领域构成

通过对家庭收入主要来源领域进行统计，并且考虑家庭收入来源多样化的情况，结果显示接受调查的新型职业农民主要以种植业为主，占调查总数的 40.3%，其中粮食生产占 25.8%，果蔬种植占比为 14.5%。其次是工资收入，占调查总数的 39.7%。最后是水产养殖，占 32.9%。私营企业、外出打工所占比重相对较高，分别为 13.2%、12.3%。畜牧业、土特产加工、其他行业所占比例均不足 10%，分别为 8.8%、1.6%、8.5%。综合上述结果，种植业、工资性收入、水产养殖业是湖州新型职

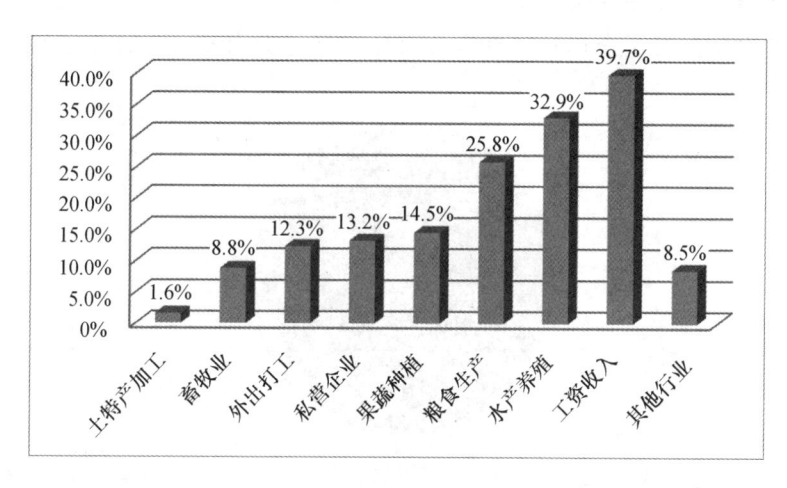

图 7-10 成为职业农民前，家庭主要收入来源

业农民从事工作领域的主要选择，选择畜牧业、土特产加工、其他行业等领域的相对较少。

2. 生产经营方式

受访农户的农业生产经营方式的统计显示，个体家庭经营仍然占一半以上，65.48%，其次是家庭农场占16.77%；农户与合作社或企业联合生产的方式都不足10%。职业农民的生产方式仍以家庭为单位，家庭经营是主要的农业经营方式。

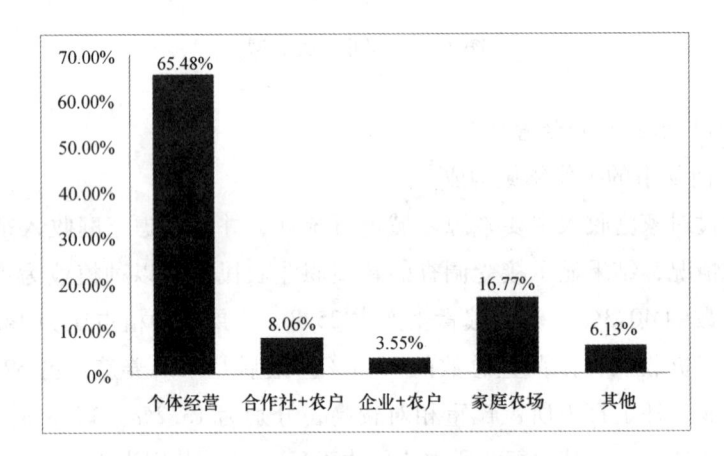

图7-11 农业生产经营方式

3. 农户的社会角色

"若存在农业合作社，在合作社中的角色是什么？"回答该问题的

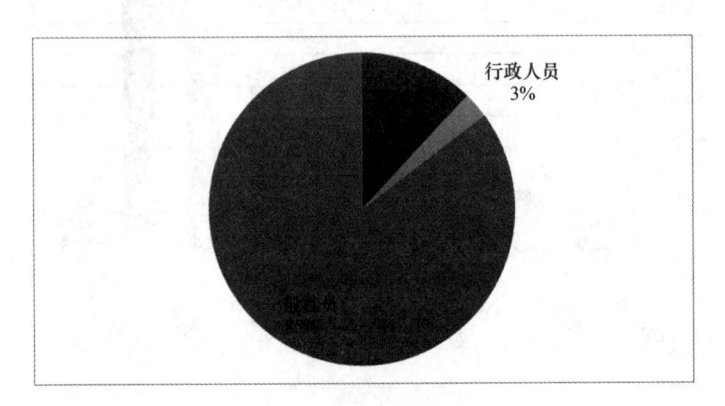

图7-12 受访农户的社会角色

受访农民中，85%都是一般社员，管理人员仅占到12%。农业合作社的管理人员一般为该产业的养殖大户和带头人。一般社员占到85%说明职业农民培育的主体是普通农业生产者，并不局限于养殖大户，与之前对于家庭总收入的调查结果显示的培训对象64.9%来自10万元以下的农民相吻合。这一比例也说明调查对象分布合理，数据统计有效。

三 湖州新型职业农民接受职业教育的情况

（一）培训经历情况（除湖州农民学院以外）

1. 培训经历

在接受调查的407位新型职业农民中，有227人之前参加过其他培训，占55.8%；有180人没有参加过湖州农民学院之外的培训，占调查人数的44.2%。参加过其他培训的农民中，45.6%的农民参加过政府组合的培训，28.3%的农民参加过村委会举办的培训，10.6%的农民参加过农民专业合作社或专业协会组织的培训，8.0%的农民参加过企业组织的培训，8.0%的农民参加过学校或科研机构组织的培训，7.5%的农民参加过公办培训机构的培训，4.9%的农民参加过民间培训机构组织的培训，4.4%的农民参加过农技推广站的培训。另外，参加其他培训的农民占到26.1%。数据结果显示，组织培训的单位较多，农民有较多选择，培训的主导力量主要是地方政府和村委会，乡镇农技推广站、企业组织、专业合作社、学校、培训机构，公办培训机构仅占7.5%，说明其培训作用尚未充分发挥，应引导和加强这些培训主体充分参与培训工作，发挥自身优势，实现资源优化配置。另外，选择"其他"项农民的比例比较高，这一数据不能简单地理解为还有其他培训机构没有涉及，也说明农民对于培训组织单位并不了解。

对180位未参加其他教育或培训的农民进行原因调查，发现35.9%的农民认为自身没有时间参加培训，36.1%的农民认为当地没有组织，34.5%的农民认为没有信息来源，不知道培训信息。少部分农民认为费用太高或其他原因，所占比例分别为0.8%、4.2%。从总体上来看，不知道培训信息、当地缺少培训机构是农民未接受培训的主要客观原因,当地政府和培训机构应加强宣传,吸引农民参加培训。

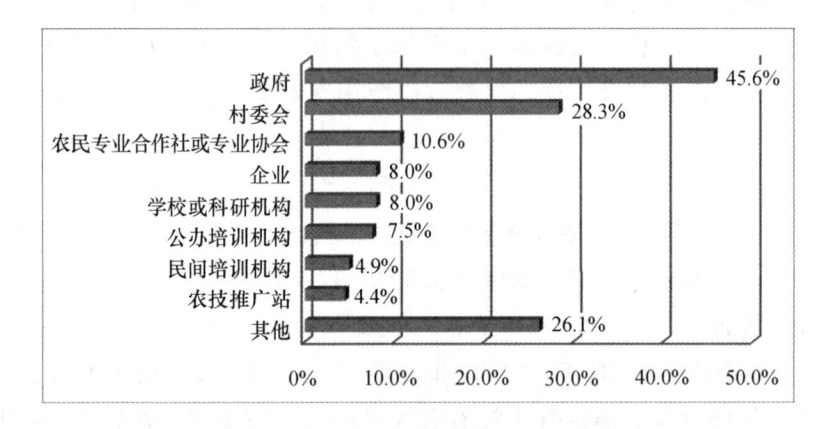

- 政府 45.6%
- 村委会 28.3%
- 农民专业合作社或专业协会 10.6%
- 企业 8.0%
- 学校或科研机构 8.0%
- 公办培训机构 7.5%
- 民间培训机构 4.9%
- 农技推广站 4.4%
- 其他 26.1%

图7-13 参加其他单位举办的培训

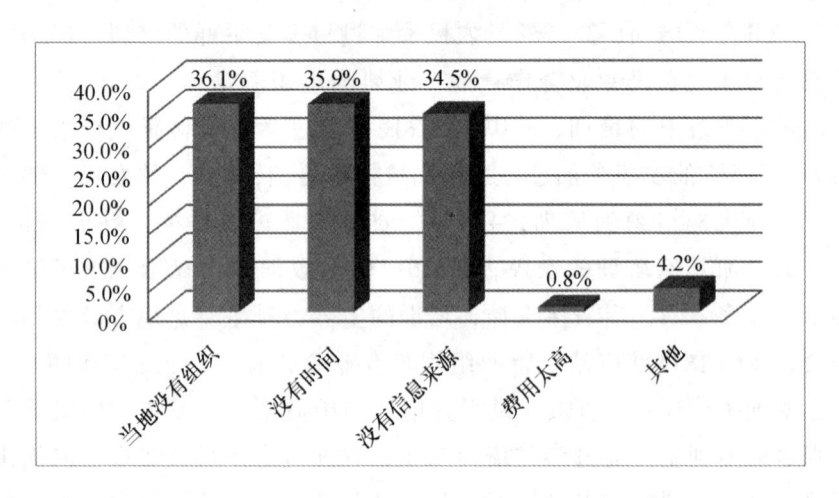

- 当地没有组织 36.1%
- 没有时间 35.9%
- 没有信息来源 34.5%
- 费用太高 0.8%
- 其他 4.2%

图7-14 没有参加其他培训的原因

2. 其他教育或培训参加次数

对参加过其他教育或培训的227名新型职业农民调查去年参加培训的次数,发现在过去临近的一年有60.8%的农民没有参加过其他单位或组织举办的农民培训,比例高于一半。其次为参加过3次及以内培训的农民,所占比例为28.6%。参加培训次数为3—5次的农民所占比例为7.6%。培训次数为5—10次的农民也占一定的比例,为2.6%。从总体上看，即使农民参加过其他教育或培训，次数也不多，一半以上在最近的一年没有进行过教育，在最近的一年参加其他教育或培训的农民中，培训次数为3次的农民所占比例最高，将近1/3。

表7-2　　　　　　　过去一年参加其他农民培训的次数

过去一年参加其他农民培训的次数	频数（人）	比重（%）
没有参加过	138	60.8
3次以下	65	28.6
3—5次	17	7.6
5—10次	6	2.6
10次以上	1	0.4

3. 其他教育培训的内容

对参加过其他教育培训的农民的培训内容进行调查，发现接受专业种植技术培训的农民所占比重最高，达到了69.2%。其次是参加了市场营销、创业技能培训的农民所占比重分别为25.1%、23.1%。农民学习网络信息技术、服务管理、法律法规的比例为13.8%、13.3%、11.3%。农民学习产品加工、农业机械使用的比例不高，分别仅占调查总数的6.2%、4.6%。综合分析，说明农民培训的需求主要集中在直接影响收入的农业生产技能和生产管理营销技能方面。

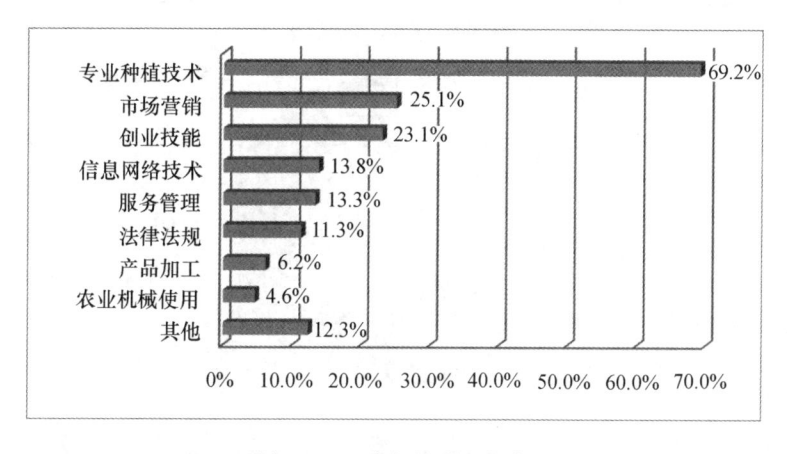

培训内容	比例
专业种植技术	69.2%
市场营销	25.1%
创业技能	23.1%
信息网络技术	13.8%
服务管理	13.3%
法律法规	11.3%
产品加工	6.2%
农业机械使用	4.6%
其他	12.3%

图7-15　参加培训的内容

4. 其他教育培训的方式

从之前参加过的其他教育培训的方式来看，集中面授辅导是采用比例最高的教育培训方式，占到 67.0%。其次是参观学习，经历过参观学习的农民占调查总数的 23.2%。第三位的是集中辅导与实践操作为主的方式，所占比重为 18.6%。实践操作为主、经验讨论为主、利用网络自主学习比例较低，均没有超过 10%，比例分别为 8.8%、8.2%、5.7%，其他方式为 11.9%。比例最低的是利用网络自主学习。由此可见，传统的教育方式在农民教育中占据主导地位。

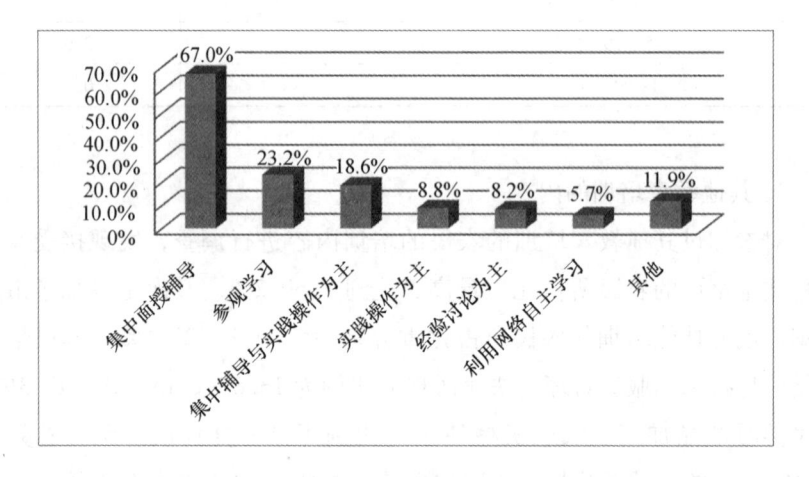

图 7-16　参加培训的方式

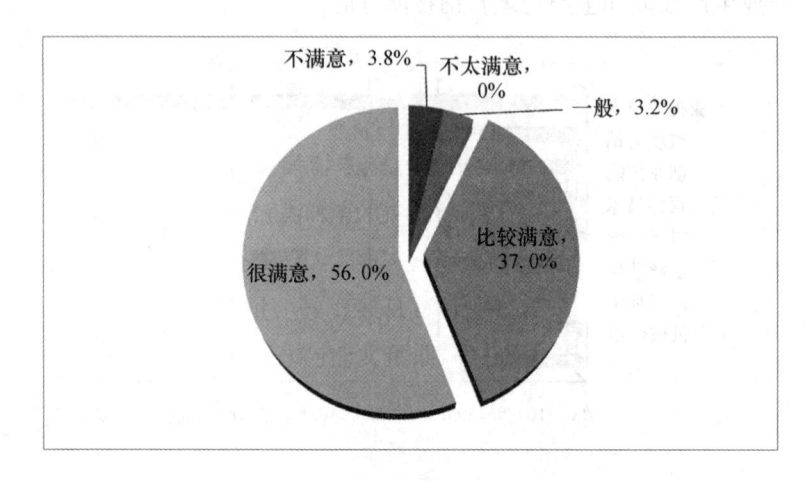

图 7-17　对其他农民教育培训的总体评价

5. 对其他教育培训的总体评价

对参加过其他教育或培训的 227 名农民，调查其对这些教育培训的评价，结果显示，56.0% 的农民对所参加的培训表示满意，37.0% 表示比较满意，3.2% 表示一般，不满意的只有 3.8%。

(二) 湖州农民学院职业农民培训情况

1. 获取湖州农民学院职业农民教育培训信息的方式或渠道

340 位农民回答了相关问题，从获取农民学院新型职业农民培训信息的方式或渠道来看，通过政府、村里宣传获取培训信息的农民所占比例较高，比例分别为 30.9%、57.6%。

仅仅通过亲朋告知、互联网、电视、报纸了解培训信息的情况比较少，所占比例分别为 5.0%、0.9%、1.8%、1.2%，比例最小的是互联网，仅有 0.9%。可见，农民获取培训信息的方式或渠道较多，乡镇政府、村委村干部加强培训宣传，鼓励农民积极参加新型职业农民培训，提高自身从业技能。

表 7-3　　何种渠道得知湖中农民学院可以参加农民培训

获取渠道	频数（人）	比重（%）
政府宣传	105	30.9
村里宣传	196	57.6
亲朋告知	17	5.0
互联网	3	0.9
电视	6	1.8
报纸	4	1.2
其他	9	2.6

注：有些农民通过几种渠道获得相关信息。

2. 参加职业教育的方式

从农民角度调查的湖州农民学院培训职业农民的方式结果可见，农民在参加教育的方式中，集中面授比例最高，达到 78.9%，其次是参观学习占 28.2%，集中辅导与实践操作为主占 26.4%，实践操作、经验讨论、网络自主学习所占比例分别为 15.3%、14.0%、7.9%。结果显示，湖州农民学院的职业农民教育方式以传统班次集中面授为主,同时注重实践教学。

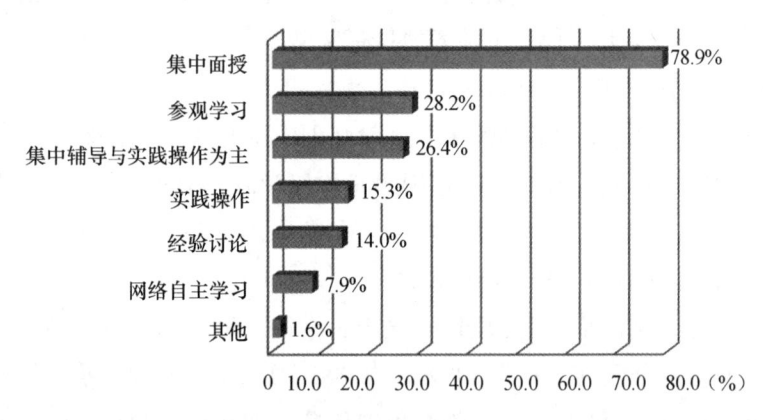

图7-18 参加职业教育的方式

3. 农民评价

让407位职业农民对所经历的湖州农民学院提供的职业教育培训进行打分评价,按5分制计算,5是很满意,4是比较满意,3是一般,2是不太满意,1是不满意,统计结果发现,被调查农民中,73%很满意,22.3%比较满意,3.9%一般,0.5%不太满意。这说明农民对湖州农民学院提供的新型职业农民培育的满意度较高。

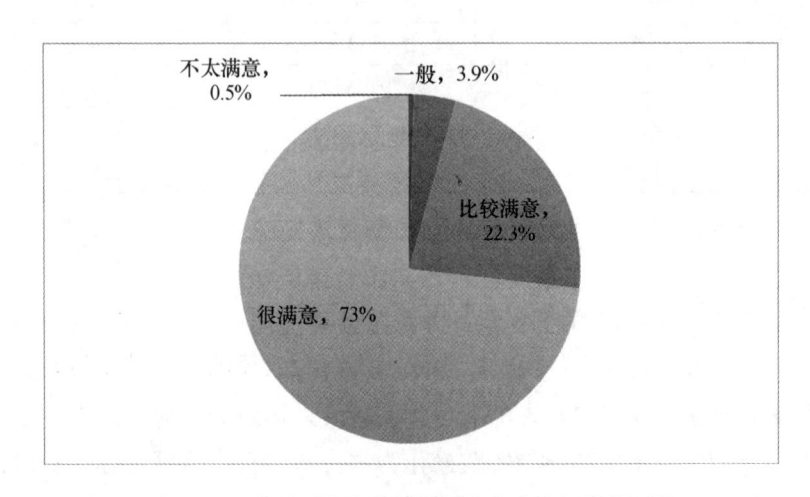

图7-19 农民对湖州农民学院的职业农民教育评价

将湖州农民学院的职业农民教育评价细分为教育环境与管理满意度、教学情况满意度、师资满意度、教材等教学资料满意度、效果评价五个部分，具体有包括19个小项，进行分别评价，调查结果如下表所示。

表7-4　　农民对湖州农民学院提供的职业教育培训评价　　单位:%

方面	内容	很满意	比较满意	一般	不太满意	不满意
教育环境与管理	教育环境	73.3	23.5	2.8		
	组织与管理	73.7	23.5	2.8		
	教学设施	72.9	23.3	3.6	0.2	
	教学服务	63.9	25.8	4.9		
教学情况	时间安排	71.8	24.1	23.9	0.2	
	教学内容	75.5	20.9	2.8	0.8	
	教学形式	69.3	25.8	4.9		
	学费标准	76.2	18.8	3.4	1.3	0.3
师资	讲课水平及方式	74.7	22.0	3.0	0.3	
	互动程度	64.0	26.9	7.8	1.3	
	责任心与耐心	73.3	20.7	5.7	0.3	
	答疑辅导情况	71.1	24.5	3.9	0.5	
教材等教学资料	针对性	68.0	22.7	7.8	1.3	0.2
	实用性	68.4	23.3	6.5	1.8	
	先进性	64.6	27.1	7.0	1.0	0.3
	创新性	67.6	24.9	5.2	1.3	1.0
效果评价	基本理论	71.7	21.3	6.3	0.7	
	基本技能	68.2	24.7	5.8	0.8	0.5
	更新观念	69.3	24.9	5.0	0.5	0.3

（三）培训认知情况

1. 农民参加湖州农民学院职业农民培训的原因

从农民参加职业教育的原因进行调查，并考虑原因的非单一性，结果显示，发展经济提高收入是农民参加新型职业农民培育的主要原因，占407位调查农民的62.7%。排在第二位的原因是为了掌握专业知识，这部分诉求占所有调查农民的53.4%。其次是提高个人素质的原因，占比为 46.3%。做农村实用人才、开阔视野转变观念的主观原因相对较弱，仅 37.0%、26.7%。而出自政府动员的客观压力的比例最低，仅为 10.6%。由此可见，农民参加职业农民培训的动力主要来自自身，提高收入、获取知识和提高素质是主要内在驱动力。

表 7-5　　　　　　　　参加职业农民教育的原因

原因	频数（人）	比重（%）
发展经济提高收入	237	62.7
掌握专业知识	202	53.4
提高个人素质	175	46.3
做农村实用人才	140	37.0
开阔视野转变观念	101	26.7
政府动员	40	10.6

注：农民参加职业教育的原因具有多样性，问卷中该问题的选择是多项选项。

2. 对新型职业农民培训效果的认知

调查 407 位职业农民对参加湖州农民学院的农民职业教育后，能力是否得到提高或改善进行打分，按 5 分制计算，5 是效果显著；4 是效果较好；3 是一般；2 是效果差；1 是没有效果，从能力提高的 13 个方面分别统计认知结果，调查结果如下表所示。

表 7-6　　　　农民对新型职业农民培训效果的认知　　　　单位:%

内容	效果显著	效果较好	一般	效果差	没有效果
总体生产经营收入	42.8	30.2	24.9	1.3	0.8
生产技能水平	25.2	41.7	32.0	0.8	0.3
生产机械化水平	24.7	35.3	33.7	2.3	4.0
经营管理能力	30.8	40.6	26.5	1.3	0.8
产品营销能力	23.3	41.7	31.3	1.6	2.1
产品品牌意识	34.1	34.3	27.4	2.1	2.1
信息技术使用能力	29.4	35.4	30.2	2.6	2.4
科技创新能力	29.4	39.8	26.5	1.9	2.4
带动周边致富能力	25.7	37.6	29.0	2.4	5.3

续表

内容	效果显著	效果较好	一般	效果差	没有效果
政策了解程度	33.0	38.8	24.8	2.4	1.0
法律意识	33.0	37.7	24.9	2.6	1.8
环境保护意识	40.2	40.2	18.3	0.8	0.5
个人整体综合能力	29.3	45.2	23.1	1.3	1.1

四　湖州农民培训需求

（一）培训意愿

对新型职业农民培训意愿展开调查，407份样本中有36.7%的农民是无条件一定参加，63%的农民表示条件允许愿意参加培训，这说明农民具有较强的培训意愿。在一定条件下愿意参加的农民中，40.9%的农民表示有时间就参加，20.5%的农民免费就参加，1.6%的农民表示付费少就参加。总体上看，金钱成本并不是农民是否参加培训的主要考虑因素，时间成本是农民进行人力资本投资的最大障碍。样本中有个别农民表示不愿意参加新型职业农民培训，占接受调查总数的0.3%。这部分样本主要来自外出打工的农民，主要原因是缺乏从事农业生产积极性，由于数量极少，不具有普遍代表性。

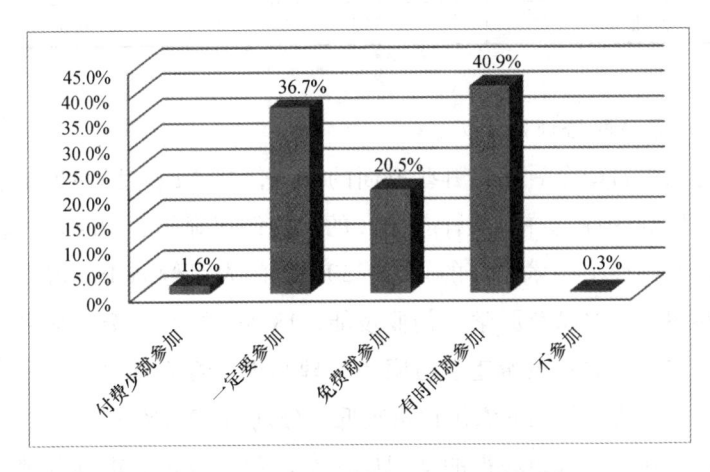

图7-20　农民是否愿意进行继续深造意愿

(二) 希望的培训主体

调查农民希望教育培训由谁来组织，75.9%的农民希望市县、乡镇涉农部门组织；22.8%的农民希望由村委会组织；19.4%的农民希望由高校、科研机构组织；16.2%的农民希望由农业合作社或专业协会组织；8.4%的农民希望由公办培训机构组织；6.5%的农民希望由民间培训机构组织。认为应该由农技推广站、企业组织培训的农民仅占4.5%、4.2%。这反映出来，农民较为信任政府和学校这类权威性机构，倾向于参加市县、乡镇政府和高校、科研院所组织的培训，而对于社会培训机构组织的培训，农民的信任程度不高，参与的积极性不高。

表7-7　　　　　　　　希望农民培训由谁来组织

培训主体	频数（人）	比重（%）
政府	290	75.9
村委会	87	22.8
企业	16	4.2
公办培训机构	32	8.4
农民合作社或专业协会	62	16.2
农技推广站	17	4.5
民间培训机构	25	6.5
学校、科研机构	74	19.4
其他	1	0.3

(三) 希望的培训内容

调查农民希望今后获得哪些方面的培训，并考虑农民知识需求的多样性，不做唯一性选择。从样木统计的数据结果显示，73.4%的农民倾向于学习专业种植技术方面的知识，30.3%的农民倾向于学习市场营销知识，24.8%的农民意愿学习创业技能，18.5%的农民希望学习网络信息技能，13.2%的农民希望学习服务管理知识。希望学习法律法规、产品加工、农业机械使用的农民比重较低，分别为12.9%、9.8%、4.0%。由此可见，在农民渴望获得的知识中，专业种植技术、市场营销、创业技能是排名前三的学习内容，农民对这些内容的培训意愿最强烈。反之对法律法规、产品加工、农业机械使用的学习并不具有普遍性热情和需求。

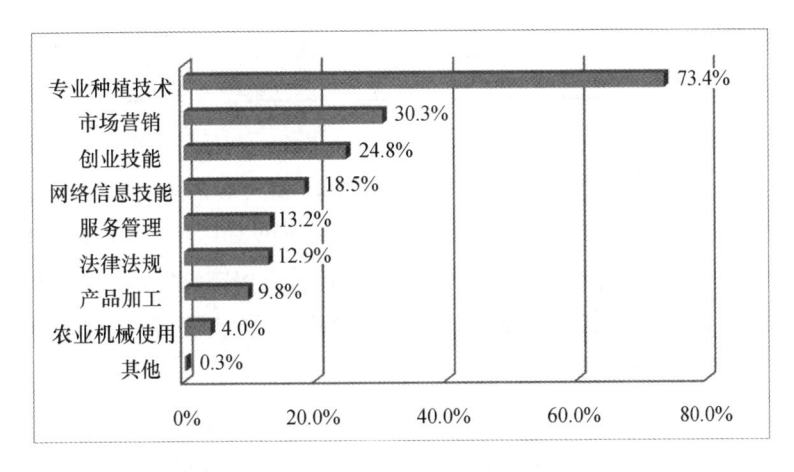

图 7-21　农民希望获得知识的比例

专业种植技术	73.4%
市场营销	30.3%
创业技能	24.8%
网络信息技能	18.5%
服务管理	13.2%
法律法规	12.9%
产品加工	9.8%
农业机械使用	4.0%
其他	0.3%

（四）希望的培训方式

农民对于培训方式，都有自己的偏好，考虑农民培训方式偏好的多样性，不进行唯一选择。据统计，59.6%的农民倾向于集中面授辅导，43.3%的农民喜欢集中辅导与实践操作为主的方式，34.0%的农民倾向于参观学习的方式，28.2%的农民倾向实践操作为主的方式，18.7%的农民选择经验讨论为主的培训方式；愿意进行网络自主学习的农民仅有9.8%。由此可见，农民最希望的培训方式是传统授课与实践教学相结合的方式，其中较为直观的参观学习和实践操作的教学方式被农民青睐，排在第三、第四的位置。

表 7-8　　　　　　　　　　希望的培训方式

希望的培训方式	频数（人）	比重（%）
集中面授辅导	226	59.6
集中辅导与实践操作为主	164	43.3
参观学习	129	34.0
实践操作为主	107	28.2

续表

希望的培训方式	频数（人）	比重（%）
经验讨论为主	71	18.7
网络自主学习	37	9.8
其他	8	2.1

（五）希望的培训时间及项目持续时间

调查结果显示，希望进行短期不脱产学习的农民所占比例最高，达到77.2%，选择集中时间、脱产学习的农民所占比例较低，仅有19.8%。这是由于农业生产的特点所致，农业生产需要大量时间，因此，短期、不脱产是农民最希望的时间安排。

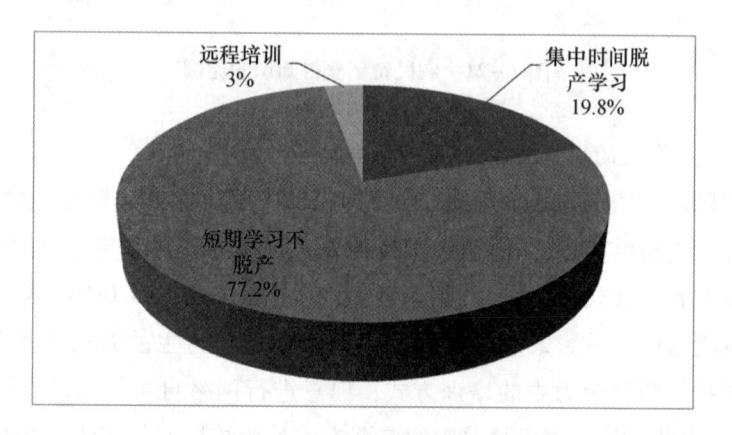

图7-22 农民希望的培训时间

对培训项目持续时间进行调查，结果显示：76.6%的农民希望培训时间在1个月以内，17.5%的农民希望培训实践控制在1—3个月，2.8%的农民愿意进行3—6个月的培训，而愿意进行6—9个月培训的农民非常少，仅有0.3%。由此可见，农民普遍能接受的培训项目持续时间为1个月以内，农民倾向于参加培训时间短的培训项目，希望短期、不脱产学习，这与农业生产特点有关。

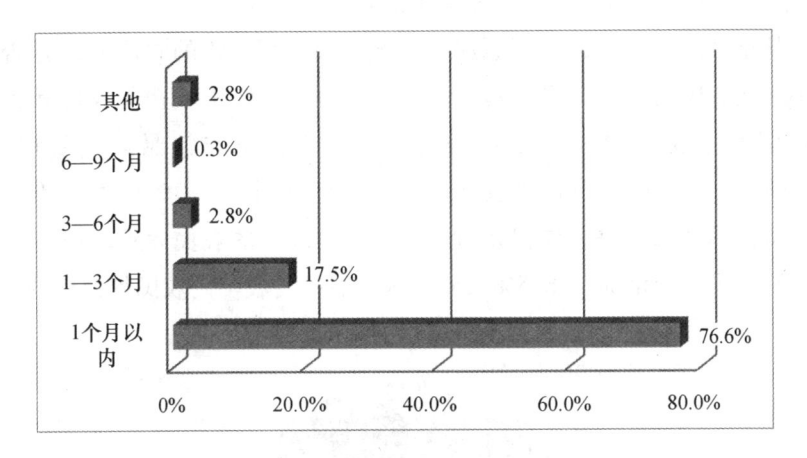

图 7-23 农民希望的培训时间长短

（六）希望的培训频率

对农民期望多久举办一次农民教育培训进行调查，统计结果显示，53.1%的农民希望每半年进行一次培训，17.6%的农民希望每季度进行一次培训，13.3%的农民希望每月进行一次培训，8.7%的农民希望每周进行一次培训。由此可见，农民需求的培训频率较低，超过一半的农民认为培训频率控制在半年一次较为适宜，说明农民并不希望培训举办的过于频繁。

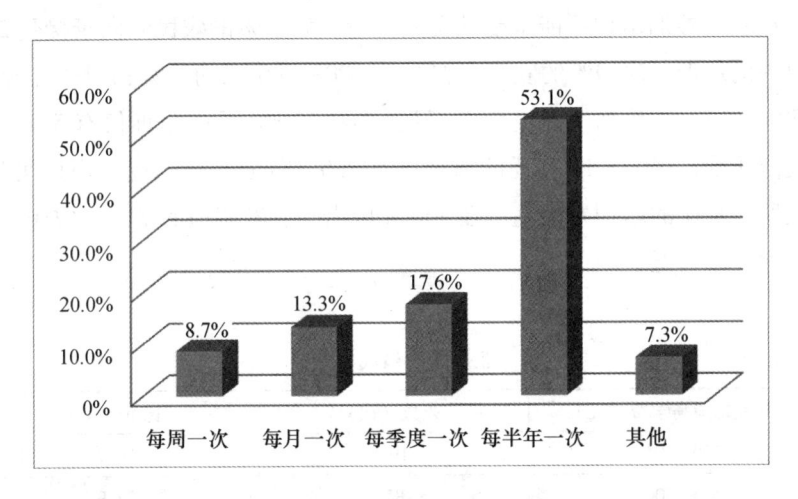

图 7-24 农民希望的培训频率

(七) 参加培训所能承受的培训费用

从培训费用对农民培训意愿的影响来看，57.3% 的农民表示是否收费不影响农民的培训意愿，其中，37.5% 的农民对于收费制农民教育是无所谓的态度；9.8% 的农民表示即使收费，也非常愿意接受培训；10.0% 的农民比较愿意接受收费制农民教育培训。42.7% 的农民表示如果收费，不会选择进行农民培训，其中，24.2% 的农民表示不愿意接受收费制农民教育培训，18.5% 表示不太愿意接受收费制农民教育培训。

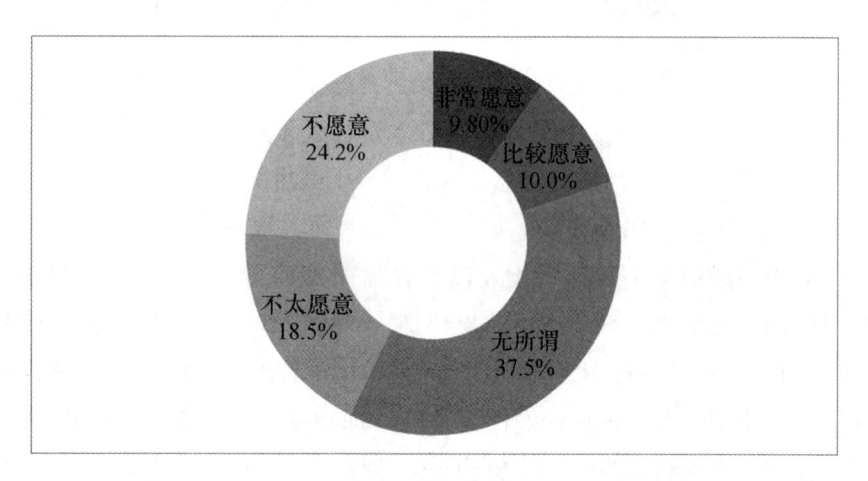

图 7-25 农民参加培训所能承受的培训费用

从农民参加培训所能承受的费用来看，56.7% 的农民倾向于接受 200 元以内的培训，24.9% 的农民意愿参加 200—500 元的培训；对于需要支付 500 元以上的培训，农民意愿不强，500—1000 元的培训仅有 5.7% 的农民能接受，1000—1500 元的培训仅有 2.0% 的农民能接受。由此可见，农民所能承受的培训费用基本在 500 元以内。随着费用的增加，农民的培训意愿逐渐降低。

表 7-9　　　　　　　　能接受的最高学费

能接受的最高学费（元）	频数（次）	比重（%）
200 以内	198	56.7
200—500	87	24.9

续表

能接受的最高学费（元）	频数（次）	比重（%）
500—1000	20	5.7
1000—1500	7	2.0
其他	37	10.6

数据来源：根据问卷调查结果整理而成。

（八）希望的教育培训费用分担方式

对于学费的分担，66.8%的农民认为需政府全部负责，13.8%的农民愿意负担一部分培训费用；11.9%的农民对教育培训费用如何分摊是无所谓的态度；5.3%的农民愿意依靠社会力量分摊农民教育培训费用；1.6%的农民选择自己全部负担。从总体上来看，农民对于培训费用的分摊方式，希望全部由自己承担的农民所占的比例较少，即使愿意自己负担一部分的农民也比较少，更多的农民意愿由政府全部出资。

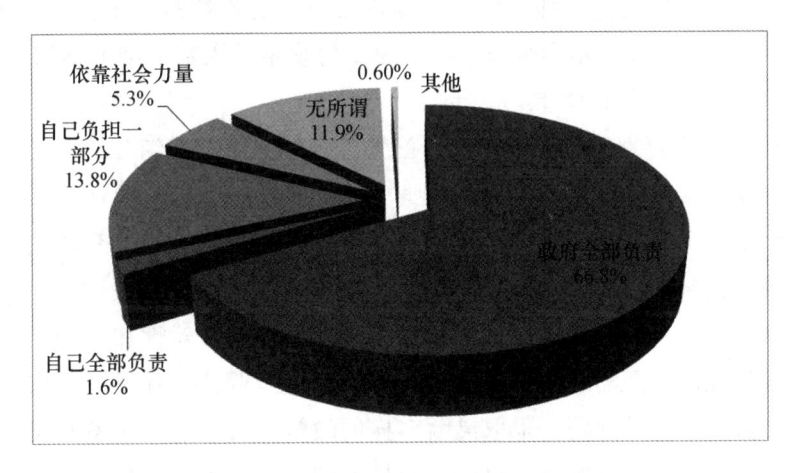

图7-26 希望的教育培训费用分担方式

五 湖州农民学院教育培训与农民需求的对接

2014年，湖州市被农业部确定为新型职业农民培育整市推进的试点开展先行先试。湖州农民学院作为湖州市职业农民培育试点的执行单位，围绕试点目标、开创由地市级农民学院主导的新型职业农民培训模式。学院按照"培训计划统一、教材统一、师资统一、标准统一、管理统一"

"五统一"要求构建起一整套培育管理制度。

（一）培训内容：分类分批

1. 分专业分类培训。农民学院组织制定了针对"粮油、水产、畜禽、茶叶、蔬菜、蚕桑、花卉苗木、笋竹、果树、休闲观光"十大主导产业的培训方案，按照生产经营型、专业技能型和社会服务型三种类型，对农民开展分类、分批培训。根据湖州市"4231"农业产业发展需要，不断强化专业建设，开设了畜牧、畜牧兽医、园艺技术、园林技术、茶叶生产加工、淡水鱼养殖六个纯农专业，农村行政管理、农业经济管理、乡镇企业管理、观光农业四个涉农专业。

各县（区）在开展职业农民培训前，要结合本地具体情况开展调研，摸清农业从业人员数量，包括年龄层次、文化水平、种养规模、培训需求等，建立本地区职业农民培训基本数据库。在组织发动的基础上，按照"公开、公平、公正"的原则，采取个人自愿报名，行政村、乡镇推荐，县（区）审核择优选拔的形式落实培训人员。培训工作按照"培训计划统一、教材统一、师资统一、标准统一、管理统一"的要求展开，确保人才培养质量。培训采取分期分批，每班培训人数原则上不超过50人，培训时间不少于15天。

2. 培训内容理论与实践结合。首先，注重实用教材编写。十大产业联盟专家根据各自产业特色和新型职业农民培育要求，紧贴生产实际，以湖州本土案例与实践经验介绍为主要内容，主持编写了36套让农民一看就懂、一学就会、一用就灵的"乡土教材"，基本涵盖了我市各主导产业，并由各产业联盟负责培训，切实增强了培训的针对性和实用性。其次，是加强课堂互动指导。产业联盟专家根据专业特性和学员需求，结合生产过程中常见问题，采取灵活多样的教学方式，选择农民能够接受的内容。用农民熟悉的语言讲课，使枯燥的理论知识通俗化，引导学员积极参与课堂互动，使严肃的课堂气氛活泼化，让农民能够坐得住、听得进、用得上，切实提高培训效果。最后，理论实践侧重不同。对培训计划中的通识课程，采取集中统一理论培训，考核方式以理论考试为主；对专业性课程培训，紧紧围绕产业开展，突出从生产到产出全程技术培训，强化从生产决策到产品营销全程经营培训，采取理论与实践相结合的培训方式。

3. 湖州农民学院加强教学实践基地建设，提升学员技能水平。农民学院发挥现代农业企业在教学实践的指导作用，积极建设实践交流平台。2011年认定吴兴金农生态农业等10家教学实践基地，并按"1+N+N"教学推广模式，在实践基地周边发展确定N个辅助型基地，带动N个农民大学生创业基地，组成湖州农民学院教学实践基地群。制定管理考核办法和教学实践计划，明确功能定位，组织现场教学活动和技能鉴定考试。截至2013年12月，共组织各类教学实践活动30余次，接纳农民大学生教学实践、农民技能培训、农民创业教育达到1230余人次。组织园林绿化工、畜牧饲养工等中级以上职业资格证书考试，鉴定合格率达到92%以上。

4. 分层次教育。一是对有培育前途的农业经营主体、劳动模范、生产能手，在培训方式、时间安排、师资配备、学习资源建设、个人能力提升等方面给予更多支持，加强对典型人才的总结、宣传，结合年度培训总结工作，给予表彰推广。二是加强新型职业农民后续教育，对获得新型职业农民认定的人员，每两年免费给予一次知识更新培训，培训时间不少于3天，以惠农新政策、农业新技术和农产品市场信息为培训内容，并记入新型职业农民培育档案。对参加高一级农业专业学历教育的新型职业农民，在学费等方面给予一定的补助。三是强化已认定人员及农技专家交流平台建设，开展经常性经验探讨活动，通过相互之间的交流，不断开阔视野，传播新知识、新技术，破解疑难问题，增强持续发展能力，促进产业健康发展。

（二）培训方式：便民利民

1. 方便农民就近学习。为优化教学资源配置，促进市县（区）乡镇联动，顺应农民学习规律、特点和生产生活实际，以方便农民和贴近生产为原则，在市建农民学院的基础上，三县建立农民学院分院，市本级两个区在中心镇或区域中心建立成校设教学点，充分利用村级组织活动场所以及现代农业示范园区、农业企业、农民合作社、家庭农场等生产基地开展培训，方便培育对象以半农半读形式，在家门口就近接受职业学历教育。

2. 贴合农民务农现实。实施就近下乡进村办班，结合农时季节，开展"农学结合"分段培训，紧密结合农时季节组织培训，理论学习与生产实践交替进行，促进学用结合和学习、生产"两不误"，避免不尊重农民意愿和脱离生产的远距离培训和"宾馆式"培训。

3. 坚持便民原则创新培训方式。学院立足"送技能、送培训、送文化"，设计开发"新型农业创业大讲堂"项目，根据不同的类别和内容分为100讲，课程内容涵盖创业、管理、家政、农推服务4大类，主要由浙江大学、浙江淡水所、市农业局、市林业局、市农科院、湖职院的专家教授讲授，成为农民的"乡村学府，田间课堂"，农民通过菜单"点菜"，直接契合自身学习需求。"新型农民创业大讲堂"以"学历+技能+素质+文化"为导向，培训对象以农村创业人才、农村经营管理人才、农村社区建设管理人才、新型职业农民等为主。"新型农民创业大讲堂"已经成为湖州市面向"三农"基层涉农培训的重要平台和阵地。农民学院注重将"线上教育"与"线下教育"有机结合。自2013年以来，湖州农民学院启动了"微课超市"资源建设项目，实现网络技术，数字视频技术与农业技术类课程有机融合。项目启动以来，农民学院按照"制作一批、外包一批、购买一批"的原则不断充实和完善"微课超市"教学资源库建设。实现网络技术、数字视频技术和农业技术类课程的有机融合。微型课程探索通过网站、手机APP应用等方式，扩大农民教育传播面。

（三）困难解决：技能传授

1. 紧紧围绕农业生产实际，强化学员动手能力和实践能力的培养。针对生产经营型、专业技能型和社会服务型三种不同类型的新型职业农民培育要求，分类型、分职业方向确定农业职业技能教育的内容。各级产业联盟专家注重在基层推广工作中手把手技术指导服务，通过举办技术培训班、送科技下乡等形式，积极传播新技术、新品种、新模式，在解决农业生产疑难杂症的同时，不断增强参训农民生产实践操作能力。仅2014年，开展多种形式的培训254场次，累计培训农民和技术人员17503人次；组织各类技术下乡服务557余次。

2. 强化生产跟踪服务。依靠产业联盟农技推广体系，建立中高级农业技术人员联系职业农民制度，在每个乡镇安排10名左右的农技推广人员，实现农技人员一对一"保姆式"技术指导和跟踪服务，利用专家的理论知识和实践经验，及时主动为新型职业农民提供个性化成长指导与专业服务，着力解决农业生产中遇到的难题。

（四）致富帮助：创业教育

1. 实施创业教育。在传授传统农业的理念、生产与经营经验的基础上，先后组织2048名学员开展参观现代农业示范园区、典型生产基地28次，实地考察现代农业生产和新技术应用，汲取先进的生产经营经验，培养学员改造传统农业、创新农业生产经营方式、创新农业产业发展能力。通过聘请高等院校专家讲授创业理论，通过农业新产品的开发、市场的拓展、项目的开发等手段，实现创造价值和勤劳致富的目的。

2. 建立创业基地。全市建立42家农民大学生创业基地，确定42名基地负责人为创业培育对象。学院通过每个基地配备一个浙江大学教授、湖州市农技专家、湖州职院专家、乡农推人员组成的创业指导服务团队，加大实验器材、电化教室、农民大学生图书室等硬件投入，加大基地示范设施建设投入，以及组织赴外地考察学习等办法，开展针对性培育，有力提升创业业绩和创业能力。树立学员兴业典型。选聘本地种养大户、农产品经营大户等创业成功典型，现身说法，探讨经验、分享创业乐趣，在乡间地头介绍他们的创业历程和经验，激发学员的创业欲望，乐业的信心和干劲，从而提升参训农民的创业能力。

第八章

农民学院参与新型职业农民培育的影响因素

第一节 对新型职业农民培育影响因素的理论解释

一 教育环境

在人口迁移理论或城市迁移理论中,教育因素的意义已经凸显出来。托达罗考察到在许多发展水平不同的国家中农村人口向城市迁移的情绪预期受教育水平之间存在着正相关的联系。① 阿瑟发现在加纳农村家庭受教育水平是确定其家庭成员向城市迁移的重要标准之一。因为人们相信家庭中具有较高技能的成员更可能在城市的劳动力市场找到工作,那些接受了更高层次教育的家庭成员无疑是最早从农村向城市迁移的人。② 萨亨和阿德曼也指出在斯里兰卡那些接受了更高层次教育的农村居民最可能向城市迁移。③ 但是随着研究的深入,内部迁移与教育的关系已经超出了教育选择性的趋势,一些研究表明意愿往城市迁移的个人和家庭旨在追求城市中更多和更高质量的教育机会。莱迈尔在土耳其的研究表明,

---

① M. Todaro, *Internet Migration in Developing Countries: A Review of Theory, Evidence, Methodology, and Research Priorities*, Geneva: International Labor Organization, 1976.

② J. A. Arthur, "Interregional Migration of labor in Ghana, West Africa: Determinants, consequences and policy intervention," *Review of Black Political Economy Fall*, 1991.

③ David E. Sahn, Harold Alderman, "The Effects of Human Capital on Wages, and the Determinations of Labor Supply in a Developing Country," *Journal of Development Economics*, Vol. 29, No. 22, September 1988.

农村居民相信高水平的教育通常会使人受益终生并可以找到较好的工作。因为获得高水平教育的机会往往在城市，所以个人和家庭往城市迁移的目的首先是为了获得接受教育的机会，最终目的是为了提高收入的潜力。[1]

古格勒认为家庭往城市迁移给其家庭成员提供了更多的接受教育的机会，目的在于这些教育机会会带来更高的地位和高报酬的工作。[2] 由此可见，无论是寻求教育发挥的空间还是获得优质教育的空间，教育是人口迁移的一个不可回避的因素，教育意义的存在表明人们对教育环境的重视，人们需要一个可以发挥所学技能的平台，也需要更多更好的教育机会。这些都是基于人们对教育效益的认同和教育资源不均的存在，因为人们认为优质教育资源和机会可以带来更多的教育回报（高收入、高地位等），并且高水平教育资源的分布是不均的。只要这两个条件一直存在，教育环境就会对教育效果产生影响。良好的教育环境、更多的教育机会是人们追求的，所以在这样的环境中更容易产生对教育的认同和满足。

二 角色定位

在教育培训的投资评估理论中，教育经济学家一直在寻找教育投资评估的方法来评估教育投资行为。例如H. 列文（Henry Levin）的成本—收益分析[3]，M. 卡诺依（Martin Carnoy）的收益率分析，通过收益成本的分析，评价教育投资在提高生产力和收入方面的能力[4]。从教育培训中获得收益是最终的目的，同时该项活动也会存在私人成本，包括个人在教育上的花费和教育活动期间放弃的收入以及可能造成的负的消费效果。对成本—收益的测量存在各种困难，比如必须努力从统计上控制可能影

---

[1] H. Lemel, "Urban skill acquisition strategies: The case of two Turkish villages," *Human Organization*, Vol. 48, No3, 1989.

[2] Gugler J, *Internal migration in the Third World*, Population Geography: Progress and Prospect, 1986.

[3] Henry M. Levin, *Cost-Effectiveness: A Primer*, Beverly Hills, CA: Sage Publications, 1983, p. 167.

[4] M. Carnoy, *The cost and return to schooling in Mexico: A case study*, University of Chicago, Chicago, 1965; M. Carnoy, D. Marenbach, "The return to schooling in the United States, 1939 - 1969," *J. Hum. Resources*, Vol. 10, No. 3, 1975.

响收入且与教育有关的非教育方面的差别,但是人们的人力资本投资也会受到主观因素的影响,不同的人对待教育培训的态度是不同,既有支持也有反对,既有积极参与也有漠不关心,我们可以把这些称为行为人对人力资本投资的角色定位。角色定位的前提是教育培训中的收益率,它通过行为策略刻画了行为主体在教育培训中的成本—收益。因此,角色定位关注的是个体教育培训成本—收益的影响因素,探讨哪些因素最终影响到个人的收益,进而影响到行为人在教育培训中的态度。

在综合这些理论的基础上,本书认为教育培训中角色定位的影响因素可分为三大类:行为人的禀赋特征、行为人教育需求、教育培训中行为人的效用变化。首先,行为人禀赋特征是指教育培训中不同行为人的个人特征,如年龄、职业、身份、收入、教育、家庭状况等因素。这些个体禀赋决定了行为人在人力资本投资中的私人教育成本投入与预期收益判断,而这种判断对行为人最终的角色定位具有重要的导向,比如,教育培训的私人成本可能成为家庭,特别是贫困家庭的经济负担。其次,行为人的教育需求。教育需求来自教育培训中私人成本的负担和收益的改善能力,私人成本包括参加教育培训的付出的资源的价值和参加教育活动期间放弃的资源的价值。私人成本负担可能对教育需求产生负的影响。以经济学的观点来看,一项活动的成本取决于这些必需的资源在最佳方案中的价值,也就是"机会成本",当行为人认为该项教育是非常重要、急需的,教育培训放弃的机会的价值就会较低,对收益的评估就会较高。最后,行为人的效用变化是指行为人在教育培训中的效用损益变化。基于理性经济人假设行为人追求效用最大化,在教育培训中,若行为人预期效用会增加,那么他们倾向于赞成或支持,反之则会反对或阻挠。这种效用变化一方面受到个人效用函数的影响,这个主要取决于行为人的禀赋特征;另一方面取决于教育培训内容的相关性和对行为人的长期回报。

三 教育条件

培训必须有经费投入,然而这种投入是可以分担的,就是会导致那些已经加入劳动力大军的男士、女士们的人力资本投资。关于教育投资的研究,贝克把"机会成本"运用到接受学校教育或培训所花费的时间成本分析中，称为放弃的收入。① 放弃的收入是指收入很低的岗位工作的即时低收入，但根据人力资本理论，人力资本是可迁移的，这种人力资本投资会得到补偿性增值。人们是否承担由培训而放弃收入所造成的全部机会成本，取决于个体能够将这种人力资本应用于其他地方的程度，即取决于所获得技能的迁移性。即收入曲线的梯度越陡和其收入越低，人们对于培训的投资越大。作为人力资本理论的一个部分，根据迁移性定义的技能在培训中占据核心位置。这种技能的获得和提升对于弥补"机会成本"及其受教育后收入增加至关重要。

可迁移技能的供给来自培训方的教学条件（与教学有关的所有资源条件），学员根据个人的"机会成本"估值和可迁移性估值，对教学条件采取是否接受和满意的评价，进而影响人力资本投资决策。本书认为教学条件的内容可分为四大类：教育环境与管理、教学安排、师资质量、教材资料。假设支持程度可以刻画行为人的决策行为，可以将教学条件理解为支持程度的指标值（指标越高，说明行为人对培训的支持程度越高，对应教学条件即为赞成或支持）。用 P 表示支持程度，以上述的教育环境与管理、教学安排、师资质量、教材资料为自变量，可以刻画出一个反映培训中教育条件的函数关系式：

$$P = f(a, b, c, d)$$

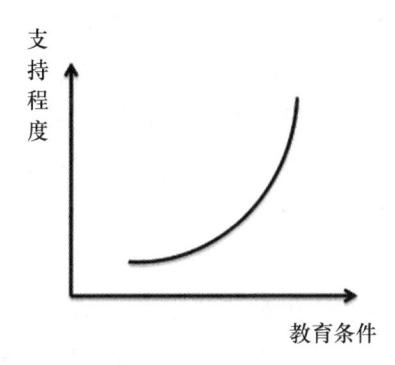

图 8 - 1　教育条件与支持程度函数

---

① G. S. Becker, "Investment in Human capital: A theroetical analysis," *Journal of Political Ecinonomic*, Vol. 70, No. 5, 1962.

其中，P 表示支持程度，a 表示教学条件中的教育环境与管理，b 表示教学条件中的教学安排，c 表示教学条件中的师资质量，d 表示教学条件中的教材资料。P 值越高，行为人对培训的支持度越高，对应的行为人对培训采取积极进行人力资本投资，参与培训，P 值较低，意味着行为人对培训不满意，选择不参加。

第二节 农民学院参与新型职业农民培育的影响因素分析：基于农户满意度视角的解释

按照上文的理论解释，教育环境、行为人角色定位、教育条件影响到新型职业农民教育中行为主体的行动策略，最终影响到新型职业农民培育工作的开展和效果。本节将结合上文的理论，对农民学院参与新型职业农民培育的影响因素进行描述性分析，并在新型职业农民培育具体影响因素的理论分析基础上，从农户满意度的视角出发，构建起农民学院参与新型职业农民培育的影响因素的理论假说。

一 对农民学院参与新型职业农民培育影响因素的理论分析

首先，从教育环境来看。新型职业农民培育作为一种非强制性再教育，参与主体的积极参与是培育工作开展的前提，参与主体的积极性会受到教育环境的影响而发生改变。良好的教育环境和教育资源供给，能够对农民产生视觉和心理刺激，使其产生教育缺乏的焦虑，刺激其主动参加教育培训。良好的教育环境需要政府及其相关培训机构共同搭建，政府提供的培育机会和项目越多，将会有更多的优质资源，诸如优质教师、前沿知识、先进技术等向该培育项目集中，农民通过培育可以获得的有效信息就越多，新型职业农民培育效果就越好。农民对其他教育培训项目的参与经历和评价也会影响新型职业农民培育的效果，如果农民在进行职业农民培育的同时，也参加了其他教育培训项目，表明其学习的积极性较高、改善的愿望较强烈，对教育培训的重视程度和关切度较高，对新型职业农民培育的拥护度和参与度也较高。政府对新型职业农民培育办学信息的宣传，会产生价值导向、信息刺激、政策指引和权威带动，刺激农民潜在教育需求或增加对培育效果的认识，增加农民参与培训的积极性。

其次，农民学院参与新型职业农民培育中，农户的角色定位对培育工程的推进具有显著影响。教育培训能够提高农民的生产技能和经营管理素质，涉及农民的核心利益与福利水平，农户既是新型职业农民培育的受益者，更是这项工程的直接参与者与推动者，农户的角色定位关系到培育工程的成败。相对于资金补助、制度改革而言，教育培训的效果是隐形的，并且和农民自身对知识的理解、吸收、应用有关，这些因素都来自农民的角色定位。农民的角色定位会影响农民的认识和预期收益判断，认识和预期收益判断会直接影响农户或支持、或反对、或参与、或观望职业教育培训，进而影响培育工作的开展。理论上，农民的收入水平会直接影响到对新型职业农民培育的态度，较高收入水平的人更容易接受再教育，并且对再教育的渴望程度也越高。农民的受教育状况，即文化程度会影响对新型职业农民培育预期效益的认识，相对较高文化程度，在长期接受教育的过程中会形成对知识重要性的认知，进而支持、参与教育培训工作；文化程度较低的农户，一般来说既会忽略教育的重要性，在学习理解方面也会呈现出相对较低的接受和领会能力，对教育培训的认识不足，对预期收益判断较低，参与程度自然不高。农民就业方式会影响剩余时间和对培训所带来预期收益的判断。如果农民的收入主要来自打工，务农收入很少，对职业农民培育重要性的认识就会不足，反之，务农或兼业的就业方式对通过新型职业农民培育提高农业生产效益的期望程度就会较高；如果农民的就业方式主要是打工，包括在农场主处打工和到城市打工，不仅务工时间受到限制，并且基于利益最大化的考虑，会充分利用工作时间，剩余闲暇时间较少，当放弃工作进行培训的收益小于成本（务工收益）时，农民不会参与培训，实践中，打工的农民一方面文化程度普遍不高，另一方面农业生产在家庭收入中的比重不高，对他们来说，放弃工作进行培训的成本是很大的，教育培训的隐形农业收益的吸引性就会表现得不足，进而表现出较低的参与积极性。农户参加教育培训负担的私人成本。农民参加职业教育存在时间成本，花费学费、车费的资金成本，还有放弃或耽误农业生产或从事其他生产获得收入的机会成本，因而农民参加职业培训是存在需求条件的，只有农民认为参加培训时这些成本不存在或价值较低，且培训收益价值较高时，参会存在较高的参与积极性和满意度。农户的社会角色会直接影响到对职业农民培育的态度，村干部和年轻人更容易接受当前的农民教育，并会积极参与。通过培训是否提高或改善了生产经营能力是农民最关心的，也是农民考虑职业教育好坏的重要标准，农民的获得感直接决定农户对培育的评价和态度，这种评价会产生波及效应，影响日后的行为选择和他人的判断，这些角色定位对新型职业农民培育的可持续发展会产生影响。

最后，农民参与新型职业农民培育中，教育条件的影响最直接。教育条件直接决定了教育水平和农民所获得的教育"产品"的质量，进而影响农民的满意度。教育条件包括教育环境与管理、教学安排、师资质量、教材资料。从理论上讲，这四个方面的条件所带来的影响力是不一样的。教学安排，诸如时间安排、教学内容、教学形式、学费标准等的影响会最强烈，因为在职业教育培训中，农民放弃工作或闲暇时间参加，是有较强的目的性和需求性的，对与自身学习目的息息相关的教学内容、时间、学费等会最为关注。排在第二位的影响因素是师资情况，职业培训时间有限，教学形式主要是教师单方面传授，作为重要的信息获取源，教师的水平、态度和辅导会直接刺激农民的感官，决定农民的满意度。教材资料和教育管理是分别排在后两位的影响条件，教材是否具有实用性、先进性、针对性，会影响农民对农民学院的满意度，但是相对于教学内容和师资情况，会是次要考虑的。教育环境、组织管理、教学设施、教学服务等环境和管理条件，作为外围服务性保障条件，只能产生"保障"因素，不能没有，但是具备也不会产生激励效果，也就说，农民不会单纯冲着优美的校园、先进的硬件、优质的服务参加职业培训的。

二 农民学院参与新型职业农民培育影响因素的理论假说：基于农户满意度视角

农民学院参与新型职业农民培育是一项服务农民的工作，基层农户对这项工作的支持与推动是决定制度创新成功与否的关键，农户满意度是衡量农民学院参与新型职业农民培育成败的重要标准。因此，本书将通过农户满意度的视角分析农民学院参与新型职业农民培育受到哪些因素的影响，构建农民学院参与新型职业农民培育影响因素的理论假说。

基于前文的理论分析，新型职业农民培育中，教育环境、行为人角色定位、教育条件都会对其产生影响。这三大类因素又包含了若干个具体的因素。从教育环境来看，教育资源供给、农民对其他教育培训项目的参与经历和评价、政府宣传是影响新型职业农民培育的主要因素。从行为人角色来看，农民的收入水平、受教育状况、农民就业方式、教育培训中私人成本价值、农户的社会角色、自身认知会直接决定农户的角色定位，进而影响职业农民培育工作的推进和效果。从教育条件来看，教育环境与管理、教学安排、师资质量、教材资料是主要的影响因素。在理论分析这些影响因素的基础上，构建了基于农户满意度视角的农民学院参与新型职业农民培育影响因素的理论假说和分析框架（见图8-2）。

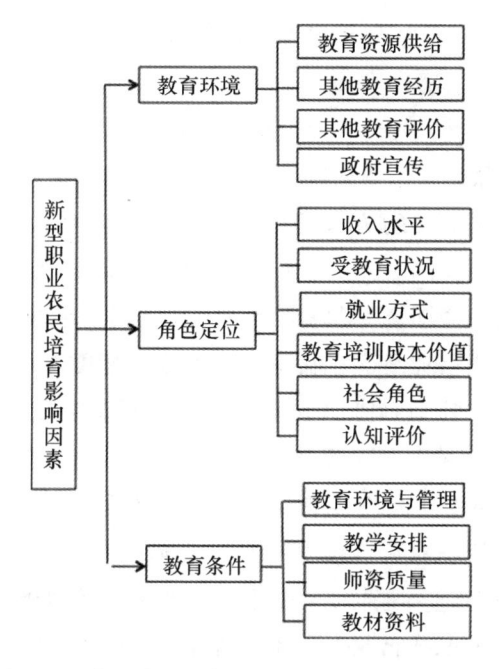

图8-2 农民学院参与新型职业农民培育影响因素的理论假说

第三节 湖州实证分析：基于农民满意度的视角

基于前文的理论分析，从农户的满意度出发总结了教育环境、农户角色定位、教育条件三大类因素对新型职业农民的影响因素，构建了新型职业农民培育影响因素的理论假说。基于此理论假设，下文将通过湖州市新型职业农民职业教育情况的调查数据对其做实证分析，探寻影响农民学院参与新型职业农民培育成效的关键要素。本节的研究思路是：第一，选择分析样本；第二，构建农户满意度指标，将其作为衡量制度创新是否均衡的标准。选取评价指标，对选取的指标进行分类，构建模型的指标体系；第三，将选取的指标纳入分析框架中，构建新型职业农民培育农户满意度评价模型；第四，采用二元 Logistic 回归模型对评价模型进行计量分析；第五，对计量结果进行解释，并结合实践做进一步规范分析，形成研究结论。

一 数据来源[①]

通过整群分层抽样的方法选取农民调研样本：按照花卉苗木、水产、蔬菜、水果、休闲观光 5 个培训产业，选取 11 个乡镇作为样本采集区，每个产业选择了 2—3 个典型乡镇。就农户情况、职业农民教育情况、其他教育或培训情况、农户生产经营情况几个方面，在当地土地农业部门、农民学院大力协助下，从每个乡镇中随机选取 40—50 名农民发放"新型职业农民职业教育情况调查表"。本次调研共发放问卷 560 份，回收问卷 470 份，其中有效问卷 407 份。从样本的覆盖来看，调查范围涵盖了从一般农户到经营大户，涉及 5 个不同的农业产业。另外，课题组前往农民大学生创业基地、农业生产基地进行考察，进一步详细了解职业农民家庭农业生产经营情况，确保了数据的真实性、信息的客观性。

表 8-1 反映了此次调查样本的区域和产业分布情况。样本涵盖了

[①] 样本选择详见"第七章 农民学院参与新型职业农民培育的运行机制"。

3个县区11个乡镇和5个产业类型，每个产业选择2—3个不同的乡镇进行调查，可以客观反映不同经济环境、农业产业下新型职业农民培训的情况和农民需求意愿。

表 8-1　　　　　　　调查样本区域和产业分布情况

区域＼产业	花卉苗木	水产	水果	蔬菜	休闲观光
南浔	■				■
双林	■				
练市		■			
织里		■			
双林					
千金					
善琏					
和孚					
妙西			■		
埭溪				■	
道场		■			

（注：■为课题组选择的调研乡镇和产业）

表8-2反映此次受访农户基本信息。被调查者呈现老龄化倾向，50岁及以上的占到调查农民的46.4%，家庭收入在10万元以内的农民占了受访农户的64.9%，受教育程度集中在初中文化程度，将近受访农民的一半。结合湖州农业生产中农民老龄化、低收入、受教育程度低的普遍的实际情况来看，问卷调查可反映出大多数从事农业生产的农民对新型职业农民培育的看法。在就业状况中，农业就业、务农兼打临工、务农兼副业三者大致相当，这与城市化进程中的农村的特征和浙江二、三产业发展情况吻合。总体来讲，这些受访者的基本特征决定了其能客观地看待新型职业农民培育的成效。

表8-2　　　　　　　　　　受访农户基本情况

变量	比重（%）	变量	比重（%）
年龄		就业方式	
40岁以下	18.4	务农	27.7
40—50岁	35.2	务农兼打临工	22.4
50岁及以上	46.4	务农兼副业	23.5
65岁以上		打工	11.2
家庭收入分布		受教育情况	
10万元以下	64.9	小学及以下	19.2
10—30万元	28.0	初中	46.9
30—50万元	3.9	高中（中专及职高）、大专	22.4
50—100万元	2.7	大学本科以上	1.5
100万元以上	0.5		

二　指标评价体系构建

新型职业农民培育涉及农民资源占有水平和能力提升，关系到农户的利益得失，农户是培训的对象和参与者，农户对培育工作的支持与推动是其成功的关键。只有为大多数农户认可关心，得到农户一致性支持和积极参与的新型职业农民培育模式才是有效的制度创新。从这个角度出发，我们可以将农户满意度作为衡量新型职业农民湖州模式是否有效的一个标准，在这个基础上，通过分析湖州新型职业农民培育中哪些因素会影响农户满意度，可以间接地得出哪些因素会影响到新型职业农民培育，从而来验证本书提出的理论假说。

在农户满意度指标的构建中，在问卷调查中设计了"您对参加湖州农民学院的职业农民教育的满意程度"，共设计了五个选项：很满意、比较满意、一般、不太满意、不满意（如表8-3所示），用这个数据来衡量农户满意度，作为指标体系中的因变量。调查中，反映"很满意"和"比较满意"的农户人数占到了91.61%，认为"一般"的有5.49%，认为"不太满意"的仅占2.9%（见表8-3），这说明农户对农民学院的职业农民教育的满意度比较高。此外，66.34%的受访农民表示培训之后，农业经营收入有所增加，33%的农民认为收入没有变化，不足1%的农民表示培训后收入有所减少，这些数据也进一步证明了新型职业农民培育是受到农民拥护与认可的。在进行数据统计时，将五个维度的选项，转换为二维，将"很满意"和"比较满意"的归为"满意"，将选择"一般""不太满意""不满意"的归为"不满意"（见表8-4）。

表8-3 受访农户对湖州农民学院职业农民教育的评价的五维统计

对湖州农民学院职业农民教育的评价	人数	百分比（%）
很满意	282	69.31
比较满意	91	22.3
一般	22	5.49
不太满意	12	2.9
不满意	0	0

表8-4 受访农户对湖州农民学院职业农民教育的评价的二维统计

对湖州农民学院职业农民教育的评价	人数	百分比（%）
满意	373	91.61
不满意	34	8.39

在解释变量选取上，按照此前理论假说，根据湖州农民学院新型职业农民教育的具体情况，结合新型职业农民培育的典型特质，综合考虑指标的可获得性，本书选取了相应的14个影响因素衡量指标（如表8-5）。

表8-5 指标选取及变量说明

变量类型	变量名称	变量符号	调查问题	变量赋值
因变量	满意度	Y	农民对湖州农民学院的职业农民教育的满意程度	0=不满意；1=满意

续表

变量类型	变量名称	变量符号	调查问题	变量赋值
教育环境	教育资源供给	X_1	是否参加其他单位或组织举办的农民教育或培训	0 = 否；1 = 是
教育环境	其他教育培训的参与经历	X_2	去年一共参加过几次其他农民培训或教育	1 = 没有参加过；2 = 3 次以下；3 = 3—5 次；4 = 5—10 次；5 = 10 次以上
教育环境	其他教育培训的评价	X_3	对其他农民培训或教育的评价	5 = 很满意；4 = 比较满意；3 = 一般；2 = 不太满意；1 = 不满意
教育环境	政府宣传	X_4	从何种渠道得知湖州农民学院可以参加职业农民教育	1 = 政府宣传；2 = 村里宣传；3 = 亲朋告知；4 = 互联网、电视、报纸；5 = 其他
行为人角色	收入水平	X_5	农户家庭总收入	1 = 10 万元以下；2 = 10 万—30 万元；3 = 30 万—50 万元；4 = 50 万—100 万元；5 = 100 万元以上
行为人角色	受教育水平	X_6	受教育状况	1 = 小学及以下；2 = 初中；3 = 高中（或中专、职高）、大专；4 = 本科及以上
行为人角色	就业方式	X_7	农民就业方式	1 = 务农；2 = 务农兼副业；3 = 务农兼打工；4 = 打工；
行为人角色	教育培训中私人成本的价值	X_8	如果有继续深造的机会，您愿意参加吗	1 = 付费少就参加；2 = 一定要参加；3 = 免费就参加；4 = 有时间就参加；5 = 不参加
行为人角色	农户的社会角色	X_9	您在合作社中的工作是什么	1 = 管理人员：A. 社长，B. 副社长，C. 理事，D. 监事长，E. 监事；2 = 行政人员：A. 经理，B. 财会人员，C. 办公室人员；3 = 其他：A. 业务员，B. 技术员，C. 普通社员
行为人角色	自身认知	X_{10}	参加湖州农民学院的农民职业教育后，能力是否得到提高或改善	5 = 效果显著；4 = 效果较好；3 = 一般；2 = 效果差；1 = 没有效果

续表

变量类型	变量名称	变量符号	调查问题	变量赋值
教育条件	教育环境与管理	X_{11}	对教育环境与管理的满意度	5=很满意；4=比较满意；3=一般；2=不太满意；1=不满意
	教学安排	X_{12}	对教学安排的满意度	5=很满意；4=比较满意；3=一般；2=不太满意；1=不满意
	师资质量	X_{13}	对师资质量的满意度	5=很满意；4=比较满意；3=一般；2=不太满意；1=不满意
	教材资料	X_{14}	对教材资料的满意度	5=很满意；4=比较满意；3=一般；2=不太满意；1=不满意

本书的假设前提，农户的参与积极性和支持程度是农民对农民学院培训满意的先决条件，农户参与积极性和支持程度与农户对农民学院进行职业农民培训的满意度呈正相关。基于这个假设前提，从农民满意度的角度，提出理论假说。

一是教育环境特征。(1) 教育资源供给。政府及相关培训机构提供的教育机会和项目越多，越容易积累培训经验，在各种培训经验积累中提升培训质量，农民的满意度就越高。从农民角度，对教育资源供给的衡量，主要选择"是否参加其他单位或组织举办的农民教育或培训"，因为，一方面，教育资源供给越多，随着一些农民的参加，就会对其他农民产生教育缺乏的焦虑，刺激没有参加过培训的农民主动参加，进而提高参与度；另一方面，参加培训的农民数量越多也表明教育资源供给的真实存在。(2) 其他教育培训的参与经历。参与经历越多，表明其学习的意愿越强烈，对通过培训获得感的期望越高，并且在多次培训经历中，对一般化的培训项目已经熟悉，若反复出现会产生厌烦感，因此对湖州农民学院的满意度评价会建立相对更高的标准上，较不容易产生高满意度，除非湖州农民学院能够提供较之其他培训更优质的内容。(3) 其他教育培训的评价。农民对其他教育培训的评价越低，表明农民有较高的培训期望或者存在未满足的培训需求，带着这种需求，农民对湖州农民学院的评价也是较不容易产生高满意度，除非湖州农民学院能够提供较之其他培训更优质的内容。（4）政府宣传。政府宣传会形成群众动员力和行为导向性，刺激农民参与积极性，并且政府的官方权威会增加培训项目的正规性、有效性、保障性，进而增加农民对培训效果的潜在向好预期，政府宣传越广泛，农民对湖州农民学院培训越积极参与并且评价越高。

二是农民角色特征。（1）农民收入水平。收入水平越高，反映其农业生产现代化水平越高，一般的农业生产技能已经不能满足其经营需要，对培训的支持和参与程度越高，即农户对农民学院培训的满意度与农民收入水平呈正相关。（2）农民的受教育状况。相对较高文化程度，在长期接受教育的过程中会形成对知识重要性的认知，进而支持、参与教育培训工作，并且学习能力较强，容易从培训中获取知识，产生满意感。农户对农民学院培训的满意度与其受教育水平呈正相关。（3）农民就业方式。农业就业方式中，务农所占比重越大，对通过新型职业农民培育提高农业生产效益的期望程度就会较高，越会拥护和积极参与职业农民培训，农民对农民学院培训的满意度与农民务农就业的比重呈正相关。（4）教育培训中农民私人成本的价值。农民承担的私人成本越高，参加培训的交易成本越高，其积极性就会越低。（5）农民的社会角色，不同的职业体现了农户不同的文化水平与素质。干部、年轻人更容易接受当前的农民教育，并会积极参与，产生较高的满意度。（6）农民的认识和预期收益判断。农民对参加湖州农民学院培训后的利益提升的判断直接影响到他们对制度创新的态度，农民的参与积极性和满意度可以刻画出农户在制度创新中的利益损益情况。农民的预期判断越好，对培训越满意。

三是教育条件。选取了四个指标：（1）对教育环境与管理的满意度；（2）对教学安排的满意度；（3）对师资质量的满意度；（4）对教材资料的满意度。前三个指标作为教学内容的满意度直接影响到对湖州农民学院进行信息职业农民培育的满意上。最后一个指标对新型职业农民培育满意度的影响不大。

三 模型选择及说明

本书所采用的数据主要是分类数据,采用概率模型分析离散选择问题是较理想的估计方法。设定的因变量"职业农民教育满意程度"分为"不满意"和"满意"的二分类变量,据此可建立二元 Logistic 回归模型。该模型中,因变量 y 为职业农民教育满意程度,$y=0$ 表示不满意,$y=1$ 表示满意。

Logistic 回归模型是基于 Logistic 分布函数而构建的。Logistic 分布函数为:

$$f(y) = p^y(1-p)^y \tag{1}$$

Logistic 回归模型的基本形式为:

$$p_i = F(\alpha + \sum_{j=1}^{n} \beta_j X_j) = \frac{1}{1 + e^{-(\alpha + \sum_{j=1}^{n} \beta_j X_j)}} \tag{2}$$

对公式(2)进行对数化处理,则线性化 Logistic 模型的数学表达形式为:

$$Logit(p) = ln\left(\frac{p}{1-p}\right) = \alpha + \sum_{j=1}^{n} \beta_j X_j \tag{3}$$

其中 p 为被解释变量,表示职业农民教育满意的概率;X_j 为解释变量,表示影响职业农民教育满意度的影响因素;α 为常数项;β_j 为回归系数。[1]

上述各式构成了二元有序 Logistic 模型。通过考察解释变量与对数发生比的关系,可以考察其与因变量(农户满意度)变化的概率关系,当一个解释变量的作用增加了农户满意度变化的发生概率,即表明其中内含着相互作用关系。

四 模型实证结果及分析

(一)模型的估计

运用 Stata 12.1 软件对样本数据进行多项有序 Logistic 回归分析处理。拟合优度及相关检验值表现较为稳定且显著(详见表 8-6)。模型结果

---

[1] 陶长琪:《计量经济学教程》,复旦大学出版社 2012 年版,第 192—193 页。

如下。

表8-6　职业农民教育满意程度影响因素的二元
Logistic回归分析结果

自变量	标准回归系数	标准误	Wald值	Sig.值	Exp（B）
x_1	-0.4471	0.5337	0.7020	0.4021	0.6395
x_2	-0.3299	0.4180	0.6230	0.4299	0.7190
x_3	0.4315**	0.1981	4.7435	0.0294	1.5396
x_4	0.4992	0.3361	2.2059	0.1375	1.6474
x_5	-0.0236	0.2602	0.0082	0.9278	0.9767
x_6	0.7027**	0.3298	4.5416	0.0331	2.0193
x_7	-0.1881	0.1987	0.8966	0.3437	0.8285
x_8	0.4301	0.2691	2.5540	0.1100	1.5374
x_9	0.0651	0.3538	0.0339	0.8540	1.0673
x_{10}	0.5314**	0.2607	4.1554	0.0415	1.7014
x_{11}	0.2698	0.4730	0.3254	0.5684	1.3097
x_{12}	0.3344	0.4813	0.4827	0.4872	1.3970
x_{13}	1.8490*	0.5632	10.7764	0.0010	6.3533
x_{14}	0.5586	0.3274	2.9120	0.0879	1.7483
常数项	-16.6264	3.2569	26.0604	0.0000	0.0000

注：*，**分别表示达到1%和5%的显著性水平。

可以看出，只有x_3、x_6、x_{10}、x_{13}通过5%的显著性水平检验，即农民对其他教育培训的评价、农户受教育状况、农户对培育收益的预期判断、对师资质量的满意度等变量对农户满意度具有显著的影响，这四个因素分别涉及了教育环境、行为人角色特征、教育条件三大类指标，与前文的理论假设相符。但是在教育环境指标中x_1、x_2、x_4变量，行为人角色中的x_5、x_7、x_8、x_9变量，教育条件指标中的x_{11}、x_{12}、x_{14}变量，未能够通过显著性水平的检验，这与前文预期假设不相符。

（二）结果分析

1. 教育环境特征对职业农民教育满意程度影响分析

首先，对参与过的教育培训的评价对湖州学院组织的新型职业农民培训的满意度呈正相关。表明农民对过往参加过的其他形式的教育培训的评价越高，对此次湖州学院的培训的满意度越高。通过对湖州地区的调查，可能的解释在于：（1）农民存在学习积极性。在受访的农户中，参加过政府举办的其他培训的占55.8%，对剩余44.2%未参加其他教育或培训的农民进行调查，发现35.9%的农民认为自身没有时间参加培训，36.1%的农民认为当地没有组织，34.5%的农民认为没有信息来源，不知道培训信息。少部分农民认为费用太高或其他原因，所占比例分别为0.8%、4.2%。不知道培训信息、没有受到组织是农民未接受培训的主要客观原因。可见农民是存在主观学习积极性的，并且已经有一半以上的农民接受过其他形式的教育培训。（2）对这些教育培训的较高满意度会形成农民对同类培训"有用性"的普遍认知或对培训功用的既有认识，继而继续参加有组织的教育培训，并继续形成较高的满意。（3）如果农民对其他教育培训的评价越低，但是由于存在学习积极性，仍会继续参加培训，但是由于农民有较高的培训期望或者存在未满足的培训需求，带着这种需求，农民对湖州农民学院的培训的要求会比较高，满意度也会较不容易满足，除非湖州农民学院能够提供较之其他培训更优质的内容。

其次，教育资源供给和其他教育培训的参与经历对农民参加职业农民培育满意度的影响不显著。可能的解释在于：（1）新型职业农民培育影响农民参与积极性的条件不具备：一是新型职业农民培育是国家的人才培育工程，每年农业部、财政部制定培育方针，地方制定培训计划，在这种指标控制下，农民参与新型职业农民培育具有行政动员和行政组织的性质，与其他类型的培训项目在性质上不同。二是由于已有的各类培训存在分散性、数量少、缺乏政策扶持、提升效果不明显等问题，已经参加过培训的农民尚不能对未参加的农民形成教育缺乏的焦虑感。（2）在湖州市，调查发现农民参加的他类教育培训主要以电大教育和各类人才工程为主，这些培训项目不能削弱农民继续参加新型职业农民教育培训的积极性，同时单从存在培训经历，也不能增加参加新型职业农民培训的积极性和满意度。也就是说农民存在培训需求，而这种培训需求不直接导致较高或较低的满意度。

最后，政府宣传对农民参加职业农民培育满意度的影响不显著。湖州市的新型职业农民是湖州农民学院承接由区县教学点和乡镇成校对接的培育模式，农民获得培训信息及其教学管理都是由有关行政部门负责的，因此，大多数农民都是接到政府宣传后报名参加的，甚至很多农民不知道湖州农民学院。在大家信息获取基本一致的情况下，存在满意和不满意的分歧，表明政府宣传会形成群众动员力和行为导向性，刺激农民参与积极性，并且政府的官方权威会增加培训项目的正规性、有效性、保障性，进而增加农民对培训效果的潜在向好预期，政府宣传越广泛，农民对湖州农民学院培训越积极参与并且评价越高。

2. 农民个体特征对职业农民教育满意程度影响分析

首先，农民的受教育状况对农户新型职业农民培训的满意度呈正相关。在湖州市现代农业发展程度较高，出现很多规模经营、创业成功的案例，并且积极探索一、二、三产业融合发展、绿色循环农业等新型经营模式。这些农民的成功与在农民学院进行再教育和农民学院提供的专家平台、政策扶持机会有密切的关系。从对课堂听课情况的观察来看，规模经营主体学习认真、有较高的学习热情和主动请教的愿望，对培训内容的吸收和接纳程度较好，较容易产生正面评价。

其次，农民的认识和预期收益判断对农户新型职业农民培训的满意度呈正相关。通过对农民对培训后生产经营收入、生产技能水平、机械化水平、经营管理能力、产品营销能力等13个方面能力提升的程度打分情况来看，农户对培训效果的认知或预期判断较好。预期收益判断不仅会增加成本投入，而且会影响对培训的评价。这也是培训的最终目的，得到农民的认同，农民的预期判断越好，对培训越满意也会越高。

再次，农民收入水平、农民就业方式、社会角色对农民参加职业农民培育满意度的影响不显著。主要原因在于：（1）新型职业农民培育是一个自上而下贯彻的具有政策性动员性质的国家工程项目，湖州各区县制定的培育指标和各教学点统计的学习内容都是建立在农民实际情况和需求的基础之上，针对的主要是从事农业生产的农民，因此，已经完成培训的农民本身就表明其具有较高的参与积极性，因此，课题组对已经参加了新型职业培训的农民的调查，不能区别参与积极性的高低。（2）农民收入水平存在地区普遍性，农民家庭总收入10万元以下的新型职业农民所占比例达到64.9%，家庭收入50万—100万元、100万元以上的新型职业农民，分别占比为 2.7%、0.5%，而调查显示农民的满意度达到 90% 以上，可见农民满意度不受收入水平的影响。(3) 就业方式和收入水平只会影响农民的参与积极性，参与积极性高的农民不一定产生较高的满意度。

最后，农户私人成本价值对农民参加职业农民培育满意度的影响不显著。主要原因是受到国家财政资金的支持，湖州新型职业农民培训不需要农民承担学费，并且农民可以获得听课补贴；农民学院的开班方式采取"就近听课、遵循农业生产时间"的原则，课堂开设在乡镇，农民的交通成本较低；在时间安排上选择在农业生产淡季，集中授课，总学时在 15 天左右，每天的学习时间在 2—4 个小时，不争抢农民基本的生产时间。因此，当地农民存在较低的私人成本。此外，在调查中，57.3% 的农民表示是否收费不影响农民的培训意愿。

3. 教育条件对职业农民教育满意程度影响分析

首先，对师资质量的满意度对农户新型职业农民培训的满意度呈正相关。师资质量直接影响教学内容和教学效果：专家的权威性和素质直接关系农民对培训水准的评价和农民知识的获得感、时间花费的值得感；所学的内容质量影响农民学习目标的达成；对教学纪律的严格管理可以增加农民违反纪律的成本，形成认真的教学氛围。湖州市各教学点采取教学点老师组织、湖州农民学院老师蹲点负责的管理方式，对学员统一发放学员证，携带学员证进课堂听课。这些教学师资素质都可以增加农民的满意度。

其次，对教育环境与管理的满意度、对教学安排的满意度、对教材资料的满意度这三个指标对农民参加职业农民培育满意度的影响不显著。其中对教材资料的满意度这一指标的不显著和之前的假设相符。在具体的教学环节，农民比较注重软实力，对硬件安排在意程度并不大。因此，农民培训可以采区灵活的教学方式，湖州市充分利用乡镇成校的教育平台就是很好的例证。

第九章

农民学院参与新型职业农民培育的绩效评价

第一节 湖州市新型职业农民培育的规模

湖州市在开展新型职业农民培育之前,已经开展了有关农民培训的项目,比较系统的主要有"千万农村劳动力素质培训工程""阳光工程"和"一村一大学生",这三个培训工程已经使数十万名农民走入课堂进行了再教育,掌握了一定的技能和知识,为农民队伍整体素质和技能的提升奠定了群众基础,并为农业培训工作积累了经验。

1. "千万农村劳动力素质培训工程"

为了不断提高农村劳动力的职业技能和就业竞争力,促进农村劳动力向二、三产业转移,增加农民收入,浙江省2004年开始实施"千万农村劳动力素质培训工程"。实施"千万农村劳动力素质培训工程"的主要目标是:以农业专业技能培训、农民转移就业技能培训和务工农民岗位技能培训为主要内容,以被征地农民、转产渔民、下山移民、农村富余劳动力、企业务工农民和专业农户为重点对象,从2004年到2010年,全省完成1000万农村劳动力的培训。具体任务是:(1)农业专业技能培训100万人。以种养业专业农户、专业合作社社员为主要对象,重点开展农业先进实用技术和经营管理知识培训,使他们掌握现代农业的先进技术和经营理念,提高科技素质和适应市场的能力。(2)农民转移就业技能培训400万人。以被征地农民、转产渔民、下山移民和农村富余劳动力为主要对象,重点开展就业技能培训，使他们掌握转移就业必需的技能和知识，并获得相应的职业资格或培训证书。（3）务工农民岗位技能培训 500 万人。浙江省农村劳动力素质培训工程开展 10 年来，已从当初的大规模大数量的普惠型农村劳动力技能培训发展到现在的重质量、轻数量的以农村实用技能为主的针对性培训。培训类别从当初的农村实用技术培训、农村劳动力转移培训、务工农民岗位提高培训等发展到以农民素质培训及农村实用人才培养为重点项目的培训，培训人数从 2004—2010 年每年约 10 万人逐渐减少到 2013 年每年约 11000 人。

2. "阳光工程"

"阳光工程"是由政府公共财政支持，主要在粮食主产区、劳动力主要输出地区、贫困地区和革命老区开展的农村劳动力转移到非农领域就业前的职业技能培训示范项目，是由国家和省主导的全国工程。主要针对的问题是农村劳动力整体素质不高，缺乏转移就业的职业技能，难以向非农产业和城镇转移，难以在城镇实现稳定就业，难以提升从业的岗位层次。党中央、国务院高度重视农村劳动力转移培训工作，中央农村工作会议、中央人才工作会议和《中共中央　国务院关于促进农民增加收入若干政策的意见》（中发〔2004〕1 号）对做好该工作提出了明确要求。国务院办公厅下发的《2003—2010 年全国农民工培训规划》对培训工作做出了具体部署。为贯彻落实党中央、国务院的要求和部署，加强农村劳动力转移培训工作，农业部、财政部、劳动和社会保障部、教育部、科技部、建设部从 2004 年起，共同组织实施农村劳动力转移培训阳光工程（简称为"阳光工程"）。浙江省"阳光工程"培训重点是针对农业产业的二、三产业，主要包括创业培训及农业职业技能培训，其中农业职业技能培训侧重于对从事农业产前、产中和产后服务，以及从事农业经营和农村社会管理的农民开展职业技能培训。培训对象为种养大户等农业农村生产和经营人才，主要包括：种植业生产服务人员、畜牧和渔业生产服务人员、兽医服务人员、农技服务人员、农业经营管理和农村社会管理人员及涉农企业从业人员。而创业培训主要针对在农业领域有创业意愿和创业基础的青年农民，特别是对农村初中、高中毕业后未能升学的两后生、复转军人、返乡农民工开展创业培训。然而，浙江省的"阳光计划"属于地区轮流性的培训，如 2012 年湖州市五个县区只有南浔区与德清县开展此项培训,其中南浔区培训计划指导人数为800人,德清县培训计划指导人数为900人,而2013年湖州市开展此项培训的是长兴与德清两个县。

3."一村一名大学生工程"

"一村一名大学生工程"是2004年2月5日由教育部提出,由中央电大全面组织实施的农民学历教育。浙江省经省委、省政府批准,于2012年开始在全省实施,培育机制是"政府出钱、大学出力、农民受益"。依托高等学校,采取远程教育和成人高等教育函授相结合的培养模式,面向全省农村招收农业专业大户、农业龙头企业负责人、农民专业合作社负责人、村"两委"班子成员和后备干部以及农村优秀青年参加大学学习,培养和造就一大批扎根农村、服务农民、发展农业、带头致富的农村实用人才。学费由省财政及办学单位全额负担。2007年,湖职院就开始通过电大系统培养学历型农民大学生。截至2014年,该项目已经培养出农民大学生共计1672人,目前在读农民大学生还有2427人。整体而言,学历型由于门槛高,培训数量偏少。

4. 新型职业农民培育的规模

自2014年湖州市被农业部批准为全国首批新型职业农民培育试点市以来,成立农民学院积极承接湖州市新型职业农民培育与管理工作,累计完成新型职业农民培育4972名,认定4650人。

第二节 农民学院参与新型职业农民培育绩效的总体评价

开展新型职业农民培育是探索解决"谁来种地""怎样种地"这一农业现实议题下的对策,通过提升农民能力素质,激发创业热情,增加农业人力资本投入。20世纪80年代以后,一些经济学家把对经济增长根本动因的关注投向人力资本,认为人力资本是经济增长的主要源泉和决定性因素。舒尔茨曾指出许多经济学家在研究发展中国家的农业问题时,往往高估土地的作用而对人的质量的重要性认识不足的观点是错误的。他认为造成发展中国家农业落后和农民贫困的主要原因是农业人口质量不高,而不是土地或自然资源的贫瘠。舒尔茨指出,现实中农业的落后是由于政府实施的以牺牲农业为代价而片面追求工业化的政策造成的。只要改变这些政策,对农民实施有效的激励,农民是能够做出理性决策的。政府改造传统农业的最好办法就是向农民进行投资。在国内的学术研究中,学者们已经充分从理论层面论证了新型职业农民对提升现代农业可持续发展水平、构建现代农业产业体系、提升农业科技支撑水平、培育现代农业经营主体、推进现代农业设施装备建设、提升农产品质量安全水平等农业现代化发展具有重要意义。

对新型职业农民进行诸如职业教育及培训等形式的人力资本投资,可使其人力资本水平得到提高,即具备相应的生产素质,具体指新型职业农民掌握了农业生产的一整套从理论到实践的知识、技术及操作方法。这些生产素质经过劳动者智力、体力转换为能够带来一定经济效益的生产能力,影响农民的要素投入,从而增加农民的产出,最终提升其收入水平(如图9-1)。新型职业农民培育使农民的素质发生了变化,提高了农民的人口质量,农民提高了生产能力、经营能力,改变要素投入有助于农业经济的发展;农户获得知识和技术、提高生产经营能力有助于提高农民收入,农户获得知识和技术、改变要素投入也助推了现代农业的发展(如图9-2)。基于此,通过湖州的案例,从区域经济发展、农民增收和现代农业发展三个方面对湖州农民学院培育新型职业农民绩效进行理论分析。本书提出三个验证假说:(1)新型职业农民培育与区域农业经济增长显著正相关;(2)新型职业农民培育与农民收入增长正相关;(3)新型职业农民培育与农业现代化水平正相关。

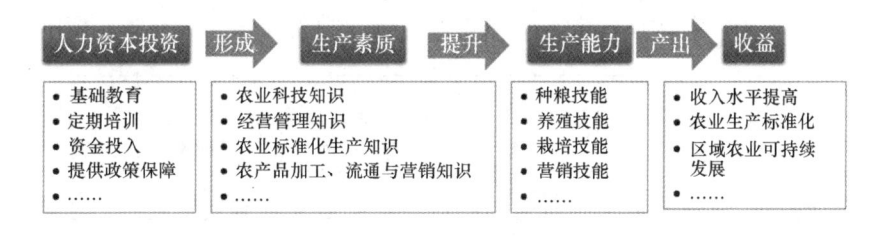

图9-1 人力资本投资影响农民收入增长的模型

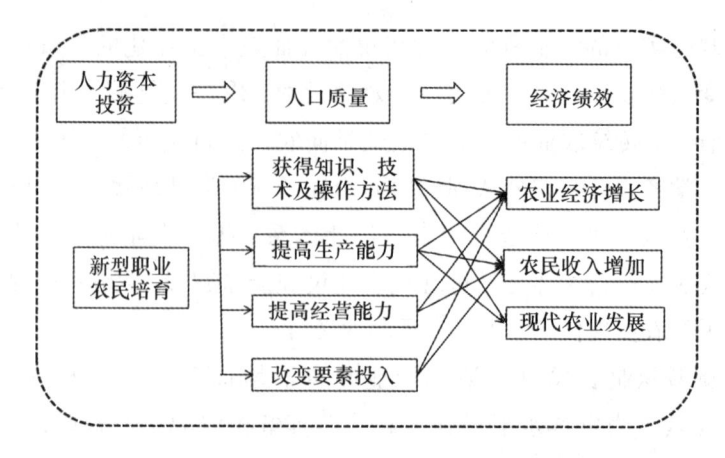

图 9-2　新型职业农民培育的绩效生成机制

一　农民学院参与新型职业农民培育与农业经济增长

农民通过培育,获得了农业生产的知识和技能,这些知识和技能具有很强的操作性,会被应用于农民的生产经营中,对农业生产和农业经济发展具有正向促进作用:一是改善农民生产行为,优化各生产要素投入比例,纠正在之前种养殖中的错误行为,提高病虫害预防和抵御能力,进而提高农业产量和产值。二是增强农民对市场的判断认识,会导致农民扩大经济附加值高的经济作物的经营范围。三是提高农业生产科学化水平,增加对现代农业生产技术的运用,改良农业设施。

表 9-1　2013—2015 年湖州新型职业农民培育人数及农业生产总值、农业、林业、渔业产值

年份	新型职业农民培育人数（人）	农林牧渔业总产值（现价）（万元）	农业产值（万元）	林业总产值（万元）	渔业产值（万元）
2013	—	2129835	—	—	—
2014	2000	2114043	960387	204668	436838
2015	5500	2134428	971134	207712	505099

首先,农民培育提高生产能力,为农业产值增加奠定了基础。从湖州市农业局统计数据可见,2015 年农林牧渔业总产值 2134428 万元,比

2014年增加20385万元。其中农业产值971134万元，比2014年增加10747万元，林业总产值207702万元，比2014年增加3034万元，渔业产值为505099万元，比2014年增加68261万元（详见表9-1）。

其次，农民培育开阔农民视野，会导致经营范围的调整。通过培训开阔了农民的视野，增加了农民对市场认知和判断的能力，加之技术的辅导和传授，会导致农民减少传统粮食种植规模，增加经济作物的种植规模。在湖州2014年被确定为新型职业农民培育试点的前后两年，从农业局统计数据可见，农作物播种面积在逐渐减少，由2013年的223074公顷减少到2015年的173123公顷，减少了30.29%。其中水稻、小麦、玉米、大豆、番薯等粮食作物的种植面积由2013年的136094公顷减少到2015年的94873公顷，减少了21.8%；油菜籽、花生、芝麻等油料播种面积由2013年19888公顷减少到2015年的10264公顷，减少了48.39%。与此同时，水产养殖和种植业的经营规模却在扩大，淡水产品生产2014年为305439吨，2015年又增加47153吨；桑园播种面积由2013年的15854公顷增加到2015年的16451公顷（详见表9-2）。

表9-2　2013—2015年湖州农业从业人员及其农作物、粮食作物、
　　　　油料、桑园种植面积，淡水产品生产情况

年份	农村从业人员数	农作物播种面积总计（公顷）	粮食作物播种种面积（公顷）	油料播种面积（公顷）	淡水产品生产情况（吨）	桑园种植面积（公顷）
2013	24.95	223074	136094	19888	—	15854
2014	23.34	187123	106425	12530	305439	16708
2015	22.87	173123	94873	10264	352592	16451

最后，农民培育提高农民生产技能，为现代农业发展奠定了基础。通过培训，农民掌握一定的农业生产科学技术，在实际生产中会增加农业生产科技投入，增加对现代农业生产技术的运用，改良农业设施。以湖州大棚建设为例，2015年智能大棚、连栋大棚、钢管大棚的建设数量和面积比2014年有所增加，而普通大棚和季节性大棚的投入量却有所减少（详见表9-3）。

表9-3　　　　　　　2014—2016年湖州农业设施建设情况

年份	数量（个）	1. 智能大棚		2. 连栋大棚		3. 钢管大棚		4. 普通大棚		5. 季节性大棚	
		数量（个）	面积（亩）	数量（个）	面积（亩）	数量（个）	面积（亩）	数量（个）	面积（亩）	数量（个）	面积（亩）
2014	201706	17	89	217	1152	73277	53870	45447	25207	82748	54483
2015	202847	22	110	232	1731	76497	56033	55278	24221	70818	47051
比上一年 +-	+1141	+5	+21	+15	+579	+3220	+2163	+9831	-986	-11930	-7432

二　农民学院参与新型职业农民培育与农民收入增长

经济学家已经揭示了人力资本在经济发展中的重要作用，同样人力资本对农业发展的作用也是不容低估的。舒尔茨指出，"土地本身不是成为贫困的一个关键因素，而人是一个关键因素：改善人口质量的投资，能显著提高穷人的经济前途和福利"。农民贫困的主要原因来自农业人口质量不高，提高农民收入的最好办法就是向农民进行投资，人力资本投资能够改善人口质量。改革开放之后，我国十分重视农村教育的发展，农民的平均受教育水平得到了较大程度的提高。但是由于相对受过较好教育的青壮年劳动力持续不断地转入非农产业，我国现有的农业从业者的受教育程度仍然处于十分低下的水平。培育新型职业农民的实质就是向农民进行人力资本投资。通过学习，农民获得了新的农业生产技能，这是一个提高农业人口质量的过程，为农民收入增加创造了条件。具体而言，新型职业农民培育促进农民增收主要表现在两个方面：

一是农民收入增长。据统计，2015年全年农村居民人均可支配收入达到24410元，比上年增长9.0%，其中，工资性收入增长9.7%，经营性收入增长6.9%，财产性收入增长10.8%，转移性收入增长9.7%。人均生活消费支出16112元，增长8.6%。事实上，农民收入增加与湖州多年来对农民的培训分不开，2015年全县开展农牧业技术培训251期，培训人数20846人，比上年增加212人。全乡（镇）开展农牧业技术培训1092期，比上年增加28期，培训人数88149人。新型职业农民培育工作在2014年全面铺开，2015年培育认定人数为5万人左右。因此，新型职业农民培育是致使农民增收的人力资本投资的一个贡献力量，具体其对农民收入增长的拉动程度很难测量。

二是村经济合作社收益大幅提高。当前农民依托合作经济进行种子购买、生产管理、产品销售是普遍情况，甚至一些没有成立合作社的村，农民主动要求成立。村经济合作社的收入也反映了农民收入情况。据湖州市农业局数据显示，2015年村经济合作社总收入157295.35万元，比2014年增加11094.90万元。其中经营性收入23351.52万元，比上年增加1613.76万元；投资收益为5593.67万元，比上年增加1503.05万元。2015年全市范围内村经济合作社收益在100万—500万元的村数最多，达到423个，比上年增加14个；500万—1000万元，1000万元以上的村数均有所增加。（详见表9-4）

表9-4　　　　　村经济合作社收益分配情况　　　　　单位：个

收入按村分组情况	2015年	比上年+-
1万元以下的村数	9	4
1万—5万元的村数	9	1
5万—10万元的村数	19	8
10万—30万元的村数	86	10
30万—50万元的村数	122	-23
50万—100万元的村数	333	-21
100万—500万元的村数	423	14
500万—1000万元的村数	29	6
1000万元以上的村数	9	2

三　农民学院参与新型职业农民培育与现代农业发展

农民培训获得的信息和技能将会改变农民的传统经营方式，更多地使用现代农机具和现代科技；由于生产困难的解决，农民会扩大经营规模来提高收入；之前做得较好的农民将进一步推动农业产业化发展，带动种植基地、现代园区的建设和发展。

（1）培训之后，农民掌握现代农业机械操作技能，增加农机具投入量替代低效的人工劳动。据统计，2015年湖州市农业机械投入量有明显增加（详见表9-5），全市科技示范户户数较2014年增加121户（详见表9-6）。

表9-5　　　　　2014—2015年湖州主要农机具拥有量

年份	耕作机械 大中型拖拉机		收获机械 联合收获机		种植机械			植保机械 激动喷雾机		收货后处理机械		
					种植机械动力		水稻插秧机				谷物烘干机		冷藏保鲜设备	
	台数/台	动力/千瓦	台数/台	动力/千瓦	台数/台	动力/千瓦	台数/台	动力/千瓦	台数/台	动力/千瓦	台数/台	动力/千瓦
2014	518	25074	1765	71226	634	5461	544	4787	8991	19773	366	2978	269	6334
2015	573	28395	1841	74880	689	6253	588	5387	9276	21269	448	3903	292	3290
比上年+-	55	3321	76	3654	55	792	44	600	285	1496	82	925	23	-3044

表9-6　　　　　2015年湖州科技示范户户数　　　　　单位：户

年份	全市合计	吴兴区	南浔区	德清县	长兴县	安吉县
2014	3608	—	—	—	—	—
2015	3729	611	630	751	1203	534

（2）培训及其示范效应会激发农民生产积极性，对于一些有思想、有干劲的农民，促使其增加投资、扩大经营规模。据湖州市农业局统计数据显示，2015年湖州市有56.35%的承包耕地进行了流转，土地承包经营在向规模经营方向发展。一般农户扩大经营规模的情况较多，30—50亩经营的农户数3849户，比上一年增加66户，经营面积138781亩，比上一年增加1203亩；经营50—100亩的农户数2964户，比上一年增加300户；10—30亩经营的农户数出现减少，减少幅度不明显，仅为7%；100亩以上经营大户数量有减少的情况，市场行情、产品结构等都是影响因素。

表9-7　　　　　2014—2015年湖州农户规模经营情况

年份	10—30亩		30—50亩		50—100亩		100—200亩		200亩以上	
	亩数	经营的农户数	亩数	经营的农户数	亩数	经营的农户数	亩数	经营的农户数	亩数	经营的农户数
2014	—	11767	137578	3783	—	2664	—	—	—	—
2015	182786	11029	138781	3849	177238	2964	149484	1075	233254	595

（3）农民素质提升推动农业现代化的进程，农业龙头企业经营效益较好，种植基地规模不断扩大，现代园区建设效果显现。2015年农业龙头企业1558个，比上年增加39个，其中上市农业龙头企业6个。资产总额3894385万元，比上年增加742435万元。龙头企业的发展直接影响农民生产和种植基地的建设，2015年龙头企业带动农户256.19万户，比上年增加11.91万户，种植基地495.40万亩，比上年增加0.12万亩，水产基地32.98万亩，比上年增加1.68万亩。建设现代农业园区达到327个，销售收入603127万元，其中省级现代农业园区109个，市级现代农业园区161个。农业生产的精细化、智能化趋势明显，省级精品园67个，市级精品园131个，农业物联网试验示范基地23个。农业园区面积2015年新增4.94万亩，新增投资7.82亿元。

第三节　农民学院参与新型职业农民培育绩效的个案分析

通过上面的描述性分析可以看出，新型职业农民培育助推了湖州的农业生产和农业经济的发展。实践中，现代农业发展趋势在新型职业农民的创业基地、种植园区、产业园区、示范园区中随处可以看到，不仅增加了自己的收入，而且带动了村域农民增收致富，形成区域农业生产专业化格局和地方农业品牌优势。这些走在现代农业生产前列的种植大户、家庭农场主、农民企业家都有一个共同的特点，即经历了由小农到新型职业农民的蜕变，都是通过艰辛的创业过程才取得我们今天看到的规模效益和龙头位置。这种发展和成功创业不是个人的小聪明，也不是偶然投机，而是与个人认识、知识水平、能力素质等方面的提升密不可分。这些农民在创业前都在积极进行人力资本投资，注重教育的重要性和深感自己知识的匮乏，积极通过各种教育渠道加强专业技能、管理知识方面的学习，参加湖州农民学院的各类培训班或学历教育。在创业过程中受到地方政府政策扶持和湖州农民学院提供的技术、资金、政策等方面的扶持。

一 南浔和孚瑞丰河虾养殖场

湖州市南浔区和孚镇是典型的水乡，拥有大量的淡水资源，南浔和孚瑞丰河虾养殖场是湖州地区有影响、有示范效应的水产养殖基地，销售收入在50多万元。其创办人沈建锋是双福桥村的一位80后青年。在养虾之前，沈建锋跟很多人一样是普通的上班族，是一家企业的普通员工。但是其心里一直有想搞水产养殖的创业梦。2011年，沈建锋就读湖州农民学院农业经济管理大专班，不仅学习了科学理论和先进的管理经验，而且多次参加创业实践活动，通过与专家、创业者的交流，极大开阔了眼界，坚定了创业的信心。他在看到班里同学运用先进的种养殖技术及管理方式取得了显著的经济效益后，联想到自己老家南浔和孚的淡水资源优势，运用学到的知识和技能，坚信能创造出好的业绩。农民学院在技术和经验上提供极强的支持。2012年，沈建锋投资建成的瑞丰养殖场被湖州农民学院认定为农民大学生创业基地，在创业基地的培育过程中，农民学院指派浙江大学、浙江省淡水研究所、湖州水产站、湖州职业技术学院的专家教授对其开展结对指导和长期性培育。农民学院为沈建锋发放了电脑、打印机等学习工具，组织其赴上海、江苏等地考察学习，同时指导其成功申报浙江省现代农业生产发展资金项目。创业初期，在农民学院协调下，他向南浔农村合作社申请了30万元的贷款，度过了创业最初的困难期。农民学院为他指派的专家教授的指导和手把手传授，使他的养殖技术得到了有效的提高，并与专家建立了长期联系，通过微信、电话接受专家指导。通过农民学院开办的"农民创业大讲堂"，沈建锋有机会结识专家，并把专家请到基地进行指导。2013年，沈建锋还在农民学院考取了国家人力和社会保障部统一登记颁发的"创业培训（SYB）合格证"，"SYB"创业证可以帮助沈建锋向银行申请获取小额贷款。借助农民学院，沈建锋创业如虎添翼，在2013年一年取得了30万元的丰厚回报。

沈建锋在创业的同时，还不忘周边的乡邻。除了为周边农民提供优质的虾苗和饲料，还向养殖户传授饲养经验。并计划与周边养殖户结成合作社，带动大家一起创业。

二 南浔丰藤水果专业合作社

南浔丰藤水果专业合作社组建于 2009 年，牵头人是湖州南浔新安现代农业科技园创办者闵建强。闵建强原来在南浔镇上做个体生意，一个偶然的机会接触到了葡萄种植，并决定将它作为自己的发展方向。然而，在种葡萄的头两年，一直受制于固定且僵化的市场销售模式，产品找不到好的销路，连年亏损。2004 年他筹备成立了湖州南浔新安现代农业科技园。随着种植规模的不断扩大，闵建强感觉"文化太有限，到了需要提升的阶段"。2007 年他先是读了农广校的中专班，中专毕业后，正值中央电大"一村一名大学生"项目实施第七个年头，该项目是为支持新农村建设，为农村大量培养发展基层经济和农业生产的带头人、农村科技致富带头人和发展农村先进文化带头人。闵建强报名参加湖州农民学院大专班农业经济管理专业的学习。在农民学院，闵建强通过刻苦专研和老师的精心指导，专业知识水平大大提高，关键是掌握了市场销售的技巧。特别是，与他结对的专家教师向他提出成立合作社搞合作经营的建议，对他起了决定性影响，最终在 2009 年成立了湖州南浔丰藤水果专业合作社。通过农民学院这个平台，领导调研、参观考察、同学交流等活动逐渐多了起来，来他基地的人也多了，有了更多信息交流的渠道，有问题也有了解决途径。在农民学院的牵线下，丰藤水果专业合作社开始走精品农业的发展道路，2012 年在原来基地的基础上建起了"丰藤水果精品园"，引进并栽培出了"新式无花果"这一广受市场欢迎的水果品种。通过学习，闵建强懂得了如何申报政府项目享受政府优惠政策，他利用建设新基地的时机，积极申报政府项目，获得了连栋大棚国家补助 70 多万元。可以说，湖州农民学院的学习为他带来了转机，使他的经营道路越来越广，事业越做越大。

在闵建强的带动下，合作社得到了飞速的发展。2012 年，合作社年产葡萄等水果 1780 多吨，全年销售收入 1960 余万元，利润 220 万元，每个社员年均获利 2 万元，超过当地其他农民年纯收入 27%。同时，合作社带动周边农民创业 600 余户，累计推广新品种及新技术面积达 900 余亩，年增效益达 4000 余元。目前，他的合作社以绿色食品葡萄为主产品，无公害桃、梨等水果为副产品，形成了种销一体的模式，逐渐打造出了

"生态、健康"理念的"古镇丰藤商标",已成为湖州市最大的鲜食葡萄、桃、梨生产和新品种引种繁育基地。被评为省级示范性专业合作社、市级丰藤现代农业精品园。

三 明峰湖羊专业合作社

湖羊,是湖州当地特有品种,在江浙一带以及外地省市颇受欢迎,经济价值极高,尤其是多胎基因的遗传特点使得湖羊在我国的羊产业中具有相当大的潜力与开发利用价值,同时湖羊性情温顺,适应力极强,这使得湖羊推广全国成为了可能。湖羊是湖州当地养殖户的重要养殖品种,但是把湖羊养殖做到规模化、现代化、品牌化的农民并不多,湖州市吴兴区八里店费明峰是一个创业典型。

费明峰,学历不高,初中毕业后,他就独自跑去北京打工,闯荡了5年后,回老家做起了湖羊的屠宰与销售的生意。2007年看准了湖羊养殖的商机,在八里店镇尹家圩村租用15亩地建造羊舍,创办了湖羊养殖场,饲养湖羊种羊200多只。第二年就带动了周边60余户农民参与饲养湖羊,并成立了湖羊合作社。随着养殖规模的逐渐扩大,费明峰越来越感到自己缺乏专业的养殖技术,所以2009年他毅然报名来到湖州农民学院学习,成为了一名农民大学生。3年的大学生活,费明峰收获颇丰,为他的事业打开了新的视野。

农民学院致力于培养引领农村劳动力技能培训的转型升级,以领军型人才队伍建设提升农村实用型人才整体水平,为现代农业发展和新农村建设提供人才保障和智力支撑。湖州农民学院办学多年来帮助农民大学生顺利完成学业,实现了从草根农民向职业农民的华丽转身。进修过程中,费明峰意识到"要发展壮大湖羊的产业与影响力,就要走农业与商业合作的道路"。于是,他整合养殖户资源成立湖羊专业合作社,建立湖羊屠宰加工场,拓展市场销售渠道。合作社于2010年被认定为湖州农民学院大学生创业基地。

2011年,凭借学到的畜牧养殖和经营管理的专业知识,在农民学院创业指导团队各位专家的指导下,费明峰成功申报了"生态循环农业示范"项目,开始了湖羊生态养殖场新一轮的创业。他租地600余亩,开发玉米、杭白菊等农作物轮作,同时扩大湖羊饲养面积,利用植物秸秆养羊，羊粪肥田。强调采用植物秸秆养羊，玉米秸秆、草莓枝叶这些原本看似无用的东西在明峰湖羊专业合作社却是羊群的美餐，再利用羊粪肥田种植玉米。建成了"玉米湖羊生态低碳循环经济园区"，并与湖羊养殖场实现了循环式发展，形成了"湖羊养殖+植物种植+羊肥肥田"的生态循环产业链，极大提高了湖羊养殖的经济效益。明峰湖羊专业合作社以玉米生产为基础，湖羊养殖业为龙头，羊粪有机肥料生产为驱动，形成饲料、肥料能源、生态环境的良性循环，带动加工业及相关产业发展，合理安排经济作物生产，从而发展高效农业，提高经济、社会和生态环保整个体系的综合效益。

在这其中帮助费明峰大幅提升养殖效益的，是湖州农民学院为其指派的浙大林嘉教授、市畜牧局吴阿团高级工程师以及湖州职院吴建设教授。作为费明峰的创业指导团队，这些专家从品种的引进到种养殖技术改进和疫病防控技术的提高，从技术培训到政策咨询，全方位的科技服务，使他的创业基地得到迅速发展。

短短的几年时间里，合作社从初期的8名社员发展到118名社员，规模不断扩大，并顺利带动了本地农户470家。2011年，费明峰又注册了"明峰"牌湖羊商标和"循丰"牌玉米商标，提升了湖羊产品的影响力和知名度，这两大品牌也成了养殖场的特色与龙头产品。2012年，费明峰参加了全省农民大学生创业设计竞赛并荣获了唯一一个一等奖。由于养殖技术卓越，养殖合作社效益突出，费明峰还被湖州市畜牧局派往了新疆，作为技术指导人员，为新疆的种羊养殖提出了具体的措施和建议。

现在，他的生态养殖场被评为省级创业基地，共有湖羊3000多头，产值1000多万元，每年前来采购种羊的人络绎不绝。而他的明峰湖羊养殖专业合作社更是带动了124户农民一起致富。

把养殖与种植相结合，实现湖羊养殖的生态循环可持续发展，既提高了湖羊养殖的经济收益，也保护了生态环境，实现了绿色有机无污染的产品发展，这样的发展模式符合当前国家对"三农"问题中农村发展的定位，也满足了湖羊消费者的食品安全需求。或许费明峰的湖羊养殖场并不是湖州地区规模最大，经济效益最突出，销路最广的，但他的经营方式却一定是最"前卫"、最符合时代发展需求的，也是最绿色环保与生态的。这样的经营理念与发展方式也得到了当地政府与高校的支持，尤其是湖州农民学院对他技术上的支持。这也使得他的创业走向成功，比别人显得更加理所当然。

四　练市镇鼎鑫生态农业发展有限公司

随着社会的发展，我国城乡居民生活水平大大提高。同时，随着生产技术的日新月异，人们对产品质量提出了更高的要求，近年来，转基因食品带来的冲击，消费者更注重食品的安全与卫生问题。随着绿色食品、无公害食品、有机食品概念的不断宣传与深化，随着我国《食品安全法》颁布以后的多次修订以及《农产品质量安全法》的实施多年以来民众的观念更新，都要求产品生产者，包括农产品生产者，应承担更高的食品安全保障义务。湖州市南浔区练市农民茅新泉顺应时势需求，创立湖州鼎鑫生态农业发展有限公司。

茅新泉曾经从事厨师、酒店管理等工作的多年经历，对农产品的现状与质量安全问题有着深刻认识，在我国当前绿色消费、安全消费观念逐步加深的背景下，顺应时势需求，毅然地放弃了原来的酒店经营管理工作，转型从事了农业生产行业。

2009年12月，茅新泉放弃了两家酒店的经营管理工作，伙同三位朋友一起投资100多万元，创立湖州鼎鑫生态农业发展有限公司（以下简称"鼎鑫公司"）。公司刚设立尚处于起步阶段，主要是从事蔬菜、水稻种植，最初只有近百亩承包地。后来蔬菜种植规模不断扩大，品种不断增多，主要包括莴笋、有机花菜、青椒、尖椒、西兰花、芥蓝、茄子等，多种蔬菜都是四季轮番种植产出，换季栽培上市。为了避免同类蔬菜在同一块菜地长期种植导致蔬菜质量降低、产量下降、效益缩减等问题的产生，茅新泉在诸多蔬菜大棚中推行轮作模式，一块种植区域一款蔬菜种植一季收成之后，重新松土、施肥，然后种植瓜果或其他类蔬菜，保持各类蔬菜、瓜果轮番种植。虽然在蔬菜栽培方面技术不断完善，但是蔬菜栽培过程中的问题也不断暴露出来。蔬菜种植过程中的剩菜、烂叶要处理，需要额外耗费人物物力的成本，种植区域内的土地营养需要额外投入肥料等成本。

创业起步阶段，茅新泉与他的伙伴也不时感到迷茫与无力，生产技术跟不上，品牌质量提升慢，产品效益不佳。一个偶然的机会，茅新泉得知湖州农民学院正在招收农民大学生，而且多年来已经为湖州本地培养了大批农村创业型、领军型人才。于是2011年秋季，茅新泉报考了中央广播电视大学"一村一名大学生计划"培养项目的乡镇企业管理专业，在家门口上起了大学，成为湖州农民学院"学历+技能+创业"型农民大学生中的一员。

参加农民学院乡镇企业管理专业的学习，是茅新泉实现成功转型的重要契机与机遇。(1) 专业学习，使他对知识的力量有了更深刻的认识，也促使他更积极地投入后续阶段的学习与培训当中。在忙于从事农业生产的同时，茅新泉不忘自学各类业务技能与管理知识，多次参加各类培训与进修，如"浙江大学现代农业经营与管理高级研修班"等；乡镇企业管理专业毕业之后，茅新泉又继续报考了针对农民大学生组建的市场营销本科专业，努力提升自己的生产技术与业务管理能力。(2) 通过学习，茅新泉拓宽了视野，使自己对现代农业发展有了新的思考和定位，重新认识了"三农"在我国的重要地位以及中央对"三农"的重视与关注。通过培训，茅新泉深感公司要在做好规模化生产和市场化经营的同时，还要考虑可持续发展。在努力发展绿色无公害蔬菜的过程中，要确保基地及周边良好的生态环境。要努力引进优良农业品种、种植技术、营销管理经验，要大力发展农产品精深加工、包装、储藏保鲜，提高产品档次的附加值，延长产业链。要充分发挥产品优势，打响品牌效应。要着眼市场、立足市场、找准项目、寻求突破，因地制宜去发展。(3) 在学习期间，茅新泉认识了很多从事农业生产的同班同学，拓宽了经营渠道。更为重要的是，借助湖州农民学院的平台，茅新泉结识了市农业局的技术专家与浙江大学农学院的专家教授，对公司农业生产的技术革新提供了巨大帮助。经过良好的沟通交流，加上茅新泉个人的虚心好学，市农业局与浙大的农业生产专家们与茅新泉所在鼎鑫公司建立了长期的联系。技术专家经常到蔬菜种植基地与动物养殖场地进行考察与指导；茅新泉遇到生产上的技术难题，也会经常向不同的专家请教。

用茅新泉自己的话说，在湖州农民学院学习的一段经历，是他从事农业生产的创业道路起步以后真正走向成功的最大契机，他把握住了这次机遇，并很好地将知识转化成了生产力。

在农民学院就读乡镇企业管理专业以后，茅新泉的业务水平获得了巨大提高，个人基本承担了整个公司的业务，公司生产得到极大的改善，效益提升明显。面对单一的经营模式，茅新泉及时地调整经营理念，准备引入动物养殖，将蔬菜种植与动物养殖融为一体，形成一个良性的生态培育模式。于是鼎鑫公司在2013年新增了湖羊养殖，2014年又增加了兔子养殖。随着动物养殖的增加，公司将蔬菜种植过程中的剩菜、烂叶经过加工作为湖羊、兔子的饲料，而湖羊、兔子养殖过程中产生的有机肥料，经过发酵处理，埋入蔬菜种植的地里，作为蔬菜种植的有机肥料，形成了一个小范围的生态农业园。

公司刚创立的前3年，销售额虽然逐年增加，但是利润基本为零。自2013年开始，随着种植与养殖项目的丰富，种植养殖技术的革新，经营管理模式的调整，销售渠道的拓宽，利润也不断上升。到2014年，公司的种植与养殖面积超过千亩，包括680亩蔬菜种植（含大棚180亩）、400亩水稻种植、50亩湖羊兔子养殖、70亩菊花（杭白菊）地等，其中动物养殖品种湖羊超过800只，兔子超过2000只。

时至今日，茅新泉已经带领鼎鑫公司实现了一个令人震惊的飞跃式发展。公司销售额从最初的几十万元，到上百万元，再到数百万元，2014年公司全年销售收入超过1000万元。公司股东4人，长期合同用工30余人，农忙时临时雇工超过50余人。公司的产品已经打开销路，除了本地所在的练市镇、南浔区以外，公司利用蔬菜的新鲜安全优势销售到嘉兴、上海等地区的蔬菜批发市场和农贸市场。随着蔬菜种植面积的扩大，蔬菜产量增加，同时与桐乡、海宁斜桥两家出口脱水蔬菜厂挂钩，确保产销平衡，申请注册的"鼎盛鑫"商标品牌效应不断扩大。

除了公司自身的发展，鼎鑫公司于2012年牵头成立了鼎鑫农业专业合作社，吸收周围其他农业种植与养殖大户加入，由点及面进行辐射，带动周围农户共同创业致富。

第十章

农民学院参与新型职业农民培育的发展展望

第一节 农民学院参与新型职业农民培育的经验

一 依托地方高职高专院校的教学平台

2010年4月，湖州市以市校合作共建社会主义新农村为依托，整合省级高校、科研院所，以及涉农各部门科研技术力量，由湖州职业技术学院（湖州电大）与湖州市农办、浙江大学联合发起成立湖州农民学院，这是浙江省首个农民学院，也是全国首个地市级的农民学院。

湖州农民学院作为一个公办、公益性质的农民教育培训管理机构，其成立为农民培育工作搭建了一个统一性平台，使农民教育走向专业化和统一化的轨道，使各部门下达的各类农民培训工程有了一个可靠的、可持续的、有教育实力的专门机构来承接，既保障了培训教育的专业性和质量，又实现了各类项目的整合和统一。

湖州农民学院虽然是新成立的专门针对农民的教育培训机构，但是是依托湖州职业技术学院（湖州电大）成立的，在原湖州职业技术学院校址上挂了一块新牌子。借用了湖州职业技术学院的员工、师资和教室作为运转基础，湖州职业技术学院（电大）副院长担任农民学院院长。开创了依托地方高职院校服务新型职业农民培养的模式，地方高职院校平台在服务新型职业农民培育中具有一定的优势。

1. 地方高职院校的职业教育平台能够为新型职业农民培养提供质量保证

在地方职业教育中，中等职业教育人才培养层次相对较低，侧重技术技能的传授，缺乏理论知识，适应技术、设备更新的后劲不强。有奉献精神，但缺乏创新意识、市场意识，很难满足农业现代化的发展要求。高等职业教育相对于中等职业教育而言，其人才培养呈现出高等性和职业性，毕业生既具备扎实的理论知识，又具有较高的技术技能；既能从事生产实践，又具备一定的开展科学研究的能力。在办学实践中，高职院校坚持专业链与产业链的对接，东部地区的院校积极服务战略性新型产业、先进制造业、高效生态农业等转型升级，中部地区的院校为地方培养了大批"下得去、留得住"的技术技能人才，西部地区的院校不仅成为"蓝领"的孵化器，还开始发挥地域文化传承"辐射源"的作用。麦可思研究院对全国1139所高职院校、约9万份2013届高职毕业生的抽样问卷调查数据显示，中西部地区2013届高职毕业生本地生源在本地就业的比例达到67%。

2. 地方高职院校的职业教育平台存在可持续发展驱动力

农广校尽管是"根红苗正"的农民的教育培训单位，但是在农村教育普及、农村人口外流、农业积极性不高的发展历程中，逐渐消沉暗淡下去。现在很多地方的农广校明显地表现出教育竞争力不足的困境，由于缺乏发展动力，人力、财力投入不足，一直处于低效运转。专业设置不能与时俱进，教材内容陈旧，教学质量没有保障；教育资源不足，没有专职教师，兼职教师在时间和经费尚都没有保障；人力资源不足，很多县级农广校没有编制，没有独立机构，只能挂靠科教、经管站或其他科室。地方高职院校是除设置在直辖市、省会城市和计划单列市以外的地级市及以下地区的高职高专院校。这类院校大部分由地方政府主办，与地方政府紧密结合，与区域经济息息相关，具有服务区域人才培养，服务地方产业发展，服务农业现代化等特定的地域优势。近年来，随着农业现代化建设，指引地方高职院校逐步调整专业，加强农业类专业建设步伐，提升服务农业现代化人才培养的能力。目前的地市高职院校中，除专门的农业类院校，一些综合类高职院校也积极建设农业类专业。在政府主导下，地方高职院校在服务"三农"的过程中整合了大量的涉农资源，其服务能力逐渐显著。以湖州职业技术学院（以下简称湖职院）为例，作为一所综合类职业院校，通过积极整合浙江大学、市农办、市农业局、市林业局及乡镇成人文化技术学校等涉农资源，搭建了农民学院平台。借助该平台，积极开展农民技能培训、农民大学生培养、职业农民培育，有效促进了湖州市现代农业人才的培养。

3. 高等职业教育，发展规模呈扩大趋势

近年来，随着现代职业教育体系的推进，无论从院校的数量，还是专业的设置都有了明显的增加。从院校数量来看，《2013年全国教育事业发展统计公报》显示：全国共有普通高等学校和成人高等学校2788所，其中普通高等学校2491所（含独立学院292所），高职（专科）院校1321所，高职（专科）院校占普通高等学校总数的53.03%；普通高等学校本科、高职（专科）全日制在校生平均规模9814人，其中，本科学校14261人，高职（专科）学校5876人。从专业设置的角度来看，《高职高专教育指导性专业目录》共有452个专业，其中涉农专业占9.5%，数量为43个，提高了2.4个百分点。高等职业教育"半壁江山"的地位，成为新型城镇化、农业现代化进程中"新型职业农民"培养的主力军。我们从全国范围内高职院校（含地方高职院校）理论上专业设置及近年来的毕业生数量上来看，基本呈现出一种不断增长的态势。

4. 在农业现代化和注重农民职业教育的背景下，职业教育进入内涵式发展

依托地方高职教育进行农民培育与国家的发展战略契合。2014年5月，《国务院关于加快发展现代职业教育的决定》提出，要服务国家粮食安全保障体系建设，积极发展现代农业职业教育，建立公益性农民培养培训制度，大力培养新型职业农民。《现代职业教育体系建设规划（2014—2020年）》将培养新型职业农民作为农业职业教育的重点，培养适应农业产业化和科技进步的新型职业农民。加强适应现代农业生产方式的技术人才、流通人才、经营和管理人才培养，支持农业结构战略性调整。高层文件的核心导向，明示了我国新型城镇化、农业现代化的"重中之重"。2016年一号文件指出"依托高等教育、中等职业教育资源，鼓励农民通过'半农半读'等方式就地就近接受职业教育"。2017年一号文件指出"鼓励高等学校、职业院校开设乡村规划建设、乡村住

宅设计等相关专业和课程。"

湖州农民学院的成立使得湖州市农民培训工作从"只求形式、不求实效"转向"目标明确、精准培训"。湖州农民学院以培养具有大专以上学历文凭、中级以上职业资格证书的"学历+技能+创业"型农民大学生为己任。4年多来，湖州农民学院在提升农民综合素质，培养新型职业农民，促进现代农业产业发展，推动美丽乡村建设等方面进行了有益的探索，取得了明显成效。

二 地方政府职能部门的联动领导体制

尽管湖州农民学院是涉及农村人才培养的主要载体和平台，但是在领导体制上坚持政府主导。建立了"市校合作、部门联动、统筹协调"的管理模式。市政府专门成立了分管市长为组长，市级相关部门领导为成员的新型职业农民培育工作协调小组，明确了职责分工，建立了协调工作机制。大力实施"直接认定、培训认定、储备培育"的认定管理模式，研究制定《湖州市新型职业农民培育认定管理办法》等制度，根据培育对象不同类型，采取"直接认定一批、引导培育一批、教育培训一批、后续储备一批""四个一批"的认定方式。

实行市校合署，共建共管，实行管委会领导下的院务会议负责制。湖州农民学院是由湖州市农办、湖州市农业局、湖州职业技术学院（湖州电大）、浙江大学农生环学部联合发起成立。在管理体制上，实行管委会领导下的院务会议负责制。湖州市组织了涉农有关单位、部门组建湖州农民学院管理委员会，负责湖州农民学院重大决策、政策安排、督查考核。农民学院管委会主任由市委、市政府分管农业农村工作的领导担任，市农办、湖州职院（电大）、浙大农生环学部为副主任单位，市组织部、宣传部、财政局、农业局、林业局、教育局等部门为成员单位，下设院务会议，湖州职业技术学院（电大）副院长担任农民学院院长，浙江大学湖州南太湖农推中心和市级有关部门负责人任副院长。并建立了由农民学院院务会议、浙江大学农业技术推广中心、浙江大学湖州挂职组、浙江大学湖州南太湖农推中心等参加的工作例会制度，有力地推动了农民学院的各项工作。

湖州农民学院作为业务指导单位，负责制定指导性培训计划、师资统筹、督导评估、认定组织等工作。把新型职业农民培育工作纳入市对县区、县区对乡镇的农业目标责任考核内容。各区县建立相应的工作组织机构，建立逐级工作目标考核责任制度，层层传导压力，抓好落实。

三 乡镇成校教学点的发散和承接

乡镇成校，即乡镇成人文化技术学校，是伴随着20世纪80年代农村经济体制改革和农村教育体制改革而应运而生的一种新型农村成人学校，它是我国农村教育事业的重要组成部分，主要是以乡镇一级政府为主体来建立和管理的，其主要作用是帮助农民学习科学文化知识、对农民进行再教育，转移农村富余劳动力，推进工业化和城镇化，将人口压力转换为人口动力。乡镇成校自20世纪80年代兴起以来，便为我国农村教育事业的发展起到了极其重要的作用。但随着社会的发展变化以及经济体制改革，进入90年代中后期，乡镇成校也受到了来自内部与外部环境的双重制约，比如教育经费短缺、师资力量薄弱、教学硬件落后等，师资、教学条件和单一的教育模式，既不能满足新农村建设多元经济发展的需要，又难以满足农业现代化背景下农民对教育的多元需求，逐渐失去功能作用。

而在湖州的调研中发现，乡镇成校不仅机构尚存，而且在农民教育培训中发挥着重要的作用。湖州乡镇成校是镇域农村劳动力技能培训的重要基地。虽然是由乡镇政府举办和管理、由教育局领导的农村成人教育单位，但是与农业局、教育局、林业局、新农办（新农村建设办公室），人力资源局（主要是技能培训鉴定）等单位进行工作对接，承接这些单位下达的各类农民培训工作。这样的结构职能设计一方面使得成校在工作方面接触面扩大，有利于成校的自身发展，另一方面却也导致了成校日常开支的增加。乡镇成校基于与农民较近的区位优势和基层特性，方便农民就近入学，成为各类培训深入基层的窗口。在现代农业人才培养和新型职业农民培育中，乡镇成校也是电大开放教育、社区大学和农民学院的重要教学点。依托电大开放教育和农民学院开展乡镇成人学历教育，依托社区大学对广大乡镇居民广泛开展实用技术、经营管理知识的培训；对乡镇干部、技术人员、乡镇企业职工进行岗位培训；对农村青中年进行初中等文化教育；对农民进行法治、生态文明等教育。湖州乡镇成校主要发挥教学承接载体的作用，并没有自己的专职教师，工作人员仅有三五人，主要负责行政工作。成校培训的方式一般比较接地气，主要通过文化知识传授、技能培训、文体活动等方式，提升农民素质。乡镇成校开展培训的资金保障一方面来自于乡镇政府，另一方面由各培训组织单位拨付。

在湖州新型职业农民培训中，乡镇成校是重要的具体依托单位。新型职业农民培训是乡镇成校的重要培训内容之一。农民学院组织的新型职业农民培训很多都是以乡镇为单位，通过乡镇成校组织开课的。在成校开展的新型职业农民培训课程对接农民学院，农民学院作为指导单位进行统筹安排，包括课程设置、聘请任课老师、选派农民学院教师作为班主任进驻教学点进行组织安排。乡镇成校工作人员对接农民，培训前负责统计农民学习需求、明确本乡镇培训内容，培训中提供培训场地、配备老师进行动员、考勤、纪律等组织管理。在很多成校教学点，农民学院和乡镇成校相互配合，发挥协同联动作用，共同负责保障农民培训的质量。比如在农民听课的管理方面，农民上课容易出现随意情况，想不来上课便不来上课，上课吸烟、大声接打电话等，如何规范对农民学员的管理也是乡镇成校管理的难点之一。关于这一问题的解决，湖州市农民学院也积极配合，每个乡镇安排一名农民学院老师作为蹲点联络员，监督农民签到，规定农民出勤率低于1/3就不允许参加考试。乡镇成校管理人员要求每个学员挂标示牌，既有利于老师的管理，也有利于形成对农民学员的约束。在我们走访了各个成校点之后发现，挂牌的教学点的课堂纪律要好于不挂牌的学校，说明这一制度的执行确实有效。有些成校对于无故不来上课农民，校长、老师亲自打电话敦促。另外，成校老师的个人魅力也是管理法宝，成校校长及老师与学员们相处愉快，学员们也会十分配合校长的工作。

在湖州新型职业农民培育中，在办学体系上，坚持以高校科研院所为依托，市县（区）乡镇联动，强化分层分类教育培训。为优化教学资源配置，促进市县（区）乡镇联动，满足农民就近学习需求，在市建农民学院的基础上，三县建农民学院分院，市本级两个区在中心镇或区域中心成校设教学点。德清县、安吉县、常兴县则是由当地县农业局与农民学院对接，成校不直接与农民学院接触，吴兴区、南浔区成校直接与农民学院对接工作。乡镇成校在新型职业农民教育培训中发挥中重要的发散和承接作用。

四 各类农民教育资源项目的整合与共享

新型职业农民培育所依托的农民学院不是孤立的教育机构，在这个平台上学院依托高校科研院所教育资源，对接湖州现代农业和新农村建设的实践需求，对各类教育资源的整合和充分利用进行了有益探索。

1. 教学资源的多元整合。确定了以湖州农民学院为教学主体，以浙江大学为技术依托，省市农推联盟首席专家为主要师资力量，农村职成教学校共同参与的组织架构，有力保障了试点工作的顺利实施。

2. 师资队伍的多元整合。学院建立完善了一支由浙江大学、市农机推广人员、电大职院教学研究人员、乡镇农机推广员组成的"省市校乡，农科教技"四合一的专家教师队伍。其中以省市农业产业联盟专家为主，聘请高校科研院所专家50名、市农林科技人员22名（含省淡水所）、遴选湖州职业技术学院（电大）优秀教师50名、乡镇农推人员30名。"四合一"教师队伍在特色教材编写、新专业建设、新型农民创业大讲堂、教学实践以及创业实践基地建设和"学历＋技能＋创业"型农民大学生培育中发挥了巨大作用。

3. 各类农民教育培养内容的融合。农民学院创立之初不单单是为了新型职业农民培育一项教育培训内容设立的，而是对接现代农业和新农村建设的实践需求，从湖州市农村实用人才队伍建设出发进行探索，设立了农民学院。农民学院在培养农村实用人才、农民大学生、农民学历教育等方面进行了有益探索，为2014年的新型职业农民培育试点工作创造了良好条件。因此，农民学院的教育培训内容是多元化的，既有学历教育，也有非学历教育，现在形成的是"农推硕士教育＋成人开放教育＋高职教育＋高级研修＋大讲堂培训"一体的人才培养梯队。新型职业农民培育与管理工作只是学校承接的非学历教育的内容之一。在2014年之前，农民学院在长达4年的农民大学生、农推硕士、高职农民的教育和农业部各类品训班、地方研修班的组织中，形成了较为成熟的教育培训平台和运行机制，积累了丰富的教育培训经验，并已经进行了各类教育资源的整合，为新型职业农民培育打下了平台基础、资源基础、质量基础，相较于临时抽调组成的短期培训和单一的职业教育来说，基础和支撑力量浑厚，有助于新型职业农民培育质量和效果的提升。

4. 具体培训工作统一推进。紧扣主导产业制定培训计划，按照"计划统一、教材统一、师资统一、标准统一、管理统一""五统一"的要求，分类、分批培训。

五 "教育+服务"紧贴农民需求的培育内容体系

"教育+服务"的新型职业农民培养内容体系。在前期，农民学院依托湖州电大学历教育推进的农民大学生培养计划中，制定了"学历+技能+创业+文明素质"型农民大学生的人才培养目标。在随后的新型职业农民培育中，借鉴职业技术教学培养高技能大学生的方式，瞄准农民发展需求，紧扣产学结合，开展菜单式培育，大力实施"学历+技能+创业""三教统筹"的新型职业农民培养模式，提高了教育培训的实际效果。当然，从狭义上看，学历教育主要指的还是针对农推硕士、农民大学生、高职教育、中职教育的内容，不属于新型职业农民培育范畴。但是从广义上看，为新型职业农民培育提供了系统性教育的条件：正规学历教育的专业设置，保障了新型职业农民培育因地制宜的科学性；学历教育平台为已经认定的职业农民进行再教育提供了延伸的空间。

除了遵循学历教育轨迹的教育以外，湖州农民学院特别提供有针对性的"服务式"教育。（1）加强技能传授。紧紧围绕农业生产实际，强化学员动手能力和实践能力的培养。针对生产经营型、专业技能型和社会服务型三种不同类型的新型职业农民培育要求，分类型、分职业方向确定农业职业技能教育的内容。各级产业联盟专家注重在基层推广工作中手把手技术指导服务，通过举办技术培训班、送科技下乡等形式，积极传播新技术、新品种、新模式，在解决农业生产疑难杂症的同时，不断增强参训农民生产实践操作能力。仅2014年，开展多种形式的培训254场次，累计培训农民和技术人员17503人次；组织各类技术下乡服务557余次。（2）加强教学实践基地建设，提升学员技能水平。农民学院发挥现代农业企业在教学实践的指导作用，积极建设实践交流平台。2011年认定吴兴金农生态农业等10家教学实践基地，并按"1+N+N"教学推广模式,在实践基地周边发展确定 N 个辅助型基地,带动 N 个农民大学生创业基地,组成湖州农民学院教学实践基地群。制定管理考核办法和教学实践计划,明确功能定位,组织现场教学活动和技能鉴定考试。截至 2013 年 12 月,共组织各类教学实践活动 30 余次,接纳农民大学生教学实践、农民技能培训、农民创业教育达到 1230 余人次。组织园林绿化工、畜牧饲养工等中级以上职业资格证书考试,鉴定合格率达到 92% 以上。(3)强化生产跟踪服务。依靠产业联盟农技推广体系,建立中高级农业技术人员联系职业农民制度,在每个乡镇安排 10 名左右的农技推广人员,实现农技人员一对一"保姆式"技术指导和跟踪服务,利用专家的理论知识和实践经验,及时主动为新型职业农民提供个性化成长指导与专业服务,着力解决农业生产中遇到的难题。

第二节 农民学院参与新型职业农民培育面临的发展机遇及挑战

一 农民学院参与新型职业农民培育的发展机遇

(一)农业现代化和现代职业教育的发展带来的新机遇

农业现代化和新型城镇化加快推进带来新机遇。当前已进入城市化、工业化、信息化和农业现代化融合发展的新阶段,实现农业现代化和新型城镇化,关键是人的现代化,这对广大农民的素质提出了新的更高的要求。在这样的背景下,湖州农民学院要主动担当,抢抓机遇,积极构建与之相适应的人才培养模式,大力培养一批又一批具备较高文化素质、文明素养和一定专业技能的新一代农民,不断增强他们的市场主体意识、开拓进取意识和现代文明意识,不断提高他们的科技致富能力、市场竞争能力和自主发展能力,为加快推进农业现代化和新型城镇化作出新的贡献。

现代职业教育大发展带来新机遇。2014 年,国务院颁布《关于加快发展现代职业教育的决定》,明确提出要牢固确立职业教育在国家人才培养体系中的重要位置。2015 年,湖州市人民政府颁布《关于加快发展现代职业教育的若干意见》强调,全力打造湖州现代职业教育升级版。农民职业教育是我们的短板,但放眼未来发展前景广阔。湖州市由于党委和政府高度重视,农民职业教育经过几年来的探索实践,积累了丰富经验,受到各方关注。湖州农民学院要坚持传承创新,深化探索,以培养新型职业农民为己任,确立现代职业教育观、人才质量观,创新农村人才培养模式,力助推传统农民向新型职业农民转型。

(二) 国家重视、资金扶持

自2012年以来,连续6个中央一号文件都对新型职业农民做出了重大部署,特别是2016年中央一号文件明确提出要把职业农民培养成为建设现代农业的主导力量,对职业农民培育作为单独的教育培训体系进行构建。农业职业教育的依托载体集中在全日制农业中等职业教育、高等教育、中等职业教育资源,分为全日制学历教育和农业广播电视学校两个路径。可见,依托高职高专等教育资源,开展职业教育是新型职业农民培育的主要趋势。党的十九大报告指出"培养造就一支懂农业、爱农村、爱农民的三农工作队伍"。

自2013年每年关于新型职业农民培育工作的年度部署都明确中央财政对新型职业农民培育的支持,2016年农业部办公厅、财政部办公厅印发《关于做好2016年新型职业农民培育工作的通知》中央财政继续支持新型职业农民培育工作,鼓励地方创新培育机制,提高资金使用效率。2017年一号文件,在"积极发展适度规模经营"中提到"大力培育新型农业经营主体和服务主体"。

2016年国务院印发《全国农业现代化规划(2016—2020年)》,提出"加快构建新型职业农民队伍。加大农村实用人才带头人、现代青年农场主、农村青年创业致富'领头雁'和新型经营主体带头人培训力度,到'十三五'末,实现新型经营主体带头人轮训一遍。将新型职业农民培育纳入国家教育培训发展规划,鼓励农民采取'半农半读'等方式就近就地接受职业教育。建立教育培训、规范管理、政策扶持相衔接配套的新型职业农民培育制度,提高农业广播电视学校教育培训能力"。

2018年在"乡村振兴"的国家战略背景下,新型职业农民培育成为重要的人才支撑内容,并提出"支持新型职业农民通过弹性学制参加中高等职业教育",创新培训机制,探索政府购买服务,发挥企业、专业合作社的培训主体作用,"引导符合条件的新型职工农民参加城镇职工养老、医疗等社会保障制度。"

(三) 地方探索示范效应

在国家大力建设新农村、发展现代农业的历史大背景下，湖州搭建农民学院平台，整合省级高校涉农资源、市级政府力量、本部职业技术教育和电大成人教育服务"三农"的创举，也逐步得到了广泛的认可和推广。2012年以来，浙江省其他高职院校如丽水职业技术学院、温州科技职业学院等也纷纷通过搭建农民学院平台培养农业人才。2013年12月，浙江农林大学挂牌成立省级农民大学。由此，浙江省形成了在省会城市建立农民大学、地市级城市建立农民学院、县级城市建立农民学院分院的农民教育、培训的基本组织架构，农民学院模式在浙江全省范围推广。2015年湖州市"七位一体"培育模式被农业部列为全国十大职业农民培育典型模式，得到了农业部、中国社科院农村发展研究所等领导专家的肯定。2014年4月，中国社科院农村发展研究所通过对湖职院农民学院进行实地调研后，在湖州正式挂牌成立全国首家地市级"农村新型人才培养实验基地"。事实证明，湖州农民学院经过多年不断探索，在提升农民综合素质，培养新型农民与农村实用人才方面，走出了一条紧跟国际先进水平、具有中国特色、符合农业农村区域特点的农民教育的新路子。创新的办学理念、办学机制、组织结构、教学模式、筹资方式构成新时期农民教育"湖州模式"的核心内容，可以复制、值得推广。

湖州新型职业农民培育方案具有先进性和可操作性。湖州市依托"农民学院"平台，充分整合资源，强化新型农民、新型经营主体和新型经营体系的一体化推进，注重农民成人教育、职业教育和创业教育的有机融合，充分发挥政策引领、产业引领、导师引领的作用，突出教育培育、认定管理、政策扶持的环环相扣，湖州市新型职业农民培育试点相关办法、意见、方案符合农业部和浙江省农业厅关于组织开展新型职业农民培育试点工作的精神。相关办法、意见、方案的指导思想、目标定位准确，培育体系、专业设置、队伍建设、保障措施切实可行，总体体现了改革创新精神。新型职业农民培训实施、认定管理办法、扶持政策的制定科学系统，针对性和可操作性强，定位准确、内容全面、措施到位，达到农业部关于新型职业农民培育试点的有关要求，并体现出先进水平，形成了"三位一体、三类协同、三级贯通"的新型职业农民培育制度。

（四）湖州模式引发有关部门的重视

作为全国首家地市级的农民学院，在办学体制机制、人才培养体系、教育教学模式走出了一条新路，逐步形成了农村人才培养的"湖州模式"，得到社会各界的广泛关注。由中国社会科学院农村发展研究所撰写的《湖州农村人才开发的创举——中国第一所开放式的农民学院》研究报告，被《2012中国人才蓝皮书》刊载；《湖州农民学院培养现代职业农民的模式值得推广》刊发在呈送中央高层参阅的《中国社会科学要报》。2014年湖州农民学院成为湖州市与中国科学研究院农村发展研究所共建的"现代职业农民培养基地"，湖州市被农业部确定为"全国新型职业农民培育整市推进试点单位"。近年来，《农民日报》《中国教育报》《人民日报》等多家媒体，深度报道了湖州市农村人才培养模式的有关做法。2015年6月，湖州市以"创新农村人才培养模式"为题在"全国深化职业教育改革创新座谈会"上做交流发言。2015年12月，湖州市又在中农办召开的"全国新型职业农民培育"座谈会上做经验交流；浙江省黄旭明副省长对湖州市探索新型职业农民培育的模式也进行了批示。

二　农民学院参与新型职业农民培育面临的挑战

湖州农民学院和新型职业农民培育在面临发展机遇的同时，也面临不少挑战。一是转型发展有难度。如何进一步创新与浙江大学的市校合作机制，如何理顺与下属分院之间"一主多元"系统办学体制，以及如何实现校内实体化运作等方面尚有不少阻碍。二是特色发展有挑战。如何精准办学定位，如何创新实践导向型人才培养模式，如何以特色求生存、求发展都需要不断深化探索。三是持续发展有压力。面对发展的高起点，如何在专业建设、师资队伍等要素质保障上创新破难，如何走内涵式发展之路、持续领先领跑等方面题难度不小。

（一）如何凸显农民学院的独立性和主导性

湖州农民学院依托湖州职业技术学院、湖州广播电视大学建立，农民学院与湖州职业技术学院（远程职业技术学校）属于合署办公、组员共享，日常对农民的课程教育工作主要依托于高职高专院校。虽然地方高职院校具有教育资源平台优势，但是随着农民学院的发展、农民教育内容和学院规模的扩大,农民学院与湖州职业技术学院的体制关系问题逐渐暴露,这种依托也逐渐成为一种制约。农民学院在实际运行管理中受到高职院校章程、人事管理、财物管理等方面的制约。如何在日常的管理运行中理顺农民学院与湖州职业技术学院的体制关系,凸显农民学院的独立性和主导性成为一个制约发展体制性问题。

自 2010 年成立以来,学院一直依托湖州职业技术学院的办学资源与平台发展。其自身没有设立独立法人和财政账户。其日常运作由湖州职院下属的二级学院——远程教育学院负责。而远程教育学院又将具体的运作职能挂靠在下属农民教育科内。在农民学院与市有关职能部门联络沟通时,地位的不对等导致农民学院很难开展工作。此外,湖州职院是一所综合性的全日制公办高职院校,该校自成立以来,并未开办农科类的专业和建立农科专业背景的师资团队,实训场地的缺失也是制约农民学院发展的主要难题。

(二) 如何激发教师教育资源投入的积极性

从当前现状来看,湖州农民学院的办学主体湖州职业技术学院已于 2014 年开始实施绩效工资。由于湖州市人民政府对湖州职院内专职从事农民教育工作人员的绩效未予明确,因此,在具体的培育工作中,出现了"干多干少一个样,干和不干一个样"的弊端,部分工作者缺乏工作积极性。由于农民学院农民学员的分散性和在职性,培训教育的短期性和机动性,组织管理的多元性和协调性等复杂因素,造成实际管理中很多事务性工作需要湖州职院其他部门教职工的支持和协助。然而,在当前的绩效工资政策背景下,这样的支持和协助多为零待遇或者低待遇,导致老师们承担农民学院培训教学工作积极性不高。此外,农民学院成立以来,湖州市政府一直没有划拨专用的事业编制用于学院发展。学院现有的日常工作由湖州职院远程教育学院内农民教育科的 4 名教师具体负责。随着农民学院的不断发展壮大,各类教育培训项目以及高层次研究项目的不断开展,特别是 2014 年开始实施的农业部全国新型职业农民培育试点市建设、农业部全国家庭农场主培训等工作,现有的人力资源条件已难以应对农民学院下一步的发展。为适应农民教育发展的要求,急需专业对口、具备开创性思维的专业工作人员参与到这支队伍中。

(三) 如何激发农民人力资本投资的积极性

培育新型职业农民是一个复杂的系统工程，依赖于政府的政策推动和有力支持。但是湖州市自2014年开始实施新型职业农民培育的整市试点以来，尚未出台专项系统的培育扶持政策。在调研中发现，湖州农民学院相关领导积极推动，市有关部门和分管领导已经拿出了扶持政策方案，但是由于种种客观原因，没有放在农业发展的首要位置予以重视，没有颁布实施，更没有在资金上落实。对持证的新型职业农民在土地流转、技术服务、政策支持等方面并未给予明显的倾斜和资金扶持。因此，在一定程度上，影响了农民参加学习的积极性。湖州农民大学生获得的扶持政策主要来自农民学院推动的"大学生创业基地"扶持项目和一些农业发展项目。此外，在现有的农民大学生、新型职业农民创业扶持计划实施过程中，信贷财政贴息成为广大农民学员创业的普遍诉求。湖州农业银行、农村信用合作社已经有低息贷款及贴息相关政策出台。但上数金融部门对农民创业的低息贷款及贴息扶持均须经过严格的行政审批，农民获取资金有一个较长时间的审批周期，部分农民在获取贷款资金时，其从事的项目已经失去了发展的良机。

(四) 如何保持农民培育的持续性和梯度性

1. 财政保障机制尚未完全建立。新型职业农民培养的费用要由政府买单。目前，农民大学生学历教育与众多农民培训项目已经做到了免费教育，但也存在教育教学质量不过关、适用性不强的缺陷。下一步，在农业现代化建设的大背景下，随着新型职业农民培养的数量不断增加，学生学费总额将不断上升。因此，要进一步确保市、县（区）两级财政涉农教育专项的保障机制，同时，进一步强化经费的使用监管。

2. 教育培训停留在初级水平，体系尚需优化完善。虽然农民学院实行管委会领导下的院务委员会负责制，但在加强教学过程管理，加强教学管理与考核，提升教育质量等方面尚需进一步理顺体制机制。首先，由湖州职业技术学院探索出的"四位一体"的办学机制，涉及高职学院、广播电视大学、社区大学和农民学院四个独立的办学单位，如何协调好四个学院之间的关系，从而使四者相辅相成、互相促进，是目前亟待解决的问题。其次，虽然农民学院围绕新型职业农民与农民大学生的培养模式进行了一些探究，但是还不够系统，缺乏反馈体系与监管体系等，需要汇集省市各级专家的力量继续开展深入研究。比如实践性教学作为农民大学生的培养中最重要的一个环节，虽然取得了一定的成绩，但仍然是整个教学的薄弱环节，存在着不少问题。再次，新型职业农民培育也只停留在对初级阶段的探索，培育和认定的对象主要来自初次培训的农民，中级、高级培训尚未开展，阶梯性、层次性培训不明显。最后，教学实践基地、农民大学生创业基地的管理机制还不完备，湖州农民学院原计划建设的八里店综合实验实训中心项目一直未予推进。该基地原计划按照近期目标"湖州市农业产业公共实训中心"、远期目标"湖州生态农业文化公共实训观光园"建设。但是由于合作方的原因，中心动工建设停滞不前。八里店综合实训基地的建设与功能的充分发挥应是湖州农民学院第二次腾飞的关键。如不能顺利推动该基地尽早上马开工建设，农民学院的实体化运作发展则无从谈起。

（五）如何形成新型农民培育的综合体系

1. 全市涉农教育资源较为分散。从纵向来看，市、县、乡、村建立的教育资源未能相互有效衔接，从横向来看，有关部门呈现出各自为政、多头管理、互不连通的管理体制，使新型职业农民的培育工作陷入一定的无序状态，并造成了一定的资源浪费。市农民学院、县农民学校、各中等职业学校、市农广校、各成人文化技术学校在涉农教育培训工作中存在各自为战、缺少沟通、没有形成体系、相互脱节的矛盾。如何整合全市涉农培训项目与涉农教育资源显得尤为重要。

2. 农民学院本身教学点教育培训格局有待调整。湖州农民学院组织架构体系虽已基本成型，但离建立上下衔接、有效联动的目标尚有距离。就市本级而言，在党委政府重视下，积极整合资源，农民学院组织体系健全完善，初步形成了良好的办学格局。但湖州下属三县农民分院（学校）整体建设推进进度明显滞后于市本级，三县之间推进进度参差不齐。由于财政分灶、相关力量整合未到位等原因，全市农民教育培训一盘棋、一张网的办学格局尚未形成。目前，德清、安吉两大分院基本正常运作，但长兴分院的办学机制尚未理顺。同时，农民学院的管理考核机制尚未理顺，农民学院直属教学点主要依托乡镇成校，但乡镇成校管理权限属于县区教育局，造成农民学院对各教学点管理考核缺乏有力约束和抓手，在提升教学点办学质量和水平上存在一定困难。

（六）如何加深教与学的的联系

根据问卷调查的结果来看，新型职业农民培训内容与农民需求的精准对接尚有差距。大部分的农民培训授课还是存在重理论、轻实践、教与学存在脱节的误区。所授课程除了农业技术外，关于创业指导、农产品经营销售方面还存在缺漏。此外，包含实用性教材、微课程、视频课程等在内的教学资源数量有限，也限制了教学质量的提升。在培训方式上，农民最喜欢的教学方式是去现场实践指导，这与农民实际、实用、实效的生产方式有关。在培训实践方面，农民仍然喜欢短、平、快的短期培训方式，最好能控制在1个小时左右。造成这种情况的主要原因在于农忙季节中，农民没有时间参加培训。

三　新型职业农民培育的基本思路：湖州启示

（一）培育新型职业农民是现代农业发展的迫切需求

培育新型职业农民是发展的迫切需求。过去几年，伴随着工业化、城镇化的加快，湖州市大量农村劳动力向城镇和二、三产业转移，这是必然趋势。同时也带来了两大难题：一个是"谁来种地"的现实难题。大量农村劳动力"涌出"之后，留守农业人群呈现出"总量相对不足、整体素质偏低、结构不尽合理"和"年龄大、文化低、知识少、技能缺"等问题。出去的又不大愿意回到农村，特别是"新生代农民工"对于种田已经不感兴趣，虽然在城市还扎不下根，但除非老了、干不动了，才想回农村种田；从农村出去的大中专学生，甚至是农业院校毕业的，大多也不愿回到农村工作。这些问题如果不早作准备、及时应对，今后的农村将长期处于老龄化社会，"谁来种地"的问题也将日益凸显。一个是"怎样种地"的深层问题。因为大量先进的农业科学技术、高效率农业设施装备、现代化经营管理理念越来越多地"涌入"农业农村各个领域，迫切需要一大批高素质、职业化的农民。解决这两大难题，培育新型职业农民是一条有效途径，能够在这"涌出"和"涌入"之间找到新的平衡点。

培育新型职业农民是农民的致富需求。从湖州市农民学院的实践来看，农民感到"学与不学的确不一样"，经过农民学院培训的学员，视野变宽了，知识学到了，技能掌握了，创业有路了，合作紧密了，明显致富了。从湖州市来看，当前，广大农民对提高自身素质、加快增收致富等方面有着新的追求、新的要求。一方面是加快发展面临新形势，特别是随着工业化、信息化、城镇化和农业现代化的加速融合，倒逼农民不断提升素质，越来越多的农民渴望通过有效的学习教育来适应发展，这已成为他们的现实需求；另一方面是农民对增收有新期待，湖州市农民收入的75%来自二、三产业，要实现普遍较快持续增收，既要让从事农业生产的农民掌握新知识、新科技、新技能，又要让已经转移就业的农民加快从一般打工者转变成技术能手、从生产工人提升为经营管理者、从就业致富转型到创业致富，这就要求根据农民的不同需求，开展有针对性的教育培训。

培育新型职业农民是政府的职责所在。2014年上半年，经农业部同意，湖州市成为全国新型职业农民培育试点市（是浙江省唯一整市试点）。抓好这项试点，造福全市广大农民，积累新鲜经验，是湖州市委市政府的职责所在。特别是经过这些年的探索实践，湖州市的美丽乡村建设、现代农业发展（在2014年浙江省农业现代化发展水平评价中，湖州市以综合得分83分列第一）已经进入了提升发展的新阶段，在接下来的乡村振兴中必须有一大批新型职业农民、农村专业人才来支撑。湖州农民学院作为全国首家地市级、开放型的农民学院，从2010年4月成立至今，一直在为培养农村新型人才而努力，这次又承担了新型职业农民培育试点的教学任务，也体现了应有的责任担当。

（二）培育新型职业农民需要创新实践

新型职业农民培育是一项创新性、探索性的工作。近些年，特别是成立湖州农民学院以来，湖州市在新型职业农民培育方面开展了实践探索，取得了一定成效。但这些成效是初步的，还有许多方面需要进一步研究探索。湖州市委市政府以被列入全国试点为契机，坚持"党政主导、农民主体、需求导向、综合施策"的原则，确保"2014年、2015年试点期间培育4000名新型职业农民，至2018年实现全市培育10000名"的培育目标，进一步解放思想、实事求是，系统谋划、探索创新，把新型职业农民培育试点工作做得更实、更好，为全省、全国新型农民培育工作积累经验、提供示范，为探索走出一条符合中国农业和农民实际的新型职业农民培育之路作出应有贡献。具体来讲，是要努力实现"四个转变"：

一是创新理念，实现由"供需脱节"向"需求导向"的转变。培育新型职业农民，目的是为了解决新形势下"谁来种地"的问题。我们要培育的新型职业农民必须是立志于从事农业、扎根农村，并愿意长期以农业生产经营、服务、管理为职业的人，这就决定了培育工作一定要尊重农民的意愿、满足农民的需求。在新型职业农民培育的工作中，既要宣传发动，又要充分尊重农民的意愿，坚决不搞行政命令，变"让你学"为"我想学"；既要考虑教育教学的一般规律，又要着重考虑农民"求知、求技、求梦"的综合需求和本地现代农业生产经营发展需求，围绕湖州市粮油、水产、畜禽、茶叶、蚕桑等特色主导产业和乡村旅游、电子商务等新型产业，有针对性地开设专业、创新教学、强化实践，变"学校上菜"为"农民点菜"，变"办学供给与农民需求脱节"为"无缝对接"。只有这样，培育工作才能接地气，才有蓬勃、持久的生命力，才能打造一支长期扎根农村的新型职业农民队伍。

二是创新体系，实现由"零打碎敲"向"整体推进"的转变。现代农业发展需要系统化的职业农民培育体系。过去的农民培训工作往往是各自为战，高校与农校不相往来、上层与下层缺少互动；往往是零打碎敲，想到什么抓什么，出现什么问题就搞点什么培训。要改变这种状况，就要结合湖州市农民培育工作基础和产业发展要求，围绕培育"有文化、懂技术、会经营、善管理"的新型职业农民这一综合目标，更加注重系统谋划、资源整合、各方联动，在加强新型职业农民培育体系建设下功夫，形成农科教、产学研一体化的新格局。要进一步探索"以浙江大学等高校为依托，以市级农民学院、县级农民学校为主体，各级农村职成教学校共同参与"的机构体系，打造多层次的培训教育阵地；要进一步加强教育教学研究，完善学科建设，形成适应需求、比较齐全的教材体系；要进一步加强师资队伍建设，形成"以省市农推联盟专家为主要力量、各级农技人员为基本力量"的师资队伍；要进一步加强教学实践基地建设，促进教学和实践、学习和研究的有机结合。

三是创新模式，实现由"传统培训"向"现代培训"的转变。增强新型农民培育的针对性和实效性，必须主动适应成人教育特点，遵循农业生产规律，创新教育教学模式。要更加注重分类施教，根据生产经营型、专业技能型、社会服务型等不同类型的职业需求和学员知识、能力、年龄等因素差异,因材施教,分类指导。要更加注重实训教学,根据湖州市农业产业发展实际,分产业实行"分段式、重实训、参与式"的培训;根据农业生产周期和农时季节分段,采取"田间教育、送教下乡"等措施和"就地就近、农学结合"等方式,开展灵活多样的教育培训。要更加注重运用现代手段,根据学科不同特点,在坚持手把手、面对面指导的同时,更加注重利用现代化、信息化手段,运用好农民信箱、在线教育等平台,提高培育工作的现代化水平。

四是创新评估,实现由"过程评价"向"绩效评价"的转变。过去衡量农民培训,往往是以"上了多少课""培训了多少农民"等数字为主要指标的,而对培训的实际效果到底如何,则缺少应有的评价指标和评价体系,造成了农民培训"重过程、轻实效"和"重数量、轻质量"等现象。新型职业农民培育试点工作,要树立起"以实绩论成败"的导向,将培育对象的满意度与产业发展作为衡量培训效果的主要指标,探索建立起一整套行之有效的绩效评价制度和体系,确保培训效果考得实、看得见、摸得着。同时,要将制度建设作为试点工作的重要任务,在对象选择、教学管理、资格认定、创业支持等方面探索建立一整套管用的制度,努力形成可复制的经验。

(三) 培育新型职业农民是一项长期性的工作

培育新型职业农民是一项事关"三农"发展的基础性、长期性工作,是一个复杂的系统工程,必须合力而为、持之以恒。

一是责任要真正落实。湖州市新型职业农民培育试点工作的主要责任部门是市农业局,教学主体是湖州农民学院。市农业局要充分发挥职能作用,扎实做好牵头抓总、组织实施、督促检查等各项工作,特别是要牵头构建"以农民学院为主平台,以浙江大学、市农推联盟和社会力量等为补充,以家庭农场、农业龙头企业和农民专业合作社为基地"的新型职业农民教育培训体系,使新型职业农民培育真正做到"多层次、多形式、广覆盖、经常性、制度化"。而农民学院要紧紧围绕打造"升级版"、争当"领头雁"的目标定位,以新型职业农民培育试点为新的契机,在课程设置、教材编写、师资配备等方面拿出更多更加务实有效的举措,全面提升办学水平和实效,真正做到工作提档升级、成效引领全省。市农办、教育、科技和组织部等有关部门要高度重视、积极支持这项工作，主动为新型职业农民的培育提供更多的服务、创造更好的条件。

二是主体要广泛参与。新型职业农民的培育，广大农民是主体，必须进一步调动农民的积极性，让他们自觉参与进来。既要以扎实的工作、出色的成绩赢得农民群众的认可和支持，又要广泛开展形式多样、示范性强的宣传和引导，为培育新型职业农民营造更加浓厚的氛围。特别是在试点的过程中，要注重挖掘先进人物和成功事例，及时总结、提炼、推广，在全市树立一批"重农、学农、强农、兴农"的典型，充分发挥示范引领作用，带动更多的农民成为新型职业农民。

三是工作要长期持续。培育新型职业农民面广量大、任重道远，必须远近结合、持之以恒地做下去。从当前来看，要在完善试点方案的基础上，抓紧启动实施试点工作，确保每年培育一定数量新型职业农民的目标圆满完成，确保"农民欢迎、农民受益、农民满意"。从长远来看，要坚持边实践、边总结、边创新、边完善，把工作中积累的有效做法上升为制度设计，把工作中遇到的具体难题转化为克难办法，不断提高湖州市新型职业农民培育的知名度、美誉度。

第三节　农民学院参与新型职业农民培育的对策建议

一　农民学院体制机制的完善

未来农民学院的发展，要坚定服务"三农"的发展方向，实现从"形式首创"到"成效引领"的办学目标转型。从体制上来看，一是强化体制保障。适应形势发展需要，在目前湖州农民学院管理委员会管理模式基础上，进一步建立和完善新型现代企业管理制度和混合所有制办学制度，激发办学活力，探索实体化运作的模式。发挥系统办学优势，加强对分院、教学点的业务指导，实现资源整合共享。二是积极争取财政支持，建立健全政府主导的多元化投入机制；积极整合社会资源，加大对农民大学生和新型职业农民创业兴业扶持力度。落实农民学院相关政策措施，在绩效工资的大背景下，积极灵活地调动人员工作积极性；合力推动农民学院的进一步发展。三是强化师资队伍。制定湖州农民学院师资队伍建设的整体规划。进一步整合省市校乡、农教科技相关单位的师资资源，充实壮大"四合一"专兼职师资团队。通过引进、培养和社会协作等多种途径，逐步提升湖州农民学院师资团队的整体素质。

从机制上来看。一是要注重资源要素的整合和优化配置。健全联动发展机制，注重资源要素的整合和优化配置。具体来看，就是要"借船出海、借梯登高"，与市内外、省内外、国内外农民培训教育机构开展广泛合作。纵向上联合浙江大学、中国社科院农发所等单位行政及科研力量，从横向上整合市级各部门、各单位教育培训资源，广泛开展校际及学员间交流，大力推进学术交流，构建全面完善的农村人才培育体系。二是要激发要素活力和创造力的机制创新。突出人才培养的机制创新，形成质量立校的办学理念。具体来看，就是要建好八里店综合实验实训基地、农民大学生创业基地，注重"网络线上教育"和"课堂线下教育"的同步发展，完善具有湖州特色的农村新型人才培养模式。三是要重点突破与统筹兼顾的工作推进。要以现有开放教育资源为依托，全面深化农民教育教学改革。以项目研究、实践认知引导更新农民教育教学理念、教学内容，改进教学方法、学业评价方法，优化教育教学管理，全面提升农民学院整体办学水平。四是要创新探索与总结提高的关系。要落实农民主体定位，推进工作举措创新。具体来看，就是要在进一步了解农民需求的基础上，突出以"农民大学生"为代表的学历教育与"新型职业农民"为代表的非学历教育这两大抓手，做好传统项目的总结，推动新项目的开发。促进农民文化素养全面提升。五是要处理好形式首创与成效引领的关系。要坚定服务"三农"的发展方向，实现从"形式首创"到"成效引领"的办学机制转型。具体来看，就是要继续建好一支"省市校乡"结合的专兼职教师队伍，编写一批精品教材，打造一批精品教学资源，争当全国农民教育培训的"领头雁"。

二 新型职业农民教育培训综合体系的构建

（一）以实施重大教育培训项目为抓手，加大职业农民培育力度

持续抓好"生产经营型、专业技能型、社会服务型"新型职业农民

初级培育工作，试点拓展中级新型职业农民培育工作，对前两年取得资质的新型职业农民启动后续教育。制定完善初、中、高级新型职业农民培育标准、课程体系和扶持政策，按照精细培训、因需施教的原则，分产业、分专业、分层次、分类别科学选择培训内容，立足产业发展中心，以技术、管理、创业为主线，完善符合农业生产规律和农民学习特点的"分段式、参与式、菜单式"培训形式。全市要规范建好一批"固定课堂""空中课堂""流动课堂""田间课堂"，建成新型职业农民教育实践基地50家；探索新型职业农民"初、中、高"三级资质认定机制，打通新型职业农民层级晋升的有关通道，探索形成新型职业农民扶持政策体系，强化新型职业农民动态管理。启动实施现代青年农场主培养计划。加强青年农场主培训项目的对接与策划，组织家庭农场主赴台学习考察，着力提高青年农场主创新创业能力。做优做强专题研修班项目。办好农家乐经营管理、蜜蜂养殖技术、新型职业农民培育管理高级研修班和农村电子商务等系列专题研修班。

（二）以加强内涵建设、补齐短板为重点，着力提升农民职业教育质量

加强培训需求调查，根据教育培训对象的不同层次和产业特点，分类制定培训方案，实施精准培训。全面推进课堂教学改革，根据农民学习特点、专业性质和课程特征，创新课堂教学内容、教学方法和教学手段，推进小班化教学。强化培训过程的教学组织、管理与服务，探索建立以职业农民基础数据为支撑的培训认定服务管理平台，实现新型职业农民培育的智慧化管理。全面推进教育培训项目改革，抓实"高级研修班"与"农民创业大讲堂"等特色培训项目，打造农村电子商务、休闲观光农业、青年农场主等教育培训平台。全面推进师资队伍改革，选聘知名专家学者进入师资库，每年举办兼职教师培训班，开展优秀兼职教师"金穗奖"评选。全面推进实训基地建设、教材建设，选编优秀案例，推行实践导向型教学模式，推行"赛教结合"教学模式，探索举办职业技能大赛。加强农民职业教育信息化建设，顺应"互联网+教育"发展趋势，加强信息化建设，建好"云教室"、移动学习端，搭建基于微信公众号的"掌上农民学院"学习平台，注重农业技术类微课程资源建设，不断充实"微课超市"。

（三）以打造培训基地平台为载体，合力提升农民职业教育的实际成效

增设一批新型职业农民教学实践基地，规范"田间课堂"建设，实行"专家辅导＋电化教育＋示范基地"的实践教学模式，把更多接地气的专家教授请到"田间课堂"授课。突出农民职业教育的实践特色，不断深化农民大学生创业基地培育，推进"创业家园"建设。推进八里店综合实验实训基地建设，持续加强与浙江大学、市有关部门的对接合作，攻坚克难，加快推进基地建设进程。积极争取上级农口部门的支持，争挂浙江省新型职业农民培育示范基地、全国家庭农场主、休闲观光农业人才培训特色基地等牌子，倒逼转型升级。依托现有农民大学生创业基地，到2020年根据产业分类组建5—10个农民大学生创业联盟，推动农民大学生开展众创众筹，构建创业孵化空间。从有实践经验的专家、农业龙头企业家负责人、职业经理人中，筛选一批农民创新创业结对教师，强化创业指导服务，带动农民增收致富。建立健全农民大学生创新创业服务体系，完善创业扶持政策，探索建立创新创业基金。联合市农口部门、农业银行湖州分行，深入推进创新创业扶持计划，深化完善"1＋1＋N"农技研发和推广模式，组织举办"农民大学生创业论坛"，推动农民大学生创业致富。开展"新苗奖"和"创业之星"评选活动，树立一批农民创新创业典型，编写推出农民创业系列案例教材。

三　政策支持框架构建

湖州市作为浙江省重要的农业地区，比较早地开始探索适合当地特点和条件的新型职业农民培育的具体做法。以全国试点市建设为契机，湖州市应进一步根据本地产业特点找准坐标，整合资源做好加法，积极探索符合实际、行之有效的新型职业农民培育模式。

（一）做好政策制度的顶层设计

整体设计和联动推进户籍制度、土地制度、产权制度、住房制度、社保制度、政府管理制度等城乡一体的制度创新，积极构建一个给予农民充分的社会尊重和应有的社会地位的社会环境和社会氛围，吸引更多有知识、懂科技、有资本的青年投身农业职业，从事现代农业创业就业。

一是根据现有国家法律法规，明确土地流转和土地使用权制度。进

一步完善土地承包制度，确立土地承包关系长久不变的法律地位，落实党的十九大提出的"承包关系延长30年"的制度，在此基础上通过土地流转，实现适度规模经营，营造新型职业农民存在和生长的法律环境。

二是相关政府部门应通力合作，在各类农业项目的规划安排上充分考虑职业农民的需要，在资金、技术、规划等通盘考虑，让新型职业农民的成长有直接的支持政策。

三是充分发挥各级农业行政主管部门、培训机构、农业科研机构、农技推广机构、农民专业合作社等各类机构的作用，协调合作共同为培育和发展工作做好服务，当前主要是技术服务和信息服务。

四是进一步研究制定适合职业农民成长与发展的政策体系，推进职业农民认证管理，切实提高资格认证和资格证书的含金量，让新型职业农民切身感受获证和准入带来的政策利好，充分激发他们的创业热情。

五是研究出台调动工作积极性的有关政策。出台积极的应对措施，将新型职业农民培育工作成效与绩效工资考核挂钩，调动新型职业农民培训机构及工作者的工作积极性。

（二）系统规划和实施培育工程

市委市政府及有关部门要根据湖州农业产业特色和发展要求，将规划和制定新型职业农民培养工程，作为现代职业教育和现代农业建设的战略措施。

一是政府牵头整合农口大中专学历教育培养和非学历培训资源，进一步创新市农民学院、县农民分院的培养体系，整合"千万农民素质提升工程"等各类培训资源，加强就业创业信息服务，切实提高培训实效，建立更加科学的培养模式、管理模式。

二是进一步加强农民学院这一基础平台建设，要以满足农民需求为导向，探索实践培育途径、方法，如培养对象、培养形式、课程设置、教材编写、教学模式、师资队伍等，从而建立适合地方特点的培养模式。

三是探索建立农职教联盟，找准农民培训的落脚点，系统组织和开展不同层次、不同类型的的培养培训教材，逐步形成能够满足地方新农村建设发展所需的新型职业农民培养的多样化需求。

四是立足全市现代农业产业布局和农业发展实际，以满足现代农业发展对农村人才的需求为出发点加大培育的力度，要将培养内容与地方主导产业紧密结合，实现就地就近的培育模式。

（三）积极创建良好的培育环境

新型职业农民是以农为业、以农为生、以农为根、以农为魂的专业人员，是未来农业从业的新型市场主体、现代农业发展的中流砥柱。他们的培养和产生，还需要特定的社会环境和工作环境。

一是运用各种媒体，大力宣传引导。加强培育新型职业农民重要意义的宣传，加强农民科技教育培训政策举措、经验做法和典型事迹的宣传，充分引起社会各界的关注，调动农民参加教育培训的积极性。

二是各级政府要聚力打造发展平台，开展涉农项目招商，全方位为新型职业农民培育和施展搭建平台，创造他们"在参与中提高、在企业中培育、在产业链中成长、在市场体系中成熟"的良好工作环境。

三是各级政府要努力实现城乡公共服务均等化，进一步强化社会舆论引导，树立农民职业平等观念，同时努力打破城乡二元结构壁垒，鼓励农村劳动力进城务工成为新的城市市民的同时，也要鼓励城镇人才到农村经营农业成为新型职业农民，真正实现城乡人才双向流动，城乡融合发展。

参考文献

Arthur J. A., *Interregional Migration of labor in Ghana, West Africa: Determinants, consequences and policy intervention*, Review of Black Political Economy Fall, 1991.

Becker G. S., "Investment in Human capital: A theroetical analysis" *Journal of Political Economy*, Vol. 70, No. 5, 1962.

Becker G. S., *Human capital: A theroetical and Empirical Analysis with Special Rwference to Education* 2nd edn., Chicago: University of Chicago Press, 1983.

Ben-Porath Y, "The Production of Human Capital and the Life Cycle of Earnings," *Journal of Political Economy*, 1967, 75 (4).

Carnoy M. *The cost and return to schooling in Mexico: A case study*, Doctoral dissertation, Chicago: University of Chicago, 1965.

Carnoy M., Marenbach D., "The return to schooling in the United States, 1939 – 1969," *J. Hum. Resources*, Vol. 10, No. 3, 1975.

Henry M. Levin, *Cost-Effectiveness: A Primer*, Beverly Hills, CA: Sage Publications, 1983.

Lemel H., "Urban skill acquisition strategies: The case of two Turkish villages," *Human Organization*, Vol. 48, No. 3, 1989.

Mincer J, "Investment in human capital and personal income distribution," *Journal of political economy*, 1958, 66 (4).

Mincer J., "On-the-Job Training: Costs, Returns, and Some Implications," *Journal of Political Economy*, Vol. 70, 1962.

Michael Pacione, *Population Geography*: *Progress and Prospect*, London: Routledge, 2012.

Michael Spence, "Job Market Signaling," *Quarterly Journal of Economics*, Vol. 87, August 1973.

Sahn D. E., Alderman H, *The Effects of Human Capital on Wages, and the Determinations of Labor Supply in a Developing Country*, North-Holland, Amsterdam, 1998.

Todaro M., *Internet Migration in Developing Countries*: *A Review of Theory, Evidence, Methodology, and Research Priorities*, Geneva: International Labor Organization, 1976.

Lucas, Robert, "On the Mechanics of Economic Development," *Journal of Monetary Economics*, No. 22, 1988.

Yoram Ben-Porath, "The Production of Human Capital and the Life Cycle of Earnings," *Journal of Political Economy*, Vol. 75, 1967.

常佳佳、王伟:《论职业化新型农民的培育》,《青岛农业大学学报》(社会科学版) 2010 年第 3 期。

陈蓓蕾、童举希:《地方政府促进新型职业农民培育的思路与对策》,《贵州农业科》2013 年第 6 期。

杜巍:《湖北省新型职业农民培育调研分析及对策》,《湖北农业科学》2014 年第 17 期。

《关于加快推进农业科技创新持续增强农产品供给保障能力的若干意见》,人民出版社 2012 年版。

郭智奇、齐国、杨慧等:《培育新型职业农民问题的研究》,《中国职业技术教育》2012 年第 15 期。

韩娜、杨宏:《我国新型职业农民培育问题研究综述》,《辽宁经济》2012 年第 11 期。

郝蕾:《陕西认证高级职业农民有人 24 岁已年收入百万》,《华商报》2015 年 4 月 19 日第 A2 版。

郝志瑞:《基于国际经验的新型职业农民培育创新路径研究》,《世界农业》2015 年第 12 期。

胡林招:《新型职业农民培育问题研究》,《广东农业科学》2014 年第

7 期。

胡小平、李伟:《农村人口老龄化背景下新型职业农民培育问题研究》,《四川师范大学学报》(社会科学版) 2014 年第 3 期。

姜长云:《对完善农民培训模式的思考》,《中国劳动保障报》2016 年第 3 版。

蒋平:《新型职业农民培育的几点思考》,《农民科技培训》2012 年第 4 期。

金绍荣、肖前玲:《新型职业农民培育:地方政府的角色、困境及出路》,《探索》2015 年第 3 期。

金雁:《服务新型城镇化 地市高职如何作为》,《中国教育报》2013 年第 5 版。

黎家远:《新型职业农民培育中的财政支持问题研究——以四川省为例》,《农村经济》2015 年第 5 期。

李国祥、杨正周:《美国培养新型职业农民政策及启示》,《农业经济问题》2013 年第 5 期。

李红:《日本农民职业化教育对策分析及启示》,《中国农业教育》2008 年第 2 期。

李红、王静:《日本农民职业教育:现状、特点及启示》,《中国农业教育》2012 年第 2 期。

李俏、李辉:《新型职业农民培育:理念、机制与路径》,《理论导刊》2013 年第 9 期。

李水山:《新时期韩国农民教育的特征和发展趋势》,《职教论坛》2005 年第 16 期。

李伟:《新型职业农民培育问题研究》,博士学位论文,西南财经大学,2014 年。

李文学:《新型职业农民须具有四大特质》,《农村工作通讯》2013 年第 3 期。

李小红:《农民专业合作社参与新型职业农民培育研究》,《山西农业大学学报》(社会科学版) 2014 年第 9 期。

廖恒:《高等农业院校服务社会主义新农村建设研究》,博士学位论文,湖南农业大学,2008 年。

吕佳：《基于现代农业视角的新型职业农民培育问题研究》，《湖北农业科学》2015年第4期。

倪慧、万宝方、龚春明：《新型职业农民培育国际经验及中国实践研究》，《世界农业》2013年第3期。

农民的培训需求及培训模式研究课题组：《农民的培训需求及培训模式研究（总报告）》，《经济研究参考》2005年第35期。

沈红梅、霍有光、张国献：《新型职业农民培育机制研究——基于农业现代化视阈》，《现代经济探讨》2014年第1期。

沈琪芳、王凯成：《地市高职院校服务农业现代化建设的实践探索以湖州职业技术学院为例》，《湖州职业技术学院学报》2015年第2期。

孙书光、翟印礼：《近年来中央一号文件关于新型职业农民培育政策演进》，《农业经济》2015年第11期。

陶长琪：《计量经济学教程：Econometrics》，复旦大学出版社2012年版。

童洁、李宏伟、屈锡华：《我国新型职业农民培育的方向与支持体系构建》，《财经问题研究》2015年第4期。

童举希、陈蓓蕾、章霞：《基于模块化的新型职业农民培育体系创新研究》，《江苏农业科学》2015年第12期。

王国庆：《加快培育新型职业农民 努力提高营农收入》，《新农村》2011年第5期。

王辉、刘冬：《美国农业职业教育与培训的经验与启示》，《中国人力资源开发》2014年第1期。

王星炎：《县域"农民学院"：兴起与启示》，《河北大学成人教育学院学报》2009年第3期。

王烨、朱娇、孙慧倩：《农民专业合作社的治理困境与对策探讨》，《常熟理工学院学报》2012年第3期。

许浩：《培育新型职业农民：路径与举措》，《中国远程教育：综合版》2012年第21版。

[美]雅各布·明塞尔、Jacob Mincer：《人力资本研究》，张凤林译，中国经济出版社2001年版。

[英]亚当·斯密：《国富论》，郭大力、王亚楠译，商务印书馆2014年版。

杨敬雅、刘福军：《借鉴国外经验促进云南新型职业农民培育》，《农业教育研究》2014年第1期。

杨璐璐、危薇：《农村土地规模经营的智慧农业信息化建设》，《国土资源科技管理》2017年第1期。

杨璐璐：《乡村振兴视野的新型职业农民培育：浙省个案》，《改革》2018年第2期。

叶俊焘、米松华：《新型职业农民培育的理论阐释、他国经验与创新路径——基于农民现代化视角》，《江西社会科学》2014年第4期。

张彩雅：《创新驱动改革 提升乡镇成校核心竞争力》，《湖州职业技术学院学报》2016年第1期。

张洪霞、吴宝华：《新型职业农民培育问题及机制建构——以天津市三个新型职业农民试点区县为例》，《职教论坛》2015年第16期。

张锦平、戚景云：《高职院校参与新型职业农民培育的研究——以衢州职业技术学院为例》，《商业经济》2015年第4期。

张桃林：《解决好"谁来种地"的问题》，《求是》2016年第23期。

张瑶祥：《农民专业合作社带头人队伍的现状与思考——以浙江省1026家合作社的调查为例》，《中国农民合作社》2011年第10期。

张玉军、马媛媛、朱庆锋：《农业现代化进程中的新型职业农民培育：他国经验与路径选择》，《世界农业》2016年第2期。

张昭文：《关于乡镇成人学校的历史现状和发展的思考》，《中国农村教育》2014年第9期。

赵远远、袁姝：《"四化"同步视阈下新型职业农民培育问题研究——基于嘉兴市的探索与实践》，《中国农业信息月刊》2014年第21期。

《中共中央国务院关于加大改革创新力度加快农业现代化建设的若干意见》，人民出版社2015年版。

《中共中央国务院关于加快发展现代农业 进一步增强农村发展活力的若干意见（2012年12月31日）》，人民出版社2013年版。

周一波、储健：《培养新型职业农民的途径及政策保障》，《江苏农业科学》2012年第12期。

朱俊、杨慷慨：《职业教育生态位构建与产业空间选择》，《重庆高教研究》2015年第1期。

朱启臻、闻静超：《论新型职业农民及其培育》，《农业工程》2012年第3期。

后　记

　　党的十八大以来，在以习近平同志为核心的党中央坚强领导下，坚持把解决好"三农"问题作为全党工作重中之重，持续加大强农惠农富农政策力度，扎实推进农业现代化和新农村建设，全面深化农村改革，农业农村发展取得了历史性成就，为党和国家事业全面开创新局面提供了重要支撑。党的十九大作出"实施乡村振兴战略"重大决策部署，在中国特色社会主义新时代，乡村作为一个可以大有作为的广阔天地，迎来了难得的发展机遇。实施乡村振兴战略，是解决人民日益增长的美好生活需要和不平衡不充分的发展之间矛盾的必然要求，是实现"两个一百年"奋斗目标的必然要求，是实现全体人民共同富裕的必然要求，是决胜全面建成小康社会、全面建设社会主义现代化国家的重大历史任务，是新时代"三农"工作的总抓手。

　　当前，我国发展不平衡不充分的问题在乡村最为突出，新型职业农民队伍建设亟需加强是其中的问题之一。实施乡村振兴战略，必须破解人才瓶颈制约。要把人力资本开发放在首要位置，畅通智力、技术、管理下乡通道，造就更多乡土人才，聚天下人才而用之。国家在实施乡村振兴战略的部署中，强调"大力培育新型职业农民。全面建立职业农民制度，完善配套政策体系。实施新型职业农民培育工程。支持新型职业农民通过弹性学制参加中高等农业职业教育。创新培训机制，支持农民专业合作社、专业技术协会、龙头企业等主体承担培训。引导符合条件的新型职业农民参加城镇职工养老、医疗等社会保障制度。鼓励各地开展职业农民职称评定试点。"

　　在近些年扎根农村的调研中，我从东到西，从南到北，足迹踏遍了大半个中国，到过甘肃、陕西、山东、河南、湖南、湖北、广东、浙江、福建、四川、重庆……，亲眼目睹了中西部的典型贫困县、贫困村，东部沿海地区美丽乡村的崭新面貌和中小企业的欣欣向荣，连片农田的农村、现代田园鳞次栉比的农村，淳朴的窑洞、现代的二层洋楼……，深深感受到中国农村、农民、农业的巨大变化，也不禁感叹中国地域辽阔、区域发展差距大的客观现实。中国农村地域面积大、农村人口多，新时代所面临的产业现代化、生态环境保护、民俗文化传承、人口社会问题等发展要求都离不开农村，并且其在过去发展中的弱势已经充分地暴露出来。越是深入到农民，越能深切的体会到国家实施乡村振兴是多么的必要、多么的及时、多么的正确。每个人最能感受到的城乡差距就是人与人的差距，大量的农民工涌入城市后，我们能感受到城乡居民素质、教育水平不同，甚至存在着鄙视的目光和态度。而留在农村继续务农的劳动力可能除了寥寥大户有见识之外，大部分都无法与城市居民的知识水平和见识相比。中国的农业没有先进的人才进入，何来现代化之谈？中国的农村没有文化能人，何来建设之说？农民没文化没知识，何来致富之有？几百年前教育投资对经济增长的理论已经存在，乡村振兴的实施，必须要让农村农业生产后继有人、有能人才能实现。国家的新型职业农民培育工程、各种农村人才培育工程、支撑人才向乡村投身的干部选聘、鼓励政策等等，都在试图解决这一问题。但是农村、农业在年轻一代心里是"众矢之的"，被避而远之，虽然一些地方探索出了培育新型职业农民的方法，做了一系列制度和体制的创新，但是距离"振兴梦"，还有很长的路要走。不单单是"谁来教育，怎么教育"的问题，而且需要培育愿意扎根农村、从事农业生产的情怀，而这需要各方面制度的改革，让农村、农业具有吸引力。

关于新型职业农民的研究，是我从事博士后研究期间的成果。很有幸到中国社会科学院农村发展研究所做博士后，跟随全国著名的人才问题专家潘晨光教授研究，并得到更多的机会到农村进行调研。湖州政协主席、湖州农民学院校长沈从芳女士为课题组的调研提供了非常多的指导和便利，她干练、敏锐、能力不凡的特质令人颇为敬佩！

在博士毕业、得到北京重点大学教职机会之后，还要去做博士后研究的动力来自我的爱人，他对我的关心总是那么特别，关心我的成长，会因为我的不努力着急、发脾气,亦师亦友。这般睿智的爱人,常常用柔情的眼睛望着我,因为你的陪伴我才有前行的动力!我与他还有一个可爱的女儿,刚满一岁,正牙牙学语,我就外出调研。在潜心研究与写作中,是我的母亲含辛茹苦帮衬着我们的生活、支持我的工作。有家才有我,正因为有你们,我才勇毅笃行!

谨以此书献给我的父母、爱人和孩子!

杨璐璐
2018 于京北新校区